XINGZHENG SHIYE DANWEI NEIBU KONGZHI SHICAO FANGAN

行政事业单位内部控制实操方案

黄的祥　蓝　茂　编著

西北工业大学出版社

西　安

【内容简介】 本书以《行政事业单位内部控制规范(试行)》为指引,从行政事业单位内部控制最基础的工作着手,分别从单位层面和业务层面,介绍了行政事业单位内部控制操作的基本程序与方法,且非常重视实际工作方案的设计与阐述。

本书理论与实践相结合,是行政事业单位进行内部控制实操工作的一本有益的辅导书。

图书在版编目(CIP)数据

行政事业单位内部控制实操方案/黄的祥,蓝茂编著.—西安:西北工业大学出版社,2018.7
ISBN 978-7-5612-6164-4

Ⅰ.①行… Ⅱ.①黄… ②蓝… Ⅲ.①行政事业单位—内部审计—研究—中国 Ⅳ.①F239.66

中国版本图书馆 CIP 数据核字(2018)第 180511 号

策划编辑:杨 军
责任编辑:王瑞霞

出版发行:西北工业大学出版社
通信地址:西安市友谊西路 127 号　邮编:710072
电　　话:(029)88493844　88491757
网　　址:www.nwpup.com
印 刷 者:兴平市博闻印务有限公司
开　　本:720 mm×1 020 mm　1/16
印　　张:18.5
字　　数:285 千字
版　　次:2018 年 7 月第 1 版　2018 年 7 月第 1 次印刷
定　　价:58.00 元

前　言

行政事业单位内部控制规范的实施是我国行政事业单位财务管理与内部控制的一件大事。但是，在实际工作中，很多行政事业单位不知道如何按照有关规定具体实施，行政事业单位内部控制规范的执行似乎变成了一道难题。

本书以《行政事业单位内部控制规范〈试行〉》为指引，从行政事业单位内部控制最基础的工作着手，分别从单位层面和业务层面，充分介绍了行政事业单位内部控制操作的基本程序与方法，且非常重视实际工作方案的设计与阐述。例如，在第一章第一节中非常具体地提出如何建立单位内部控制领导小组、领导小组如何进行内部控制工作的分工等；在第二章第一节中，也非常明确地提出了各级内部控制知识的培训体系的构建等。类似的例子，在本书中做了较深入的探索。

本书既详细地介绍了有关行政事业单位的理论知识，又充分地讲解了预算控制、收支业务控制、政府采购控制、资产控制、建设项目控制和合同控制的具体办法与方案。同时，编写了行政事业单位内部控制手册，供大家实操时参考。

本书在编写过程中，得到了广西代理记账行业协会不少同行的指导与帮助，也得到中国会计服务联盟江苏同行的指导与帮助。尤其是得到无锡凯立达财税咨询有限公司创办人杨艺同志的帮助。

由于笔者水平有限，书中难免存在错误或不妥之处，敬请广大读者批评指正。

编　者

2018 年 2 月

目 录

第一章 行政事业单位内部控制基础知识 ………………………… 1
第一节 行政事业单位内部控制的基本知识 ……………………… 1
第二节 行政事业单位内部控制实务操作的基本流程 …………… 14

第二章 行政事业单位内部控制的组织机构 …………………… 18
第一节 行政事业单位内部控制领导小组的建立 ………………… 18
第二节 行政事业单位内部控制的实施执行组 …………………… 23
第三节 行政事业单位内部控制实施监督组和评价组 …………… 25

第三章 行政事业单位内部控制的学习培训体系 ……………… 27
第一节 行政事业单位内部控制学习宣传体系 …………………… 27
第二节 行政事业单位内部控制知识体系学习的具体安排 ……… 30

第四章 行政事业单位内部控制的风险评估体系 ……………… 33
第一节 行政事业单位业务流程梳理 ……………………………… 33
第二节 行政事业单位业务风险分析和风险评估 ………………… 37
第三节 风险评估报告 ……………………………………………… 45
第四节 风险应对策略 ……………………………………………… 52
第五节 风险评估与应对实务操作案例 …………………………… 57

第五章 行政事业单位内部控制的预算控制体系 ……………… 67
第一节 行政事业单位预算组织机构 ……………………………… 67
第二节 预算制度的完善 …………………………………………… 69
第三节 本单位预算基本知识培训 ………………………………… 73
第四节 预算编制 …………………………………………………… 80
第五节 预算审批 …………………………………………………… 90
第六节 预算执行与分析 …………………………………………… 92

第七节　预算调整 …………………………………………… 94
第八节　决算 ………………………………………………… 95
第九节　预算绩效考核 ……………………………………… 97

第六章　行政事业单位内部控制的收支控制体系 …………… 100
第一节　行政事业单位收支业务控制概述………………… 100
第二节　行政事业单位收支控制体系建设………………… 103
第三节　收支业务的风险与控制…………………………… 105
第四节　收支业务控制制度范本…………………………… 115

第七章　行政事业单位内部控制的政府采购控制体系 ……… 128
第一节　行政事业单位政府采购业务概述………………… 128
第二节　行政事业单位政府采购控制体系建设…………… 133
第三节　政府采购业务的风险与控制……………………… 136
第四节　政府采购管理制度范本…………………………… 149

第八章　资产控制体系 ………………………………………… 154
第一节　资产控制概述……………………………………… 154
第二节　行政事业单位资产控制组织机构………………… 155
第三节　资产控制的风险点及控制办法…………………… 157
第四节　行政事业单位资产控制文件……………………… 168

第九章　建设项目控制体系 …………………………………… 172
第一节　建设项目概述……………………………………… 172
第二节　建设项目业务组织机构体系……………………… 174
第三节　建设项目的主要风险及控制办法………………… 177
第四节　单位建设项目控制制度范本……………………… 185

第十章　合同控制 ……………………………………………… 193
第一节　合同控制概述……………………………………… 193
第二节　合同的主要风险及控制办法……………………… 194

第十一章　行政事业单位内部控制监督体系 ………………… 199

第十二章 行政事业单位内部控制评价体系 …………………………… 206

 第一节 行政事业单位内部控制评价的组织机构 ………………… 206

 第二节 行政事业单位内部控制评价流程与方法 ………………… 219

附录 ……………………………………………………………………… 225

 附录一 行政事业单位会计决算报告制度 ………………………… 225

 附录二 行政事业单位内部控制规范关于预算控制的规定 ……… 232

 附录三 某省总工会预算绩效考核评价暂行办法 ………………… 233

 附录四 行政事业单位内部控制评价指标 ………………………… 240

 附录五 单位内部控制手册参考文本（W 局内部控制手册） …… 253

参考文献 ………………………………………………………………… 287

第一章 行政事业单位内部控制基础知识

第一节 行政事业单位内部控制的基本知识

一、行政事业单位内部控制的基本知识

(一) 行政事业单位内部控制概念与框架结构

1. 行政事业单位内部控制概念

行政事业单位内部控制,是指单位为实现控制目标,通过制定制度、实施措施和执行程序,对经济活动的风险进行防范和管控。

在这个概念里面,着重解释一下行政事业单位的经济风险。其主要表现在资金使用缺乏监管、招标投标环节容易出现漏洞、岗位设置不合理、财务制度不健全以及内部治理结构不完善等。

2. 行政事业单位内部控制规范框架结构

(1) 总则。包括依据范围、概念目标、控制原则、责任人、实施方法。

(2) 风险评估与控制方法。包括评估机制、评估组织、单位层次风险、业务层次风险、控制方法。

(3) 单位层次控制。包括专门部门、三权分立、岗位机制、岗位人员、会计人员、信息系统。

(4) 业务层面控制。包括预算控制、收支控制、采购控制、资产控制、建设项目控制、合同控制。

(5) 评价与监督。包括监督制度、内部审计、监督方法、评价责任、管理机构。

(6) 附则。包括实施时间。

（二）行政事业单位内部控制建立与实施的背景

1. 党和国家领导人讲话精神和中央"八项规定"的内在要求

习近平同志在十八届中央纪委二次全会上指出："要加强对权力运行的制约和监督，把权力关进制度的笼子里，形成不敢腐的惩戒机制、不能腐的防范机制、不易腐的保障机制。"

李克强同志在国务院廉洁工作会议上指出："加强制度建设，用制度管权、管钱、管人，给权力涂上防腐剂、戴上紧箍咒。真正形成不能贪、不敢贪的反腐机制。"

中共中央政治局2012年12月4日召开会议，审议通过中央政治局关于改进工作作风、密切联系群众的八项规定，并以中发〔2012〕11号文对外发布。

为贯彻落实中央八项规定精神，中办、国办于2012年12月12日印发《贯彻落实〈十八届中央政治局关于改进工作作风 密切联系群众的八项规定〉实施细则》（中办发〔2012〕30号），要求各地区、各部门严格执行。

中央八项规定客观上要求行政事业单位通过建立严密的规章制度，以规范调研、会议、出访，以及住房等管理过程，实现单位经费管理的规范化和制度化。

2. 党的群众路线教育实践活动深入开展的重要抓手

2013年4月19日，中国共产党中央政治局召开会议，决定从2013年下半年开始，用一年左右时间，在全党自上而下分批开展党的群众路线教育实践活动。中央政治局带头开展党的群众路线教育实践活动。

2013年6月18日，党的群众路线教育实践活动工作会议在北京召开，对全党开展教育实践活动进行部署，启动党的群众路线教育实践活动。

2014年1月20日，党的群众路线教育实践活动第一批总结暨第二批部署会议在北京召开，对第一批教育实践活动进行总结，对第二批教育实践活动进行部署。同时，中共中央办公厅印发了《关于开展第二批党的群众路线教育实践活动的指导意见》，并发出通知，要求各地区各部门结合实际认真贯彻执行。

行政事业单位内部控制通过梳理和评估单位内部管理制度，建立健全单位内部管理制度体系框架，优化完善制度内容设计，以提升单位内部管理水平、加强廉政风险防控的重要手段，可以为单位深入开展党的群众路线活动提供抓手，推动党的群众路线教育实践活动深入开展。

3. 十八届三中全会关于全面深化改革的主要内容

党的十八届三中全会通过的《中共中央关于全面深化改革若干重大问题的决定》指出："全面深化改革的总目标是完善和发展中国特色社会主义制度，推进国家治理体系和治理能力现代化。……到二〇二〇年，在重要领域和关键环节改革上取得决定性成果，完成本决定提出的改革任务，形成系统完备、科学规范、运行有效的制度体系，使各方面制度更加成熟更加定型。"

行政事业单位内部控制建设通过优化机构设置、职能配置、工作流程，完善决策权、执行权、监督权既相互制约又相互协调的机制，进一步提升单位内部管理水平、加强廉政风险防控建设，是各级机关单位贯彻党的十一届三中全会精神、落实全面深化改革部署的重要切入点。

4. 《党政机关厉行节约反对浪费条例》的具体要求

2013年11月，中共中央国务院发布《党政机关厉行节约反对浪费条例》，该条例的核心在于规范单位经费管理，分别对预算管理、支出管理、核算管理、采购管理、国内差旅、因公临时出国（境）、公务用车、公务接待、会议活动、培训活动、节庆活动、办公用房、办公设备、办公家具、办公用品、政务软件等经费支出进行了规定。

此外，中办、国办、财政部、国管局等政府部门，也先后出台了《中央国家机关会议费管理办法》《国内公务接待管理办法》《因公临时出国经费管理办法》《中央和国家机关培训费管理办法》《中央和国家机关差旅费管理办法》等政策法规。这些政策法规均要求行政事业单位强化资金管控、规范经费管理。行政事业单位内部控制建设以资金管控为核心，通过建章立制可以帮助单位规范经费管理，在体制机制上落实厉行节约反对浪费条例的相关要求。

(三) 行政事业单位内部控制建立与实施的意义

(1) 内控是基层单位与党中央保持高度一致的具体行为。

(2) 内控是依法治国的重要组成部分，是法治的基础之一。

(3) 内控是关住权利笼子的重要基础性制度。
(4) 内控是建设廉洁高效、人民满意的服务型政府的需要。
(5) 内控是新形势下预防腐败行为的有力助手。

廉政风险防控机制管控的重点对象是人,即管住有权力的人。通过管住有权力的人,达到防控风险的目的。内控管控的重点对象是预算资金、公共资产、公共资源,即管住政府的钱。

(6) 内控是党的群众路线教育实践活动的整改成果。

搞好内控制度建设,立好政府资金使用的规矩,有效防范经济活动中的舞弊行为,控制资金使用中的浪费风险,就是最有效的整改成果,也是全心全意为人民服务根本宗旨的务实体现。

(7) 内控是《党政机关厉行节约反对浪费条例》落地的措施。
(8) 内控是贯彻新的《中华人民共和国预算法》(以下简称《预算法》)的根本保证。

内控就是"以预算管理为主线,以资金管控为核心"的新型管理模式,只有建立了有效的内控管理体系,严格执行内部控制流程,才能从根本上保证《预算法》的实施效果。

(四)实施行政事业单位内部控制的目的和法律依据

《行政事业单位内部控制规范(试行)》第一条指出,为了进一步提高行政事业单位内部管理水平,规范内部控制,加强廉政风险防控机制建设,根据《中华人民共和国会计法》《中华人民共和国预算法》等法律法规和相关规定,制定本规范。

这里提出两个重要问题。

第一,《中华人民共和国会计法》有哪些重要规定,与每个行政事业单位的内部控制息息相关?

第二,《中华人民共和国预算法》有哪些规定与内部控制高度相关?

1. 《中华人民共和国会计法》(以下简称《会计法》)与单位内部控制高度相关的规定

(1)《会计法》第一条规定:单位必须保证会计资料真实、完整。会计资料的真实,即包括了会计资料反映的经济活动真实。也就是说,在会计这一层面,要求单位所有的经济活动都受到这个规定的制约。凡是存在虚假或者违法违规的经济活动,都是不真实或者不合理不完整的,这在内控上给出了法律依据。

（2）《会计法》第二条规定：国家机关和事业单位也必须遵守本法的规定。这从主体上规定了行政事业单位在内部控制事项中，也以《会计法》为重要依据。

（3）《会计法》第十三条规定：任何单位和个人不得伪造、变造会计凭证、会计账簿及其他会计资料，不得提供虚假的财务会计报告。这是行政事业单位在内部控制上会计业务的具体要求。

（4）《会计法》第二十七条规定：各单位应当建立、健全本单位内部会计监督制度。这是单位内部控制的具体行动要求。要求权责分明，相互制约。

（5）《会计法》第三十七条规定：会计机构内部应当建立稽核制度。这是单位某部门的内部控制的具体要求。同时也说明其他部门，或者部门与部门之间，应当在经济活动中能够相互监督，相互制约。

2. 《中华人民共和国预算法》对行政事业单位内部控制的相关规定

（1）从《预算法》制定目的上，对单位内部控制提出总体规定。

《预算法》第一条规定：预算法的制定是为了规范政府收支行为，强化预算约束，加强对预算的管理和监督。

（2）从收支规定上对单位内部控制提出要求。

1）《预算法》第四条规定：预算由预算收入和预算支出组成。政府的全部收入和支出都应当纳入预算。

2）《预算法》第十二条规定：各级预算应当遵循统筹兼顾、勤俭节约、量力而行、讲求绩效和收支平衡的原则。

3）《预算法》第十三条规定：经人民代表大会批准的预算，非经法定程序，不得调整。各级政府、各部门、各单位的支出必须以经批准的预算为依据，未列入预算的不得支出。

4）《预算法》第三十七条规定：各级预算支出的编制，应当贯彻勤俭节约的原则，严格控制各部门、各单位的机关运行经费和楼堂馆所等基本建设支出。

5）《预算法》第五十五条规定：预算收入征收部门和单位，必须依照法律、行政法规的规定，及时、足额征收应征的预算收入。不得违反法律、行政法规规定，多征、提前征收或者减征、免征、缓征应征的预算收入，不得截留、占用或者挪用预算收入。

(3) 从信息公开角度对单位内部控制提出要求。

《预算法》第十四条规定：①经本级人民代表大会或者本级人民代表大会常务委员会批准的预算、预算调整、决算、预算执行情况的报告及报表，应当在批准后二十日内由本级政府财政部门向社会公开。②经本级政府财政部门批复的部门预算、决算及报表，应当在批复后二十日内由各部门向社会公开。③各级政府、各部门、各单位应当将政府采购的情况及时向社会公开。

(4) 从审查权限角度对单位内部控制提出要求。

1)《预算法》第二十一条规定：①县级以上地方各级人民代表大会审查本级总预算草案及本级总预算执行情况的报告，批准本级预算和本级预算执行情况的报告，改变或者撤销本级人民代表大会常务委员会关于预算、决算的不适当的决议，撤销本级政府关于预算、决算的不适当的决定和命令。②县级以上地方各级人民代表大会常务委员会监督本级总预算的执行，审查和批准本级预算的调整方案，审查和批准本级决算，撤销本级政府和下一级人民代表大会及其常务委员会关于预算、决算的不适当的决定、命令和决议。③乡、民族乡、镇的人民代表大会审查和批准本级预算和本级预算执行情况的报告，监督本级预算的执行，审查和批准本级预算的调整方案，审查和批准本级决算，撤销本级政府关于预算、决算的不适当的决定和命令。

2)《预算法》第四十八条规定：全国人民代表大会和地方各级人民代表大会对预算草案及其报告、预算执行情况的报告重点审查下列内容：预算安排是否贯彻国民经济和社会发展的方针政策，收支政策是否切实可行；重点支出和重大投资项目的预算安排是否适当；对下级政府的转移性支出预算是否规范、适当。

(5) 从内部制约和监督上对单位内部控制提出要求。

1)《预算法》第十七条规定：各级预算的编制、执行应当建立健全相互制约、相互协调的机制。

2)《预算法》第二十六条规定：各部门编制本部门预算、决算草案，组织和监督本部门预算的执行，定期向本级政府财政部门报告预算的执行情况。

3)《预算法》第八十三条规定：全国人民代表大会及其常务委员会对中央和地方预算、决算进行监督，县级以上地方各级人民代表大会及其常务委员会对本级和下级预算、决算进行监督，乡、民族乡、镇人民代表大会对本级预算、决算进行监督。

4)《预算法》第八十七条规定：各级政府监督下级政府的预算执行，下级政府应当定期向上一级政府报告预算执行情况。

5)《预算法》第八十八条规定：各级政府财政部门负责监督检查本级各部门及其所属各单位预算的编制、执行，并向本级政府和上一级政府财政部门报告预算执行情况。

6)《预算法》第八十九条规定：县级以上政府审计部门依法对预算执行、决算实行审计监督。

7)《预算法》第九十条规定：政府各部门负责监督检查所属各单位的预算执行，及时向本级政府财政部门反映本部门预算执行情况，依法纠正违反预算的行为。

8)《预算法》第九十一条规定：公民、法人或者其他组织发现有违反本法的行为，可以依法向有关国家机关进行检举、控告。

（6）从法律责任角度对内部控制提出要求。

《预算法》第九十三条规定：各级政府及有关部门、单位有下列行为之一的，责令改正，对负有直接责任的主管人员和其他直接责任人员依法给予降级、撤职、开除的处分。

1) 未将所有政府收入和支出列入预算或者虚列收入和支出的。

2) 违反法律、行政法规的规定，多征、提前征收或者减征、免征、缓征应征预算收入的。

3) 截留、占用、挪用或者拖欠应当上缴国库的预算收入的。

4) 违反本法规定，改变预算支出用途的。

5) 擅自改变上级政府专项转移支付资金用途的。

6) 违反本法规定拨付预算支出资金，办理预算收入收纳、划分、留解、退付，或者违反本法规定冻结、动用国库库款，或者以其他方式支配已入国库库款的。

（五）行政事业单位内部控制的目标

《行政事业单位内部控制规范（试行）》第四条规定：单位内部控制的目标主要包括合理保证单位经济活动合法合规、资产安全和使用有效、财务信息真实完整，有效防范舞弊和预防腐败，提高公共服务的效率和效果。

（六）行政事业单位内部控制建立与实施的原则

根据《行政事业单位内部控制规范（试行）》第五条，行政事业单位内部控制的建立和实施，必须遵循下述原则。

1. 全面性原则

全面性原则是指内部控制应当贯穿单位经济活动的决策、执行和监督全过程，实现对经济活动的全面控制。

本原则强调的是行政事业单位财务内控制度应涉及单位财务会计工作各个方面，覆盖单位及其所属机构的各种业务和事项。因为，在内部控制程序的所有环节中，有一个环节没有发挥作用，所有起作用的环节，也会变得无用。

2. 重要性原则

在全面控制的基础上，内部控制应当关注单位重要经济活动和经济活动的重大风险。

3. 制衡性原则

内部控制应当在单位内部的部门管理、职责分工、业务流程等方面形成相互制约和相互监督。

4. 适应性原则

内部控制应当符合国家有关规定和单位的实际情况，并随着外部环境的变化、单位经济活动的调整和管理要求的提高，不断修订和完善。

（七）行政事业单位内部控制的主要内容

（1）行政事业单位内部控制的概念和适用范围。
（2）行政事业单位内部控制的目标。
（3）制定和实施行政事业单位内部控制的原则。
（4）行政事业单位内部控制的风险评估。
（5）行政事业单位内部控制的控制方法。
（6）单位层面内部控制的实施。
（7）业务层面内部控制的实施。
包括预算业务控制、收支业务控制、政府采购业务控制、资产控制、建设项目控制、合同控制。
（8）行政事业单位内部控制实施的评估。

(9) 行政事业单位内部控制实施的监督。

(八) 行政事业单位风险评估和控制方法

1. 行政事业单位经济活动风险存在的主要原因

(1) 内部机构设置缺陷。原因为目前行政事业单位的经济业务，大多数属于粗放式和滞后式的管理模式，不能适应财政部门对预算单位财务管理规范化、科学化、精细化的需要。

表现为没有设立独立的内部控制机构，甚至没有独立的财务室，权责分配不合理，职能交叉，组织结构安排不合理，极大地削弱了内部控制的功能和作用。

(2) 内控意识相对薄弱。表现为行政事业单位的负责人缺乏对内部控制知识的基本了解，对建立健全单位内部控制的重要性和现实意义的认识不够，存在"重制度、轻执行"的倾向，导致内控走过场，内部控制制度未能发挥其应有的作用。

(3) 单位内部控制活动不够健全。其中，不相容职务分离是内部牵制制度的精髓。最常见的不相容职务主要有授权批准与业务经办，业务经办与会计记录，会计记录与财产保管，业务经办与稽核，授权批准与监督检查。

(4) 会计基础管理存在漏洞。财务部门与业务部门沟通协调不到位，支出流程和审核、审批不严密，资产管理、交接、领用记载不清，没有形成有效的监督制约机制。

(5) 管理制度不健全或执行不力。有的行政事业单位管理制度不健全，或多年未修改更新，职能部门各自为政，没有形成完整统一的管理体系，已不适应现代管理制度的要求。有的单位制定的管理制度形同虚设。有的单位制定制度教条化，参照执行上级单位制度，不考虑自身特点，操作性不强。

(6) 监督约束作用不够明显。行政事业单位内部要么没有审计机构，要么审计机构形同虚设，缺乏有效的内部控制风险评估机制。在风险评估中，内控作用难以有效发挥。

2. 行政事业单位的风险评估机制

建立行政事业单位风险评估机制。

(1) 风险评估是单位及时识别、系统分析经济活动中与实现内部控制目标相关的风险，以便合理确定风险应对策略。

（2）为及时发现风险，单位应当建立经济活动风险定期评估机制，对经济活动存在的风险进行全面、系统和客观评估。

（3）单位开展经济活动风险评估应当成立风险评估工作小组，通常由单位分管财务工作的领导担任组长。

（4）风险评估工作小组可以设置在内控部门或者牵头部门。

（5）经济活动风险评估至少每年进行一次；外部环境、经济活动或管理要求等发生重大变化的，应及时对经济活动风险进行重估。

（6）经济活动风险评估结果应当形成书面报告并及时提交单位领导班子，作为完善内部控制的依据。

3. 行政事业单位风险评估程序

风险评估可分为目标设定、风险识别、风险分析和风险应对四个步骤。

（1）目标设定。目标设定是指单位采取恰当的程序，去设定对于控制对象的控制目标，确认所选定的目标支持和切合单位的职责使命。

每个控制对象的控制目标，总体上是与内部控制的整体目标一致的，但是，每个控制对象的控制目标又各有其侧重点。

（2）风险识别。风险识别是对单位面临的各种不确定因素进行确认，如单位层面应关注经济活动的决策、执行、监督是否实现有效分离；权责是否对等；是否建立健全议事决策机制、岗位责任制、内部监督等机制等；业务层面应关注预算管理情况、收支情况、政府采购情况、资产管理情况、建设项目管理情况、合同管理情况等。

（3）风险分析。风险分析是在风险识别的基础之上，运用定量和定性方法，进一步分析风险发生的可能性和对单位目标实现的影响程度，并对风险的状况进行综合评价，以便为制定风险应对策略、选择应对措施提供依据。

（4）风险应对。风险应对是指在风险分析的基础之上，针对单位所存在的风险，提出各种风险解决方案，经过分析论证与评价，从中选择最优方案并予以实施的过程。风险应对的策略一般有风险规避、风险降低、风险分担和风险承受四种。

4. 行政事业单位内部控制方法

行政事业单位内部控制方法一般包括不相容岗位相互分离、内部授权审批控制、归口管理、预算控制、财产保护控制、会计控制、单据控制、信息内部公开。

现在对上述内部控制方法进行简单阐释，并提出针对本单位的部分问题，该类问题将于以后各章节给予详细分析和解答提示。

（1）不相容岗位相互分离。所谓不相容职务，是指经营业务活动的授权、批准、执行和记录等，完全由一人或一个部门办理时，发生错误与舞弊的概率就会增大的两项或两项以上职务。

行政事业单位应该合理设置内部控制关键岗位，明确划分职责权限，实施相应的分离措施，形成相互制约、相互监督的工作机制。

（问题思考：什么是不相容岗位？本单位应特别注意的不相容岗位有哪些？）

（2）内部授权审批控制。行政事业单位应该明确各岗位办理业务和事项的权限范围、审批程序和相关责任，建立重大事项集体决策和会签制度。相关工作人员应当在授权范围内行使职权、办理业务。

（问题思考：本单位的内部授权制度是否完善？是否得以认真执行？）

（3）归口管理。行政事业单位应该根据本单位实际情况，按照权责对等的原则，采取成立联合工作小组并确定牵头部门或牵头人员等方式，对有关经济活动实行统一管理。

（提问：什么是归口管理？归口管理应该注意什么问题？）

（4）预算控制。行政事业单位应该强化对经济活动的预算约束，使预算管理贯穿于单位经济活动的全过程。

（问题思考：本单位主要领导和相关工作人员，是否熟悉《预算法》？本单位是否认真执行《预算法》的相关条例？）

（5）财产保护控制。行政事业单位应该建立资产日常管理制度和定期清查机制，采取资产记录、实物保管、定期盘点、账实核对等措施，确保资产安全完整。

（问题思考：本单位是否有各种资产日常管理制度？制度是否得以认真执行？）

（6）会计控制。行政事业单位应该建立健全本单位财会管理制度，加强会计机构建设，提高会计人员业务水平，强化会计人员岗位责任制，规范会计基础工作，加强会计档案管理，明确会计凭证、会计账簿和财务会计报告处理程序。

（问题思考：在本单位内部控制中，单位会计人员应注意的问题？）

（7）单据控制。要求单位根据国家有关规定和单位的经济活动业务流程，在内部管理制度中明确界定各项经济活动所涉及的表单和票据，要求相关工作人员按照规定填制、审核、归档、保管单据。

（问题思考：本单位相关工作人员如何审核单据？如何保管单据？）

（8）信息内部公开。行政事业单位应该建立健全经济活动相关信息内部公开制度，根据国家有关规定和单位的实际情况，确定信息内部公开的内容、范围、方式和程序。

（问题思考：本单位是否制定有内部信息公开制度？如何执行？）

除了上述八种控制方法之外，在此，再介绍另外三种风险控制方法。

（1）经济活动分析控制。常用的经济活动分析方法有下述几种。

1）对比分析法。将两个以上有关经济指标进行比较，测算相互之间的差异，来研究企业经济状况的一种分析方法。它是经济活动分析中最常用的一种基本分析方法，可以用绝对数、相对数或平均数来表示，应用时要注意指标之间的可比性。

2）因素分析法。因素分析法是对影响经济指标的各项因素相互联系地进行综合分析的一种方法，其计算程序是在一个指标的几个相互联系的因素中，按照不同因素在构成此项指标的作用程度，按顺序把其中一个因素作为可变，暂时把其他因素当作不变，逐个进行替换，以测定各个因素对经济指标的影响程度。

3）结构分析法。也叫比例分析法，是在一个经济指标中，分析部分与全体的比例关系。

（问题思考：本单位有哪些经济活动的情况出现异常？可以通过对比分析法进行对比分析，从而找出不合理的经济开支。）

（2）绩效考评控制。绩效考评控制是指通过考核评价的形式，规范行政事业单位各级管理者及单位员工的经济目标和经济行为。它强调的是控制目标，而不是控制过程。

绩效考评系统主要包括考评指标和考评程序的制定、考评方法的选择、考评结果的分析和纠正偏差与奖励措施等关键环节。

（问题思考：如何把单位的绩效考核与单位内部控制进行有效的相互促进？）

（3）信息技术控制。信息技术是指利用计算机、网络、广播电视等各种硬件设备及软件工具与科学方法,对文图声像等各种信息进行获取、加工、存储、传输与使用的技术之和。该定义强调的是信息技术的现代化与高科技含量。

信息技术控制可以分为一般性控制和应用控制。

1) 信息技术一般性控制。信息系统一般性控制是指为了保证信息系统的安全,对整个信息系统,以及外部各种环境要素实施的、对所有的应用或控制模块具有普遍影响的控制措施。

一般控制具体包括程序开发、程序变更、程序和数据访问以及计算机运行等四个方面。常见的一般控制表现为:数据中心和网络运行控制,系统软件的购置、修改及维护控制,接触或访问权限控制,应用系统的购置、开发及维护控制。一般控制还包括程序改变的控制、限制接触程序和数据的控制、与新版应用软件包实施有关的控制等。

2) 信息技术应用控制。信息技术应用控制是指主要在业务流程层面运行的人工或自动化程序,与用于生成、记录、处理、报告交易或其他财务数据的程序相关。

应用控制关注信息处理目标的四个要素,是完整性、准确性、存在和发生。通常包括检查数据计算的准确性,审核账户和试算平衡表,设置对输入数据和数字序号的自动检查,以及对例外报告进行人工干预。

(问题思考:本单位是否适合在内部控制上运用信息技术来进行?各部门的相互监督和制约在信息技术设计上如何运行?)

(九) 行政事业单位的单位层面内部控制

其内容包括下述几点。

(1) 建立内部控制牵头部门。

(2) 单位经济活动决策、执行、监督三权分立。

(3) 不相容岗位设置。

(4) 各岗位能力要求。

(5) 会计人员岗位设置。

(6) 内部控制信息系统的建立。

(十) 行政事业单位的业务层面内部控制

其内容包括预算控制、收支控制、采购控制、资产控制、建设项目控制和合同控制等。

(十一) 相关的法律法规

相关法律法规主要包括《中华人民共和国会计法》《中华人民共和国预算法》《中华人民共和国采购法》《中华人民共和国招标投标法》等。

第二节 行政事业单位内部控制实务操作的基本流程

行政事业单位内部控制如何建立与实施呢？下面是实务操作的五步流程。

即单位确定内部控制为正式实施项目；设计项目运行计划；按运行计划进行各个阶段的实施；按实施情况进行评价，并就存在的漏洞进行整改和完善；完成本单位的内部控制手册。

一、单位确定内部控制为正式实施项目

行政事业单位内部控制体系的建立与实施，是国家法律法规赋予每个行政事业单位的义务和权利，每个单位应该尽快根据本单位的实际情况，确定本单位内部控制作为体系项目来建设的时间表。

本单位应该根据本单位的实际情况，确定是否聘请优质的社会中介机构协助本单位完成内部控制体系项目的建设。

确定内部控制体系项目启动时，应包括以下内容。

(1) 项目启动时间及初步运行时间表。
(2) 参加项目的团队。
(3) 项目的范围。
(4) 项目人力物力一期投入预算。

二、设计项目运行计划

项目要进行正式运行，必须成立能够适应本单位内部控制需要的组织机构。以此为基础，各种工作才可以顺利进行。

项目运行计划应包括以下内容。

(1) 内部控制组织机构及其核心。行政事业单位首先成立内部控制领导小组，并以领导小组为核心。成立领导小组时应明确其职责。

本单位成立内部控制领导小组后,应该根据本单位实际情况,在领导小组内进行分工。

(2) 设置领导小组下属机构。包括内部控制实施指挥组、内部控制实施监督组、内部控制实施评价组等,并明确各个机构的职责范围。

(3) 确定本单位内部控制所包含的体系。包括两大体系,即单位层面内部控制体系和业务层面内部控制体系。

在两大体系之下,又要明确各体系下的分体系。比如,单位层面体系包括组织机构体系、单位员工培训体系、内部控制风险评估体系、单位制度体系、内部控制实施监督体系、内部控制实施评价体系等。

业务层面体系包括预算控制体系、会计控制体系、资产控制体系、政府采购控制体系、建设项目控制体系、合同控制体系等。

(4) 制订本单位员工内部控制培训体系和计划。通过各类学习方式,本单位各层级领导及相关工作人员掌握行政事业单位内部控制的基本知识面,其中以行政事业单位内部控制规范为主线。同时,需要全员参加单位内部控制知识的培训学习。

(5) 对单位各类业务的流程调查、梳理,并明确各业务环节。要求对本单位内部控制的风险进行评估。要求对本单位各类业务流程及其各环节进行经济风险分析,分析各环节存在的漏洞,并评估风险高低程度及密度。

(6) 单位内部控制体系初步方案的公布。在对上述各类业务环节的调查疏理及风险分析评估后,初步制定相关弥补漏洞和缺陷的规章制度,并在此基础上设计适合本单位的内部控制体系并进行公布。向本单位内部(甚至社会上)继续征求意见建议,在此基础上完善本单位内部控制体系总体方案。

(7) 分别就单位层面和业务层面各类业务及各个环节制定具体的内部控制实施办法和相关制度。

(8) 在内部控制实施的过程中,对本单位内部控制建立与实施情况进行内部监督检查。

(9) 对本单位内部控制建立与实施情况进行自我评价。

(10) 完成本单位的内部控制手册。

三、按运行计划进行各个阶段的实施,并对实施过程进行监督检查

实施时,按目的运行计划去实施,并根据实际运行情况进行适当修正即可。实施的程序如下。

(1) 成立本单位内部控制领导小组,明确领导小组职责,并进行领导分工。

(2) 在领导小组下设置工作机构,包括内部控制实施指挥组、内部控制实施监督组、内部控制实施评价组等,并明确各个机构的职责范围。

(3) 实施指挥组安排本单位相关人员参加行政事业单位内部控制的相关学习和培训,由培训人员向实施指挥组汇报工作,以便了解掌握上面最新的动态和要求。

由实施指挥组逐步制定形成本单位的内部控制培训学习体系。

(4) 实施指挥组组织人员对本单位业务流程进行调查、梳理。

(5) 对以上各业务流程及各环节进行风险分析,在完成充分分析的基础上,进行风险评估。

(6) 针对以上风险评估结果,对风险隐患较高的流程和环节,向领导小组做出汇报并请示进行调整修正。

(7) 针对本单位所有的业务流程和环节,分别就单位层面和业务层面,制定或者完善本单位各类内部控制规章制度,形成各种控制体系。

(8) 初步公布本单位内部控制体系实施方案,广泛征求单位内部外部意见建议。

(9) 初步形成单位内部控制员工参考手册。

(10) 按制定好的内部控制监督检查制度,由实施监督组对本单位内部控制实施过程及结果进行全程监督。

四、按实施情况与结果进行评价,并就存在的漏洞进行整改和完善

进行评价时,应该注意评价的独立性。评价体系包括下述几种。

(1) 评价小组机构运行办法。

(2) 评价对象。

(3) 评价流程和方法。

(4) 评价结果的处置运用。

(5) 其他。

五、最终确定本单位的内部控制手册

行政事业单位内部控制手册主要包括下述内容。

(1) 手册使用单位。

(2) 手册制定日期。

(3) 目录。

(4) 手册总则：包括制定本单位内部控制体系的目的、目标、原则、内控体系的分类及各类所含的内容等。

(5) 内控体系领导小组，实施机构。

(6) 单位层面里的机构体系、学习培训体系、风险评估体系、管理制度体系、监督体系、评价体系等。

(7) 业务层面的预算控制体系、会计控制体系、资产控制体系、政府采购控制体系、建设项目控制体系、合同控制体系等。

(8) 内部控制监督检查体系。

(9) 内部控制评价体系。

(10) 其他内容。

行政事业单位按上述五步流程完成单位内部控制之后，接受财政部门和审计部门对本单位内部控制的建立和实施情况进行的监督检查，以及本单位内外人员的意见建议等，对本单位内部控制中存在的问题继续进行整改和不断完善。

实务操作思考题：

1. 本单位近期存在的主要经济风险在哪里？

2. 针对以上风险，单位今年和近三年想要实现的内部控制目标是什么？

3. 为了实现今年和近年的目标，近期需要学习什么内部控制知识？

4. 为了实现今年和近期的内控目标，需要对单位流程进行修改吗？

5. 为了实现目标，要增加哪些制度？要对哪些制度进行修改？

6. 如何在全单位范围内进行上述工作的学习与推广？

第二章 行政事业单位内部控制的组织机构

行政事业单位内部控制体系由单位层面的内部控制体系和业务层面的内部控制体系两部分组成。

单位层面的内部控制体系包括组织机构体系、单位员工培训体系、内部控制风险评估体系、单位管理制度体系、内部控制实施监督体系、内部控制实施评价体系等。

业务层面的内部控制体系包括预算控制体系、会计控制体系、资产控制体系、政府采购控制体系、建设项目控制体系、合同控制体系等。

本章主要介绍行政事业单位内部控制的组织机构体系。

行政事业单位内部控制的组织机构,首先设置内部控制领导小组,领导小组下设置以下部门。

(1) 实施执行组,即牵头部门。实施执行组下面可以设置业务梳理组、风险分析组、制度完善组等。

(2) 内部控制实施监督组。

(3) 内部控制评价组。

第一节 行政事业单位内部控制领导小组的建立

一、建立领导小组的原因

1. 法律规定

根据《行政事业单位内部控制规范(试行)》第六条:单位负责人对本单位内部控制的建立健全和有效实施负责。从而要求每一个行政事业单位进行内部控制时,必须设置领导小组,并且要求单位负责人亲自去抓本单位的内部控制问题。

2. 单位内部控制工作部署的要求

行政事业单位内部控制是一个复杂的系统工程，包括了内部控制体系的设计、实施、监督与评价等等工作的全过程，业务几乎覆盖了单位的每一个角落，必须运用到单位的人力、物力、财力等资源。因此，必须取得该单位最高领导层的充分支持。在此基础上，才能够让单位内部控制的工作部署得以更好地落实。

二、建立单位内部控制领导小组的方法

（1）本单位派出相关人员参加行政事业单位内部控制专题培训。

（2）学习人员向本单位领导汇报行政事业内部控制专题培训情况，包括本次学习时间、学习的内容、学习的资料、学习的效果、主管部门在本次学习后提出的内部控制工作进度要求等。

（3）取得单位领导层对本单位内容控制体系工作的支持。

（4）通过领导层会议讨论，初步确定领导小组名单。

领导小组的人员一般包括本单位正职领导，其他副职领导若干名，本单位各部门负责人，本单位纪检、审计、监察、财务、内控等人员。

（5）领导小组的名单或者其他内容，可以在内部进行公示，进行意见征询。

（6）确定本单位内部控制领导小组的名单，并以正式文件的形式最终予以确认。

（7）本单位内部控制领导小组的名单，上报给主管部门备案，并报同级财政部门备案。

三、本单位内部控制领导小组工作职责

（1）单位领导小组是单位内控体系建设的最高权力机构，全面负责单位内部控制规范体系建设工作的实施。

（2）单位领导小组要建立健全议事决策制度和规则。

（3）建立单位内部控制规范实施机构

（4）建立单位内部控制规范监督检查机构和自我评价机构。

四、本单位内部控制领导小组工作内容

单位内部控制领导小组全面领导本单位内部控制的主要工作，并负有最主要的领导责任,其工作主要包括下述内容。

(1) 本单位内部控制工作体系的设计。

(2) 本单位业务流程的梳理和调整。

(3) 本单位内部控制主要风险的评估。

(4) 研究并制定本单位内部控制的各种方案。

(5) 制定本单位内部控制的各种配套制度。

(6) 制定本单位内部控制建立与实施的监督检查制度。

(7) 制定本单位内部控制实施效果的自我评价制度。

(8) 制定本单位内部控制员工手册。

(9) 完成其他与本单位内部控制有关的工作。

五、本单位内部控制领导小组的分工

分工应以内部通知的形式告知本单位所有人员。

(1) 组长领导和管辖内控小组的全面工作。

(2) 一名副组长负责领导其中一个小组进行本单位业务的调查和梳理,包括旧管理制度的收集和评估,以及新管理制度的修订和实施监督等。

(3) 一名副组长领导一个小组进行本单位业务内控情况的分析,进行内控制体系的设计,并向本单位内控领导小组汇报。

(4) 一名副组长领导一个小组进行本单位业务流程和业务环节的风险分析,并提出风险应对的建议。

(5) 一名副组长领导一个小组进行本单位内部控制实施的监督检查。

(6) 一名副组长领导一个小组进行本单位内部控制实施的自我评价。

六、相关规定

(1)《行政事业单位内部控制规范(试行)》第六条规定:"单位负责人对本单位内部控制的建立健全和有效实施负责。"

单位内控体系是"一把手"工程,领导要以身作则,约束权力,让权力在阳光下运行。有条件的单位还应当主动接受社会中介机构提供的内控审计,以提高内控实施的质量。

"一把手"在单位内部控制工作中的职责。

1) 主持召开会议讨论内部控制建立与实施相关的议题。

2）主持制定内部控制工作方案，健全工作机制。

3）主持开展内部控制工作分工及人员配备等工作。

4）权力运行机制及权力运行监督机制的构建，确保决策权、执行权、监督权相互制约、相互协调，定期督查决策权、执行权、监督权等权力的行使情况，及时发现权力运行过程中的问题，予以校正和改进。

（2）《行政事业单位内部控制规范（试行）》第十四条规定：单位经济活动的决策、执行和监督应当相互分离。

单位应当建立健全集体研究、专家论证和技术咨询相结合的议事决策机制。

重大经济事项的内部决策，应当由单位领导班子集体研究决定。重大经济事项的认定标准，应当根据有关规定和本单位实际情况确定，一经确定，不得随意变更。

七、案例

某市财政局内部控制领导小组成立的通知文件范本。

市直各部门，各县区财政局：

为加快推进我市行政事业单位内部控制建设与实施，继续强化内部控制工作的规划和组织领导，某某市财政局决定成立行政事业单位内部控制建设工作领导小组及专家咨询委员会。现将有关事项通知如下：

一、领导小组主要职责

（1）统一组织领导全市行政事业单位内部控制建设工作，全面推进本市内部控制制度建设工作。

（2）研究拟订行政事业单位内部控制建设的实施方案；以及财政部门对各单位内部控制的监督检查方案。

（3）指导和督促检查各县区、各部门内部控制的建立与实施工作。

（4）统筹协调各行政事业单位内部控制建设中的重大问题。

二、领导小组组成人员

组　　长：刘某某　市财政局局长

副组长：陈　某　市财政局副局长

成　　员：寇某某　市财政局副局长

　　　　　张某某　市财政局副局长

刘某某　市纪委派驻第三纪检组组长
赵某某　市审计局副局长
王某某　市非税收入征收管理中心主任
何某某　某县财政局局长
蒲某某　某区财政局局长
宋某某　市财政局办公室主任
牟某某　市财政局预算科科长
叶某某　市财政局综合科科长
邓某某　市财政局国库科科长
魏　某　市财政局行政政法科科长
张　某　市财政局经建科科长
李某某　市财政局教科文科科长
胡某某　市财政局企业与税政科科长
立　某　市财政局监察会计科科长
马　某　市财政局资产管理科科长
张某某　市财政局项目评审与绩效管理科科长

三、专家咨询委员会工作职责

(1) 负责提供行政事业单位内部控制制度、政策咨询和建议，研究各类行政事业单位内部控制制度指引范本。

(2) 对本市行政事业单位内部控制建设实施提出意见和政策建议。

(3) 指导和帮助各部门单位开展内部控制制度建设，跟踪服务各单位内部控制的实施。

(4) 开展行政事业单位内部控制科研课题和研究工作，共享研究资料和信息。

四、专家咨询委员会组成人员

黄某某　市人大财经委员会主任（会计师）
何　某　市财政局副局长（会计师）
陈　某　市财政局监察会计科科长（高级审计师）
党某某　市会计核算中心副主任（高级会计师）
符某某　某省理工学院会计系副教授
王　某　某省某会计师事务所所长（注册会计师）
马某某　市审计局财政金融审计科科长

五、工作要求

行政事业单位内部控制领导小组办公室设在市财政局监察会计科，负责领导小组和专家咨询委员会日常管理工作，组织、协调推进全市行政事业单位内部控制制度建设具体工作。市财政局各相关科室和各县区财政局指定专门人员，具体负责日常工作的联系和协调，并指导、督促所管部门及单位内控工作。

某某市财政局

2016 年 8 月 18 日

第二节 行政事业单位内部控制的实施执行组

行政事业单位内部控制的实施执行组，实际上是单位内部控制领导小组下面的内部控制牵头部门，领导小组应当指定实施执行组的主要领导人员。

一、行政事业单位内部控制实施执行组的主要职责

（1）对本单位内部控制领导小组负责，执行领导小组的工作安排。

（2）负责领导、组织、协调本单位内部控制体系的建立实施与运行维护。

（3）构建本单位内部控制实施所需的各个机构，并领导机构的运作。包括组建业务梳理分析组、风险评估组、制度完善组等。

二、行政事业单位内部控制实施执行组的主要任务

（1）建设本单位内部控制学习培训体系。

（2）梳理本单位各项经济活动的流程与各环节的具体内容

（3）分析上述流程和环节的风险类别与风险点，形成风险数据库或者风险评估报告。

（4）根据确定的风险完善业务流程，制定各个环节更完善的制度。包括内部控制单位层面控制制度和业务层面控制制度。

（5）指导贯彻新制度的执行落实。

(6) 汇总所有建设成果，按相应层次编制成册，形成本单位内部控制规范管理手册。

(7) 接受本单位和内部控制监督机构的监督检查，接受本单位内部控制实施评价机构的评价，并对需要完善的地方进行整改。

(8) 接受财政、审计等部门对本单位内部控制实施的监督检查，接受社会中介机构对本单位内部控制实施的评价，并对需要完善的地方进行整改。

三、行政事业单位内部控制实施执行组的相关法律规定

《行政事业单位内部控制规范（试行）》第十三条规定：单位应当单独设置内部控制职能部门，或者确定内部控制牵头部门，负责组织协调内部控制工作。同时，应当充分发挥财会、内部审计、纪检监察、政府采购、基建、资产管理等部门或岗位在内部控制中的作用。

四、实施执行组下属的工作机构

1. 学习培训宣传小组

行政事业单位必须加强单位内部控制的学习培训和宣传，这是做好内部控制实施工作必不可少的环节。单位应当形成内部控制学习培训体系。

2. 业务梳理小组

为了深化单位内部控制的实施，行政事业单位要对现有流程进行"白描"。

"白描"意即梳理流程时，应当直白、简洁、明确、清晰，但要充分反映现有流程的实际情况。

在对流程进行"白描"的基础上，对单位层面的各项管理流程和预算业务、收支业务、政府采购业务、资产管理、建设项目管理、合同管理等经济活动的各项业务流程进行梳理、再造，重新编制各项工作业务流程图。

《行政事业单位内部控制规范（试行）》第七条规定：应当根据本规范建立适合本单位实际情况的内部控制体系，并组织实施。具体工作包括梳理单位各类经济活动的业务流程，明确业务环节。

3. 业务风险评估小组

风险评估是行政事业单位进行内部控制建设与实施中非常重要和关

键的一环，关系着单位内部控制效率和成果的大小，因此必须高度重视。

《行政事业单位内部控制规范（试行）》第八条规定：

（1）单位应当建立经济活动风险定期评估机制，对经济活动存在的风险进行全面、系统和客观评估。

（2）经济活动风险评估至少每年进行一次；外部环境、经济活动或管理要求等发生重大变化的，应及时对经济活动风险进行重估。

《行政事业单位内部控制规范（试行）》第九条规定：

（1）单位开展经济活动风险评估，应当成立风险评估工作小组，单位领导担任组长。

这里强调的是组长必须由单位领导来担任，从而确认其重要性。

（2）经济活动风险评估结果应当形成书面报告，并及时提交单位领导班子，作为完善内部控制的依据。

（四）制度完善小组

行政事业单位内部控制制度是单位经济活动规范化的要求标准，只有具备了详细但高效而不复杂的制度，才能指引单位员工的工作流程和环节符合内部控制的要求，才能更低限度地防止内部控制的漏洞。

制度完善小组的工作人员，必须尽量熟悉和掌握国家和本地区的法律法规，以便在制定本单位制度时能与时俱进。

第三节 行政事业单位内部控制实施监督组和评价组

一、行政事业单位内部控制监督组

（一）行政事业单位内部控制监督组工作机制

（1）组建日常监督小组。

（2）安排内部审计进行监督工作。

（3）借助党委和纪检的工作成果进行监督。

（4）借助单位内部的监察成果进行监督。

（5）借助单位绩效考评的成果进行监督。

（二）建立和运行行政事业单位内部控制监督应注意的问题

（1）监督部门应直接向内部控制单位领导小组汇报监督工作。

(2) 单位的监督工作必须与单位决策、执行相分离。

(3) 单位的监督工作必须与单位评价工作相分离。

(4) 单位的监督工作必须保持高度的独立性。

二、行政事业单位内部控制评价组

（一）行政事业单位内部控制评价的主要内容

行政事业单位内部控制评价的主要内容可以分为两个层级要素进行评价。

第一层级要素包括组织架构、决策机制、执行机制、监督机制和协同机制等。

第二层级评价要素是在第一层级的基础上进行细分。比如，执行机制可以分为实施责任制度、分工职责制度、控制制度体系化等。

（二）建立和运行行政事业单位内部控制评价应注意的问题

(1) 单位内部评价部门应直接向单位内部控制领导小组汇报监督工作。

(2) 单位的评价工作必须与单位决策、执行相分离。

(3) 单位的评价工作必须与监督工作相分离。

(4) 单位的评价工作必须保持高度的独立性。

第三章　行政事业单位内部控制的学习培训体系

第一节　行政事业单位内部控制学习宣传体系

上述已经对行政事业单位内部控制的基本知识做了简单介绍。那么，如何能够既迅速且有效地掌握相关的知识呢？本节主要介绍三种常用的有效方法。

一、分级业务培训

此类的专题培训包括下述几种。

1. 省级财政部门行政事业单位内部控制专题培训

省级行政事业单位内部控制专题培训，一般包括下述内容。

（1）传达中央、财政部等关于行政事业单位内部控制的有关精神和要求。

（2）本省行政事业单位内部控制建设推进概况。

（3）本省各地市及县级行政事业单位内部控制推行与建设基本状况。

（4）本省行政事业单位内部控制相关的会计基础工作规范基本状况。

（5）本省政府综合财务报告制度、政府会计准则建设与实施状况。

（6）本省会计人员综合素质基本情况。

（7）与行政事业单位相关的法律法规、制度和业务知识培训。

2. 市级财政部门事业单位内部控制专题培训

省级行政事业单位内部控制专题培训一般包括下述内容。

（1）传达中央、财政部、本省财政厅等关于行政事业单位内部控制的有关精神和工作要求。

（2）本省和本市行政事业单位内部控制建设推进概况。

(3) 本市行政事业单位内部控制相关的会计基础工作规范基本状况。

(4) 本市政府综合财务报告制度、政府会计准则建设与实施状况。

(5) 本市行政事业单位内部控制先进单位的实施情况。

(6) 本市会计人员综合素质基本情况，与行政事业单位相关的法律法规、制度和业务知识培训。

(7) 对本市各区各县各直属单位推进行政事业单位内部控制的工作要求。

3. 区县级财政部门事业单位内部控制专题培训

区级、县级行政事业单位内部控制专题培训，一般包括下述内容。

(1) 传达本省、本市关于行政事业单位内部控制培训的各项内容、精神与要求。

(2) 介绍本地级市及其他县市行政事业单位内部控制先进单位的经验。

(3) 部署本区本县行政事业单位内部控制的工作推进要求。

(4) 相关行政事业单位内部控制知识体系的培训。

4. 本行业本系统内部控制专题培训

行政事业单位内部控制专题培训一般包括下述内容。

(1) 传达中央及本省关于行政事业单位内部控制的工作要求。

(2) 本行业的特点及本行业在内部控制中容易出现的问题。

(3) 本行业内部控制的重点和难点。

(4) 与行政事业单位内部控制相关知识体系的培训。

5. 本单位内部控制专题培训

本单位行政事业单位内部控制专题培训一般包括下述内容。

(1) 传达本省、本县关于行政事业单位内部控制推进工作的要求。

(2) 传达本区本县或者其他区县行政事业单位内部控制先进单位的事迹。

(3) 与行政事业单位内部控制相关的知识体系培训。

(4) 本单位主要业务类型及其流程介绍。

(5) 本单位各业务环节的特点及其主要存在的风险。

(6) 本单位目前内部控制进展情况及今后工作的主要方向。

(7) 现场布置本单位内部控制的相关工作安排。

在单位内部进行专题培训时，还可以根据人员的不同进行分别培训。

（1）单位领导班子、内部控制规范实施机构成员主要学习内部控制规范的理论、原则、控制基本方法、风险评估程序、风险管控措施、自我评价要求等。

（2）单位非内控管理部门及其他人员，主要学习内部控制规范体系建设的重要意义、自己在内部控制规范中的作用、控制的基本方法、流程梳理及风险查找方法。

其中，工作人员是内部控制机制得以顺利运行的前提，必须提高内部控制相关人员的道德修养和专业素质。因此，对工作人员必须加强以下几方面培训。

（1）对业务经办人员进行政策教育，以及职业道德教育，以增强他们的纪律性，使其负有责任感，遵纪守法。

（2）加强会计人员的继续教育，坚持定期培训、定期考核，严格上岗资格，提高会计人员的专业知识和业务素质，使他们正确应用内部会计控制方法。

（3）加强内部审计人员的职业道德教育和技能培训，使他们掌握科学的内部审计方法，使内部审计真正起到对内部控制的监督作用。

二、到内部控制实施的先进单位参观学习

到先进单位参观学习，可以从下面的角度加以观察思考。

（1）该单位的业务流程和业务环节的主要特色是什么？

（2）该单位内部控制领导小组每个人的角色是什么？是如何具体运行的？怎样保障高效运转？

（3）该单位如何让单位内部员工积极参与到本单位内部控制工作中来？

（4）该单位制定与实施的各项业务的主要规章制度有何与众不同的关键点？

三、自我学习

关于本单位的内部控制制度，每一个单位员工都应该积极主动参与到其中的建设中来。因此，不断地对行政事业单位相关的知识体系加深学习，并结合本单位的实际情况提出自己的意见和建议，既是一种主人翁的权利，也是一种不容推卸的责任。

自我学习的途径包括下述几种。

（1）专业书籍。可以通过向单位借阅，或者自我购买的方式来实现。

（2）网络资料学习。可以通过查阅、下载等方式进行线上线下学习。

（3）电视学习。通过看电视新闻的方式，主动掌握关于行政事业单位内部控制的最新动态。

（4）行业内主流的报纸杂志。此类学习能使自己不断了解到相关专家的新观点、新动态，也能使自己的信息量与知识面得到不断扩展。

（5）与他人交流学习。①自行组织学习小组，利用业余时间对相关内部控制的知识进行交流。②在工作中不断向他人请教学习，从而深化内部控制的相关知识。③通过QQ群、微信群、微博等方式，与他人交流学习行政事业单位内部控制的相关知识。

（6）加入相关行业学习组织。比如，本区、本县组织的行政事业单位内部控制业务学习组织等。

第二节　行政事业单位内部控制知识体系学习的具体安排

行政事业单位必须安排本单位的内部控制的专题培训。

一、组织学习时，可以按下面的人员分批进行

（1）本单位所有人员全员学习。

（2）本单位按职务层级分小组学习。

（3）本单位按业务流程分类学习。

（4）本单位按部门分别学习。

（5）本单位按风险系统分别学习。

二、制定学习的保障措施

（1）制定本单位的学习制度。

（2）落实安排本单位内部控制的学习时间。

三、制定本单位内部控制学习的效果考核制度

即每个人必须注重学习的效果,以及学习之后如何在实际工作中加以应用,从而能从各个流程和环节,加强并完善本单位的内部控制。

学习之后,每个部门的工作人员,应该从下述几方面去思考本部门的情况。

(1) 本部门是否具有不合规的经济活动?

(2) 本部门是否具有不合规、不合理的业务流程,或者具体的业务环节?

(3) 本部门的业务流程及相关环节是否能最低限度地降低风险?

(4) 本部门存在哪些经济管理漏洞,制度是否完善?

(5) 本部门是否能够做到不相容岗位相分离?

(6) 有没有本部门的业务监督或者制约的制度?

(7) 本部门使用的资金是否管理到位?有无丢失或者失控的现象?

(8) 本部门有什么地方可以改善,改善之后能否提高本部门的工作效率和效果?

四、本单位内容控制的宣传

本单位关于内部控制的建立和实施,首先要在本单位或者社会上进行一定的宣传,以期本单位内部控制的建立实施得到更好的效果。

1. 形成宣传制度

(1) 宣传制度可以由本单位宣传部门制定,没有宣传部门的可以由人事管理部门制定,财务部门协助。

(2) 宣传制度经本单位内部控制领导小组审核后公布施行。

2. 形成内部控制培训与学习制度

3. 印发宣传资料

印发的资料,既要在单位内部充分发放,也可以向社会公众发放,进行宣传。

4. 组织专题宣传活动

专题宣传活动可以在单位内部进行,也可以面向社会公众公开举行。可以根据上述两种不同的情况,做不同的宣传准备。比如,宣传地点、

范围、规模、主题、嘉宾及需要的资料、材料等。

5. 进行宣传成果考核

（1）各部门对宣传成果的总结。

（2）落实个人考察宣传成果。比如，部门对工作人员进行口头的检查，看看工作人员对单位和本部门内部控制方面的了解程度。

（3）写出学习心得。学习心得可以定期写，比如，三个月写一次，半年写一次等。以此来获悉单位职工对内部控制的了解和操作实况。

（4）以知识竞赛的方式考核。举办行政事业单位内部控制知识体系的知识竞赛，既可以考查各级职员对相关知识的掌握程度，又可以增加学习的趣味性，对于本单位内部控制的建立实施能起到良好的促进作用。

6. 充分利用现有网络资源，向本单位公开、向社会公开宣传本单位内控规范制度

可以在本单位 QQ 群、微信群上共享有关知识与文件精神，以及其他单位工作进展情况，发动各级职工讨论关于内部控制的各类课题等，从而起到积极的宣传作用。

第四章　行政事业单位内部控制的风险评估体系

行政事业单位内部控制的实施离不开对本单位业务流程和各环节的风险评估，而风险评估的前提是对各流程和业务环节进行梳理、分析、调整和完善。

《行政事业单位内部控制规范（试行）》第七条规定：单位应当根据本规范建立适合本单位实际情况的内部控制体系，并组织实施。具体工作包括梳理单位各类经济活动的业务流程，明确业务环节，系统分析经济活动风险，确定风险点，选择风险应对策略，在此基础上，根据国家有关规定建立健全单位各项内部管理制度并督促相关工作人员认真执行。

第一节　行政事业单位业务流程梳理

在行政事业单位实行梳理和完善流程，是单位实现内部控制的目标基础和基本保证。

一、业务流程梳理的原则

进行业务流程和业务环节的梳理时，应注意下述原则。

1. 依法依规原则

行政事业单位梳理业务，必须依据现行法律法规及相关规章制度和本单位的有效文件，对本单位的业务流程和环节进行全面梳理，并分类登记，编制目录或者流程图等。

2. 全面性原则

单位的业务梳理，应该包括本单位所有的业务，对所有岗位所履行的职责、权限、运行程序的标准等逐项逐条进行全面梳理并细化。所要清理的内容包括机构人员设置、承办岗位职责、办理事项数量、事项法定依据、申办主体类别、事项办理条件、事项办理时限、监督考核细则等。

3. 风险导向原则

风险导向实际上是需要行政事业单位在梳理业务时,在每一个工作阶段有所侧重,以风险较高的流程和环节为导向。

4. 流程优化原则

流程优化要求单位在梳理业务流程的过程中及整理汇总业务流程和环节之后,对现有工作流程和环节进行优化再造,以便科学合理地设置行政职权运行流程中的各个环节,简化办事程序。同一事项不得在同一单位两个及以上科室受理,实现办事程序最简、办事时限最短。

二、业务流程梳理的内容

1. 厘清业务事项

依据本单位的"三定"方案,对本单位主要职责、内设机构及其主要职责人员编制和职责分工情况进行全面梳理。要厘清本单位职责范围内所有办文办会、行政审批、行政征收、行政执法、行政服务、日常事务等具体工作的大类和小类名称,并填报相关的梳理表。

2. 编制业务运行流程图

流程图要包括业务从发起到结束的整个流程。

3. 建立业务办理标准

要明确每一项具体工作的办理主体、办理依据、行政相对人类别、办理条件、申报材料、工作内容、办理流程,每一环节的承办岗位和办理时限,办理结果,密级,相关表单、证书、文件的式样,有无专门业务信息系统,以及监督考核规则、投诉举报途径和方式等。按照"简明清晰、详尽翔实"的原则,建立业务工作标准,实现本单位业务工作标准化、规范化。

4. 业务流程优化和再造

各个业务流程和环节,按最新的标准进行业务的优化和再造,以建立一个详细又高效的业务流程。

在进行业务分析和诊断的过程中,常用到的主要技术包括流程结构分析、流程环节分析、流程节点分析、流程管理分析等。

三、业务流程梳理的步骤

（1）在梳理组长带领下，对现有业务流程和环节进行详细梳理。要求本单位各部门安排一名精通业务的人员参加业务梳理的工作。

（2）制定或填写业务流程表或者流程图。

（3）检查业务流程表是否与现实流程一致。

（4）对业务流程进行汇总，上报单位内部控制领导小组。

（5）单位内部控制领导小组对业务流程进行分析，看看哪些流程需要进行修改或者完善。

（6）对需要修改或者完善的业务流程进行重新设定，并经单位内部控制领导小组审核通过。

（7）公布新制定的业务流程，再次征集单位内部所有工作人员的意见。

（8）根据重新收集的意见，再次完善业务流程标准，并形成最终的业务流程方案。

（9）向单位内部或者社会公布新的业务流程，并听取社会上的意见建议。

业务流程图举例（见图2-1）。

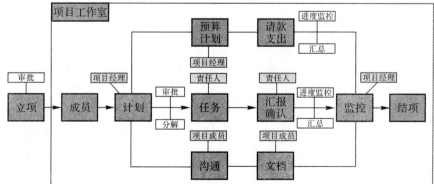

图2-1 项目整体监控流程

四、示例

某市行政事业单位经营性房产租赁工作流程

一、管理项目：行政事业单位经营性房产租赁

二、管理依据：《行政单位国有资产管理暂行办法》《事业单位国有资产管理暂行办法》《市委办公室、市政府办公室关于加强市级机关及所属单位房屋及土地资产管理实施意见》《关于加强市级机关及所属事业单位房屋及其土地资产管理的实施办法》

三、管理对象：行政事业单位

四、管理程序

（一）行政事业单位先向主管部门提出经营性房产租赁的申请，主管部门同意后报市财政局审批。

（二）市财政局相关业务处室审核提出初审意见，报绩效评价和资产管理处。

（三）绩效评价和资产管理处在5个工作日内提出终审意见。

（四）对协议租赁的房产，经市财政审核合同草本，批复后单位签订正式合同并报财政备案。租金收入缴入预算外资金账户。

（五）对需由产权交易所鉴证的协议租赁或公开招租的房产，单位凭市财政局批复或会办意见，由产权交易所办理招租手续。

（六）产权交易所根据市财政局的批复或会办意见，根据两种不同的招租情况办理相关手续。

（1）对需由产权交易所鉴证的协议租赁房产，产权交易所5个工作日内对合同鉴证并出具鉴证报告，单位签订正式合同后报财政备案。租金收入缴入预算外资金账户。

（2）对需公开招租的房产由产权交易所在市级报纸等新闻媒体上统一发布，信息公告时间不少于20天。公告结束后10日内完成公开招租工作。产权交易所对交易结果进行鉴证。租金收入划入产权交易所账户。

（七）在招租结束后10天内，单位将鉴证报告及合同报市财政局备案。

（八）产权交易所在转让结束后次月10日之前，将转让租金收入划转到国有资产收益专户。

（九）绩效评价和资产管理处于15日之前将租金收入全额划拨到预

算外资金账户。

思考题：

1. 根据上述（一）条，应了解本市财政局业务处室出具初审意见的具体工作时限，在此处可加以完善。

2. 根据上述（四）条，是否应确定本单位的租金收入何时缴入预算外资金账户？

第二节 行政事业单位业务风险分析和风险评估

行政事业单位进行业务流程和环节的梳理后，建立本单位的风险分析和风险评估小组，对本单位的业务进行风险分析与评估。

在实际的单位内部控制工作中，风险分析和评估小组既接受内部控制实施指挥组的工作领导，也应该接受内部控制领导小组的直接领导。

一、建立风险分析与评估小组

（一）单位风险评估小组组长

单位的风险分析与评估小组是内部控制的一个关键点，应由单位领导担任风险评估小组的组长。

《行政事业单位内部控制规范（试行）》第九条规定：单位开展经济活动风险评估，应当成立风险评估工作小组，单位领导担任组长。

（二）单位风险评估小组副组长和组员

单位风险评估小组副组长应由内部控制实施指挥组组长担任，组员由内部控制领导小组的部分成员和其他部门负责人，并且包括财务、监察、审计等关键岗位人员参与风险分析与评估组。

（三）风险分析与评估工作小组的主要职责

（1）收集与风险评估相关的信息、资料，并进行分析研究。

（2）拟订风险评估工作方案，报风险评估工作小组领导批准。

（3）负责具体实施单位的风险分析与评估工作，协调各相关部门在风险评估工作中的关系。

（4）负责指导和监督各部门开展风险评估工作。

（5）汇总整理风险评估结果，拟订整改方案，形成风险评估工作报告并向风险分析与评估工作小组汇报。

（6）汇总各类风险分析与评估结果及报告，向单位内部控制领导小组报告工作。

二、单位风险产生的主要原因

（1）内部控制不抓落实，停留在文字层面，内控意识薄弱。

（2）单位内控机构不健全，缺乏内控管理人员。

（3）单位内控机构不健全，缺乏内控管理人员。

（4）重大事项的集体决策和审批制度执行不到位。

（5）预算执行不力、缺乏有效的约束。

（6）预算外资金监管不力。

（7）缺乏完善有效的内控评价体系和责任追究体系。

（8）内部控制信息化建设远滞后于现实需求。

三、行政事业单位风险的分类

（一）按管理层级分类

行政事业单位风险按管理层级可以分为单位层面风险和业务活动层面风险。

（1）单位层面风险包括组织机构风险、经济决策风险、人力资源管理风险、信息建设与管理风险。

（2）业务活动层面风险包括预算管理风险、收支管理风险、政府采购管理风险、资产管理风险、建设项目管理风险、合同管理风险，以及其他风险。

（二）按风险来源分类

行政事业单位按风险来源，可以分为外部风险和内部风险。

1. 外部风险

（1）法律政策风险，是指行政事业单位在依法治国、依法行政进程中，单位在履行自身职责和提供公共服务的过程中，是否合法合规，是否满足各项监管要求。

(2) 经济风险，是指行政事业单位受经济形势、产业政策、融资环境、资源供给等经济因素，技术进步、工艺改进等技术因素，以及市场竞争、信用风险等市场因素影响而给单位带来的风险。

(3) 社会风险，是指行政事业单位受社会安全环境、文化传统、社会信用、教育水平、消费行为等社会因素影响而带来的风险。

(4) 自然环境因素，是指单位受自然灾害、环境状况等因素影响而带来的风险。

2. 内部风险

(1) 管理风险，即行政事业单位因机构设置、管理方式、资产管理、业务流程等管理因素影响而产生的风险。

(2) 道德风险，是指行政事业单位内部因道德教育等因素导致的风险。

(3) 财务风险，是指因各种因素导致单位不能偿还到期债务、资金无法保障等风险。

(4) 安全环保风险，是指行政事业单位因营运安全、员工健康、环境保护等因素影响而产生的风险。

四、风险分析

单位在进行充分的业务流程和环节梳理以后，对每一流程和环节，应进行如下判断。

(1) 该业务的流程是否对本部门的其他流程环节造成不利影响？

(2) 该业务流程是否能真实反映本单位或者本部门的经济业务状况？

(3) 该业务流程是否违反有关法律法规或者本单位的制度？

(4) 该业务流程是否能有效地防范舞弊和预防腐败？

(5) 该业务流程是否能有效地保障国家和本单位的资产安全？

(6) 该业务流程是否能有效地使国家和本单位的资产更高效地使用？

(7) 该业务流程是否能提高公共服务的效率和效果？

(8) 该业务流程是否能得到有效的执行？

对于以上各类问题，介绍一种定性分析方法，即对其危险和危害程度进行分析。

危险和危害程度可以分为以下五个等级：

A级：危害很大。

B级：危害较大。
C级：危害一般。
D级：很少危害。
E级：没有危害。
请对以上8个问题列表分别判断其危险和危害程度。

五、对本单位的业务进行风险评估

（一）风险评估的程序

（1）设定目标。本单位涉及的各类业务流程和环节，均作为评估目标，纳入评估范围。

（2）风险识别。利用上述第四点的方法判定风险的大小及危害程度等。

风险识别的方法主要有下述几种。

1）风险清单法，指行政事业单位由专业人员设计标准表格和问卷，受访者对清单上的问题一一作答，然后判别出单位风险的方法。

2）财务报表分析法，指对行政事业单位的财务报表进行结构分析和趋势分析，以及对外的对标单位进行对比分析，从而发现风险的方法。

3）流程图法，指绘制单位的业务流程与业务环节的流程图，对流程图进行分析，从而发现风险的方法。

4）头脑风暴法，指通过会议进行小组讨论，从而直接分析判断某些流程或者环节是否存在风险的方法。

5）实地检查法，是指对行政事业单位的工作流程和各环节，进行实地的检查，从而发现是否存在风险的方法。

6）文件审查法，是指对行政事业单位的文件，包括"三定文件"、内部管理制度、领导会议记录、工作计划、财务报告等，进行系统和结构性审查，从而判断是否存在风险的方法。

（3）风险分析。利用风险分析评估方法进行风险分析与评估。

（4）风险应对。对本单位所存在的风险，提出各种风险解决方案。风险应对的策略有风险规避、风险降低、风险分担和风险承受四种。

（二）风险分析评估方法

1. 定性评估法

定性评估不对危险性进行量化，只做定性的比较，通过有关人员的观察分析，借助有关法规、标准、规范、经验和判断能力进行评估。

（1）问卷调查法。根据行政事业单位运行中可能出现的风险，设计问卷调查表，对流程与环节、风险的负责人、管理层进行风险评估问卷调查。

问卷调查以不记名方式进行，从而更容易识别较多管理层不清楚的风险问题。

（2）集体讨论法。集体讨论法由专人主持研讨会，以集体讨论的方式进行，由风险的负责人和管理层参与。

集体讨论可以让所有与会者能够对风险得到共同的理解，可以为不同的意见交流提供平台。

（3）专家调查法。由调查者拟定调查表，按照规定程序，向专家组成员征询意见。专家组成员采用匿名方式发表意见，经过反复征询、归纳、反馈和修改，使专家组成员的意见逐步趋于集中，最后获得具有很高准确率的集体判断结果，以此作为预测结果。

专家调查法的步骤。

1）从单位内外召集研究风险评估领域的专家，组成专家小组。

2）不公布专家的姓名，要求这些专家对单位面临的风险进行评估。

3）在用匿名方式发表意见后，把意见收集起来，由风险管理人员对意见进行归纳分类、整理分析，并把汇总整理的结果反馈给专家小组成员。

4）专家们再对此做进一步评估，按此步骤反复多次，当意见渐趋一致时，其结果可以用作代表多数专家意见的评估。

2. 定量评估法

定量评估是对风险进行量化，主要依靠历史统计数据，运用数学方法构造数学模型，进行评估。

定量评估法分为以下三种。

（1）概率评估法，是根据风险基本因素的发生概率，应用概率分析方法，求取整项业务风险发生的概率。

（2）数学模型计算评估法，主要是应用软件来实现。

（3）相对评估法，是评估者根据经验和个人见解制定一系列评分标准，然后按危险性分数值评估风险。

3. 综合评估法

综合评估法是将定性评估法与定量评估法相结合的评估方法。

（1）层次分析法。将与决策有关的元素分解成若干层次，形成阶梯层次结构，在此基础之上进行定性和定量分析，以解决多因素复杂系统的分析方法。

（2）BP 神经网络法。

（3）模糊综合评价法。

六、风险评估关注的重点

（一）单位层面风险评估关注重点

（1）内部控制工作的组织情况。包括是否确定内部控制职能部门或牵头部门，是否建立单位各部门在内部控制中的沟通协调和联动机制。

（2）内部控制机制的建设情况。包括经济活动的决策、执行、监督是否实现有效分离，权责是否对等，是否建立健全了议事决策机制、岗位责任制、内部监督等机制。

（3）内部管理制度的完善情况。包括内部管理制度是否健全，执行是否有效。

（4）内部控制关键岗位工作人员的管理情况。包括是否建立工作人员的培训、评价、轮岗等机制，工作人员是否具备相应的资格和能力。

（5）财务信息的编报情况。包括是否按照国家统一的会计制度，对经济业务事项进行账务处理，是否按照国家统一的会计制度编制财务会计报告。

（6）其他情况。

（二）单位层面风险评估关注重点

（1）预算管理情况。包括在预算编制过程中，单位内部各部门间沟通协调是否充分，预算编制与资产配置是否相结合，与具体工作是否相对应；是否按照批复的额度和开支范围执行预算，进度是否合理，是否存在无预算、超预算支出等问题；决算编报是否真实、完整、准确、及时。

（2）收支管理情况。包括收入是否实现归口管理，是否按照规定及时向财会部门提供收入的有关凭据，是否按照规定保管和使用印章与票据等;发生支出事项时,是否按照规定审核各类凭据的真实性、合法性,是否存在使用虚假票据套取资金的情形。

(3) 政府采购管理情况。包括是否按照预算和计划组织政府采购业务,是否按照规定组织政府采购活动和执行验收程序,是否按照规定保存政府采购业务相关档案。

(4) 资产管理情况。包括是否实现资产归口管理并明确使用责任;是否定期对资产进行清查盘点,对账实不符的情况及时进行处理;是否按照规定处理资产。

(5) 建设项目管理情况。包括是否按照概算投资,是否严格履行审核审批程序,是否建立有效的招投标控制机制,是否存在截留、挤占、挪用、套取建设项目资金的情形,是否按照规定保存建设项目相关档案并及时办理移交手续。

(6) 合同管理情况。包括是否实现合同归口管理,是否明确应签订合同的经济活动范围和条件,是否有效监控合同履行情况,是否建立合同纠纷协调机制。

(7) 其他情况。

七、风险评估的其他法律规定

(1) 单位应当建立经济活动风险定期评估机制,对经济活动存在的风险进行全面、系统和客观评估。

(2) 活动风险评估至少每年进行一次。外部环境、经济活动或管理要求等发生重大变化的,应及时对经济活动风险进行重估。

(3) 经济活动风险评估结果应当形成书面报告,并及时提交单位领导班子,作为完善内部控制的依据。

八、风险评估方法运用举例

某市某局在进行本单位业务流程和环节梳理时,发现如下业务有可能存在风险。该单位于是运用定性方法对这些业务进行评估,见表4-1。

表 4-1 某局业务风险评估表

评估单位：本局内部控制风险评估小组　　评估时间：2017.09

序号	部门	业务事项	判断依据	是否合规	风险大小判断
1	本局办公室	成立了内部控制领导小组，但没有牵头部门	行政事业内部控制规范	不合规	风险很大
2	本局后勤科	没有制定司机岗位责任制度	行政事业内部控制规范	不合规	风险一般
3	本局财务科	没有制定财务岗位轮岗制度	会计法	不合规	风险较大
4	本局财务科	财务科长为本局局长的女儿	会计法	不合规	风险很大
5	本局财务科	会计凭证使用科目错误	会计法	不合规	风险较小
6	本局办公室	没有制定本局小额办公用品使用制度	行政事业内部控制规范	不合规	风险一般
7	本局A部门	本月超预算支出	预算法	不合规	风险较大
8	本局财务科	财务主管出差时，委托一名会计代管财务专用章	会计法	合规	基本没风险
9	本局采购部门	B业务与代理机构的合同未盖单位公章即实施	招标投标法	不合规	风险很大
10	本局财务科	未按制度规定及时盘点固定资产	会计法	不合规	风险一般
11	本局基建科	建设项目C相关档案不及时办理移交手续	行政事业内部控制规范	不合规	风险较小
12	本局办公室	不能有效监控小额合同履行情况	行政事业内部控制规范	不合规	风险较大

第三节　风险评估报告

一、风险评估报告前必须完成的工作

（1）单位已经进行了具体的业务梳理与流程优化。

（2）单位已经对业务流程和环节进行了详细的风险分析。

（3）单位已经对具体的业务环节实现了风险评估，形成评估结论。

（4）写风险评估报告前，对本单位存在的风险能提出一定的风险应对方法建议。

二、风险评估报告的格式

包括"编制说明""目录""正文"和"附件"四个部分。

评估报告正文写作案例：

一、内部控制风险评估基本情况

（一）内部控制评估依据

（1）财政部财会〔2012〕21号《行政事业单位内部控制规范（试行）》。

（2）广东省＊＊＊管理单位内部控制体系建设工作方案。

（二）内部控制评估范围

本单位内部控制评估的机构范围仅为单位机关所有职能部门。评估的业务范围包括单位层面的风险评估和经济活动业务层面的风险评估。

（三）内部控制评估方法

根据内部控制评估相关监管规定，本单位建立了内部控制风险评估工作机制，由本单位审计部门组织实施内部控制风险评估工作。运用的方法主要是按照单位层面和经济活动业务层面，采用穿行测试、控制测试等评价工具和方法，利用日常业务部门，各条线管理部门检查结果，结合内审、外审发现的问题及整改情况，分析内部控制的薄弱环节，促进内部控制持续改进和有效运行。

二、内部控制风险评估实施情况

（一）单位层面的风险评估

1. 内部控制工作的组织情况

本单位根据省财政厅《转发财政部关于印发行政事业单位内部控制规范（试行）的通知》和《转发财政部关于全面推进行政事业单位内部控制建设的指导意见的通知》要求，制定了广东省＊＊＊管理单位内部控制体系建设工作方案，成立了内部控制建设工作领导及决策小组。领导小组组长由张峰担任，副组长由省单位领导班子成员担任，成员由各市单位领导和省单位机关各部门负责人组成。确定了财务审计部门为本单位内部控制牵头部门，负责协调内部控制工作，并建立了单位各部门在内部控制中的沟通协调和联动机制。

2. 内部控制机制的建设情况

本单位在制定的单位内部控制体系建设工作方案中明确提出，由内部控制建设工作领导及决策小组负责，组织成立预算编审委员会、政府采购决策小组等内控事项的临时性决策机构；制定、启动内部控制相关的工作机制；开展内部控制工作分工及人员配备等工作；组织实施联席工作制度，明确各部门管理职责和权限。

3. 内部管理制度的完善情况

本单位根据外部宏观经济发展状况、法律和监管环境的变化以及业务发展和内部管理要求，相继修订和完善了一系列内控制度，采取了一系列的内控措施，内容涵盖内部控制环境、风险识别和评估、内部控制活动、信息交流与反馈、监督评价与纠正等方面，内控缺陷一经识别，即采取整改措施。本单位内部控制合理、有效和完整，未发现内控重大缺陷。

4. 内部控制关键岗位工作人员的管理情况

本单位对关键岗位工作人员执行强制休假和定期岗位轮换制度，组织多层次、多形式的岗位培训，鼓励工作人员积极参加在职及继续教育等学习，不断提升工作人员的专业素质、职业操守及合规意识，确保工作人员的岗位胜任能力。

5. 财务信息的编报情况

本单位按照国家统一的事业单位会计准则和事业单位会计制度，对经济业务事项进行账务处理并编制财务会计报告。历经内部审计和外部审计,均未发现重大错报、漏报的情况。

(二) 业务层面的风险评估

1. 预算管理情况

本单位实施全面的预算管理制度,明确各责任单位在预算管理中的职责、权限,规范预算的编制、审定、下达和执行程序,强化预算约束。包括在预算编制过程中单位内部各部门间充分沟通协调,预算编制与资产配置紧密结合,严格按照批复的额度和开支范围执行预算,保证进度合理,未发现无预算、超预算支出等问题;决算编报真实、完整、准确、及时。

2. 收支管理情况

本单位收入实行归口管理,按照规定由业务部门及时向财会部门提供收入的有关凭据,并严格按照规定保管和使用印章和票据,发生支出事项时,按照规定由主管单位领导、财务负责人逐级审批,主管会计审核各类凭据的真实性、合法性,检查测试中未发现使用虚假票据套取资金的情形。

3. 政府采购管理情况

本单位严格按照预算和计划组织政府采购业务,并按照规定组织执行政府采购项目验收程序,妥善保存政府采购业务相关档案。

4. 资产管理情况

本单位对所有实物资产实行归口管理并明确使用责任,定期对资产进行清查盘点,至少每年一次。发现账实不符的情况及时查明原因进行处理,对于处置资产严格履行逐级报批手续。

5. 建设项目管理情况

本单位所有的建设项目均按照概算投资,严格履行审核审批程序,并通过有效的招投标控制机制组织招标工作。未发现截留、挤占、挪用、套取建设项目资金的情形。建设项目竣工后,按照规定的时限及时办理竣工决算,组织竣工决算审计,并根据批复的竣工决算和有关规定,办理建设项目档案和资产移交等工作。

6. 合同管理情况

本单位实行合同归口管理制度,并建立财会部门与合同管理部门沟通协调机制,实现合同、预算、收支管理相结合,有效地监控合同履行情况。

三、内部控制风险评估结论

本单位已经按照行政事业单位内部控制规范（试行）及其他相关法律法规的规定，对本单位上述所有方面的内部控制进行了风险评估。评估认为，本单位对于纳入评估范围的业务和事项均已建立了内部控制，并得以有效执行。内部控制机制和内部控制制度，在完整性、合理性等方面，暂时没有发现重大缺陷，实际执行过程中亦没有发现重大偏差，在有效性方面没有发现重大缺陷。

广东省＊＊局
2017年4月30日

三、风险评估报告的主要内容

行政事业单位的风险评估报告，应该包括下述的内容。

1. 风险评估活动组织情况

单位风险评估活动的工作机制、风险评估程序和方法以及收集的资料与证据等。

2. 通过风险分析发现的风险

发现的风险按单位层面与业务层面进行汇报。

（1）单位层面包括单位负责人的风险意识、组织结构是否健全，员工素质、单位文化、岗位设置等。

（2）业务层面包括预算方法、收支方面、采购业务方面、项目建设方面、合同方面等。

3. 风险分析

运用上述风险分析与评估方法，对行政事业单位的工作流程与环节进行分析与评估，从而得出是否存在风险，以及风险大小的判断，并以此为结果，采取风险应对方法。

4. 风险应对措施建议

进行了比较详细、科学的风险评估之后，针对具体不同的风险，提出与之对应的应对措施建议，提交给单位内部控制领导小组。

四、风险评估报告案例

风险评估报告

单位领导：

根据财政部《行政事业单位内部控制规范（试行）》和单位《内部控制实施办法》有关规定，我们组织开展了对单位各部门的风险评估活动，现将结果报告如下：

一、风险评估活动组织情况

（一）工作机制

本次风险评估活动，是在单位内部控制工作领导小组的领导下，由财务科具体组织实施的。为完成工作，经单位领导同意，财务科从办公室、人事科、监察室抽调相关工作人员组成内部控制风险评估小组，专门从事此次风险评估活动。

（二）风险评估范围

1. 本次风险评估所涉及的业务范围，分为单位层面风险和业务活动层面风险。

（1）单位层面风险主要包括以下三方面。

组织架构风险。单位内部机构设置不合理、部门职责不清晰、内部控制管理机制不健全等情况导致的风险。

经济决策风险。单位经济活动决策机制不科学，决策程序不合理或未执行导致的风险。

人力资源风险。单位岗位职责不明确、关键岗位胜任能力不足等导致的风险。

（2）业务活动层面风险。本单位经济活动业务层面的风险，主要包括预算管理风险、收支管理风险、政府采购管理风险、资产管理风险、建设项目管理风险、合同管理风险以及其他风险。

2. 本次风险评估所涉及的部门范围

主责部门：内部控制工作领导小组。

配合部门：财务科、办公室、人事科、监察室等相关部门。

（三）风险评估的程序和方法

1. 风险评估程序

本次风险评估活动，首先，由风险评估小组研究制订了风险评估工作计划，明确风险评估的目标和任务；其次，组织召开了由各科室负责人参加的动员会，对风险评估活动做出了动员和安排，要求各科室先进行自查，查找风险点，研究整改措施，向风险评估小组汇报自查情况；再次，风险评估领导小组根据各科室的自查情况，选择关键科室和自查风险点少的科室进行重点检查，对其他科室也进行了快速检查；最后，根据各科室自查情况和现场检查的工作底稿和收集到的资料，进行风险分析，组织编写风险评估报告。

2. 风险评估方法

本次风险评估活动，采用了风险清单法、文件审查法、实地检查法、流程图法、财务报表分析法以及小组讨论和访谈等方法以识别风险；采用了概率分析法、情境分析法和风险坐标图法以分析风险。

（四）收集的资料和证据等情况

支持本风险评估报告的主要有风险评估工作底稿，相关文件、会计凭证、账本复印件，以及各科室的自查情况等。

二、风险评估活动发现的风险因素

（一）单位层面风险因素

单位的部分内控关键岗位的工作人员没有定期轮岗（风险点 A1）。

（二）业务层面风险因素

（1）单位预算未分解下达至各科室及业务部门，可能导致预算权威性不足，执行力不够（风险点 B1）。

（2）单位未按规定建立票据台账，不符合财务管理要求（风险点 B2）。

（3）单位支出事项未严格按照审批权限执行，不符合收支业务管理制度要求（风险点 B3）。

（4）单位在部分资产采购时，未严格按规定填写政府采购计划申请表，仅用供货方清单代替，不符合政府采购业务管理制度（风险点 B4）。

（5）单位未按规定定期对单位内部的货币资金、固定资产进行核查盘点，不符合资产业务管理制度（风险点 B5）。

三、风险分析

1. 单位总体风险水平

根据风险评估表（见表 4-2），对单位各个层面风险进行打分评价，单位总体风险水平为 25.98（风险最高 100 分），属于偏低水平。

表4-2 风险评估表

项目	单位层面	业务层面					
		预算业务	收支业务	政府采购	资产管理	建设项目	合同管理
标准风险值	100	100	100	100	100	100	100
评估值	22	21	37	24	30	40	23
权重	40%	15%	10%	8%	12%	8%	7%
综合得分	8.80%	3.15%	3.70%	1.92%	3.60%	3.20%	1.61%

2. 重要和重大风险因素

经过对风险因素进行分析,以上所列风险因素,根据发生的可能性和影响程度,列表4-3如下。

表4-3 风险发生可能性和影响程序

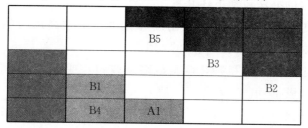

四、风险应对建议

(1) 严格落实关键岗位人员轮岗制度。

(2) 财务部门根据同级财政部门批复的预算和单位内部各业务部门提出的支出需求,将预算指标按照部门进行分解,并下达至各业务部门。

(3) 票据专管员严格按照票据管理制度建立票据台账。

(4) 加强对各项支出业务的审查,严格按照审批权限执行,并收集相关的原始资料。

(5) 严格按照批准的政府采购预算和财政专项资金项目预算的编制要求,在规定的时间和要求内,编制《政府采购计划申请表》,并按验收方案及时组织验收,填写《政府采购货物验收单》。

特此报告

财务科

2016年××月××日

第四节 风险应对策略

一、风险应对策略方法

1. 风险规避

风险规避是指行政事业单位某项业务或事项风险发生的可能性大，并且风险发生的不利后果严重，单位应主动放弃或停止该活动，从而避免损失的一种风险应对策略。

风险规避策略是相对消极的风险应对策略，选择这一策略意味着放弃可能从风险中获得的收益，因此，应当谨慎选择这一策略。

规避风险的办法包括下述几种：

（1）通过单位政策、限制性制度和标准，阻止高风险的经营活动、交易行为、财务损失和资产风险的发生。

（2）通过重新定义目标，调整战略及政策，或重新分配资源，停止某些特殊的经营活动。

（3）审查投资方案，避免采取导致低回报、偏离战略，以及承担不可接受的高风险的行动。

（4）通过出售、清算、剥离某个产品组合或业务，规避风险。

2. 风险降低

风险降低包括风险预防和风险抑制。

（1）风险预防是指在风险事故发生之前，采取消除风险因素的措施，达到降低风险发生概率、减轻潜在损失的目的。

（2）风险抑制是指单位针对不愿完全规避又无法顺利转移的风险，采取各种控制技术和方法来减少风险事故发生后的不利影响和损失。包括：①风险分散，指通过增加风险单元的数目，将特定风险在较大范围内进行分散，以此减少单个风险单元的损失。②风险复制，指企业对某些资产或设备进行备份，在原有资产或设备不能正常使用的情况下，动用这些复制品。

风险降低的方法主要有下述几种。

(1) 采用不那么复杂的流程。
(2) 选择更可靠的供应商。
(3) 进行更系统化的更彻底的测试。
(4) 冗余设计。
(5) 增加资源或时间。

3. 风险分担

风险分担是指行政事业单位与其他单位共担风险。

风险分担包括下述几种方法。

(1) 业务分包，是指将带有风险的活动转交给其他企业或个人来完成，从而达到分担风险的目的。

(2) 购买保险，是指将未来将要发生的风险转移给保险公司，将不确定的损失转变为确定的成本（即保费支出）。

(3) 出售，是指通过买卖契约将企业风险转移给其他方的方法，随着所有权的转移，原由企业承担的风险随之转移。

(4) 开脱责任合同，是指通过责任开脱条款的规定达到分担风险的目的。

(5) 转移责任条款，是指在经济合同中将某些潜在的损失转移给其他方的条款。

4. 风险承受

风险承受是指单位不采取任何措施来干预风险发生的可能性和影响。单位对风险承受度之内的风险，在权衡成本效益之后无意采取进一步控制措施的，可以采用风险承受策略。

二、风险应对策略的选择

1. 行政事业单位风险应对策略的选择原则和适用范围

(1) 行政事业单位应根据自身所处的发展阶段、业务拓展、整体风险承受度等实际情况，对风险进行识别、分析，在权衡成本效益的基础上，选择合适的应对策略。

(2) 单位在选择或调整风险应对策略时，应当采用风险组合观。风险组合观要求单位在管理风险时，应当着眼于单位整体层面，致力于将风险控制在总体风险承受度范围之内。

（3）风险规避策略在采用其他任何风险应对策略都不能将风险降低到企业风险承受度以内的情况下适用。

（4）风险降低和风险分担策略，则是通过相关控制措施，将企业的剩余风险与风险承受度保持一致。

（5）风险承受则意味着风险在单位可承受范围之内。

2. 风险应对策略选择时的关注重点

行政事业单位在选择风险应对策略时，需着重关注以下情况：

（1）单位通过风险分析了解风险的重要性水平，针对不同的风险级次分别选择应对策略。

（2）风险应对策略的选择必须能将企业的剩余风险控制在单位的风险承受度以内。

（3）风险应对策略的选择必须在技术和资源上具有可行性。

（4）风险应对策略的选择必须权衡成本与效益。

（5）风险应对策略的选择应该考虑不同岗位人员的风险偏好，避免出现因个人风险偏好给企业整体战略和经营带来损失。

三、制定本单位风险应对策略的方法

（一）制定风险应对策略

（1）对本单位的业务流程与环节进行梳理。

（2）对风险做定性或者定量分析。

（3）收集某流程或者某项目准备采取风险应对的依据。

（4）暂时确定几种可能采取的风险应对策略。

（5）风险应对策略的决策参与者，对风险应对策略的选择进行详细的分析讨论，选择最佳方案。

（6）决策组制定详细的风险应对方案。

（二）制订风险应对计划的依据

（1）国家法律法规。

（2）本单位的风险管理体系文件。

内容包括单位行政管理文件、岗位职责制度、资产管理制度、人力资源管理制度、风险分析制度等。

（3）风险分析后更新的风险清单。

风险清单最初在风险识别过程中形成,在风险定性和定量分析中进行更新。

风险清单包括已识别的风险,风险的描述,受影响的项目领域、原因,以及它们可能怎样影响项目目标。

(三)风险应对方案包括的主要内容

(1)需要应对的风险清单。

风险清单包括已识别的风险、风险的描述、受影响的项目领域、原因,以及它们可能怎样影响项目或者流程目标。

(2)要求实施方案的引发因素。

(3)本风险发生的征兆和预警信号。

(4)形成一致意见的应对措施。在制订风险应对计划过程中,要选择好适当的应对策略,就策略形成一致意见。

(5)实施所选应对策略采取的具体行动。

(6)明确风险应对方案各步骤的管理人和具体的责任。

(7)实施所选应对策略需要的预算和进度计划,并且设计好预留时间和费用,用于不可预见事件。

(8)设计退出或者调整计划,作为对原来的应对策略被证明不当的一种反应。

(四)制订本单位风险应对计划时应注意的问题

(1)所计划的风险应对措施必须与风险的重要性相符。

(2)选择更低成本的风险应对策略。

(3)风险应对策略的制定要及时。

(五)单位风险应对策略制定案例

1. 存在问题

某行政单位采用会计电算化进行核算,但是,在进行电算化核算的业务环节梳理中,发现以下问题。

(1)某些会计人员计算机的安全防范意识不强,缺少安全防范措施。

(2)电算化管理制度不健全。

(3)会计电算化资料备份不及时。

(4)部分会计人员操作随意,容易出现数据不真实。

这是在梳理会计电算化环节中发现的存在风险的事项。

2. 事项的风险评估

该单位已经成立了风险评估小组。其中，单位领导任风险评估小组组长，财务科长任副组长，另有其他各部门成员共7人。

经过召开会议讨论，采用定性分析方法，一致确定了上述事项的风险高低程度如下。

事项（1）风险程度：高。

事项（2）风险程度：较高。

事项（3）风险程度：较高。

事项（4）风险程度：较高。

3. 上述风险应对策略的依据

(1)《中华人民共和国会计法》。

(2)《行政事业单位内部控制规范（试行）》。

(3) 本单位《关于加强内部控制规范的实施》有关规章制度。

4. 初步确定风险应对策略

经过本单位风险评估小组讨论，一致确定，上述事项在风险应对策略中，应当采取风险降低策略，其他应对策略不适合上述事项。

5. 制定上述事项的应对方案

(1) 要求财务部门在10天内制定详细的会计电算化核算、监督等制度，上报风险评估小组，并由风险评估小组上报本单位的内部控制领导小组审议通过。

(2) 本单位财务部门制定电算化岗位人员操作制度，包括会计电算化资料备份工作的要求与实施。

(3) 制定财务部门会计人员定期与不定期培训制度。

(4) 制定财务部门所有人员的考核制度，其中包括电算化岗位人员的考核制度。

(5) 本单位内部控制实施指挥组对上述工作进行检查与考核，并上报本单位内部控制领导小组。

(6) 本单位内部控制领导小组指定专人负责跟踪本事项的整改情况，向本单位内部控制小组汇报并向全单位进行公布。

(7) 制定上述措施实施后考核结果的应对方案。

第五节　风险评估与应对实务操作案例

广西某某市某某局单位内部控制风险评估与风险应对策略案例。

一、成立内部控制规范领导小组

本单位内部控制规范领导小组已经成立。

二、成立单位风险评估小组

本单位在内部控制规范领导小组的领导下，成立了单位风险评估小组，风险评估小组组长为本单位的负责人。本单位风险评估小组直接向内部控制规范领导小组汇报工作。

三、成立内部控制规范实施指挥小组

本单位已经成立了内部控制规范实施指挥小组。实施指挥小组受单位内部控制领导小组的领导，实施指挥小组的组长为本单位副局长李××。

四、设置业务梳理组

单位内部控制实施指挥小组下设置业务梳理组，业务梳理组组长为本局行政科科长何××，副组长为本局财务管理科科长王××。

五、本单位业务流程与环节的梳理情况

(一) 本单位业务流程梳理制度

（1）为了更好地做好本局内部控制规范的建设工作，以及做好本局的各项基础工作，制定本制度。

（2）本单位设置业务流程与业务环节梳理工作小组。业务梳理工作小组受本单位内部控制规范实施指挥组的领导。

（3）本单位业务梳理小组设置组长一名，副组长两名。其中，本单位财务科科长必须担任业务梳理领导成员之一。

（4）本单位在进行业务梳理时，在注重全面性的同时，也要注重某些业务的重要性。

(5) 本单位业务流程梳理的步骤。

1) 在梳理组长带领下,对现有业务流程和环节进行详细梳理。
要求各本单位各部门安排一名精通业务的人员参加业务梳理工作。

2) 制定或填写业务流程表或者流程图。

3) 检查业务流程表是否与现实流程一致。

4) 对业务流程进行汇总,上报单位内部控制实施指挥小组。

5) 单位内部控制领导小组对业务流程进行分析,并进行修改或者完善。

6) 对需要修改或者完善的业务流程进行重新设定,并经单位内部控制领导小组审核通过。

7) 新制定的业务流程进行公布,再次征集单位内部所有工作人员的意见。

8) 根据重新收集的意见,再次完善业务流程标准,并形成最终的业务流程方案。

9) 向单位内部或者社会公布新的业务流程,并听取社会上的意见建议。

(6) 本单位业务梳理的主要方法包括大众讨论法、专家意见法、价值分析法、标杆瞄准法等。

(7) 完成业务梳理后,必须撰写业务梳理报告书,上报给本单位内部控制领导小组。

(8) 本制度适合于本单位及下属的所有二级单位。

(9) 本制度自 2017 年 1 月 1 日起实施。

(二) 本单位本次业务梳理的方法

本单位本次业务梳理的方法有大众讨论法和专家意见法。

(三) 本单位本次业务梳理的过程

(1) 本次业务梳理受本单位内部控制规范领导小组的安排进行。业务梳理时间为 2017 年 3 月 1 日至 4 月 30 日。

(2) 行政科科长何×担任本次业务梳理的组长,财务科科长王×担任本次业务梳理组副组长,基建科科长张××担任本次业务梳理组副组长。

（3）本次业务梳理范围包括本局所有部门的所有业务流程。但不包括本局下属的二级单位。本次业务梳理主要的侧重点有本局单位层面上管理制度的完善情况，本局资金使用和管理情况，本局财务制度与管理完善情况，本局决策制度完善情况，本局关于招标制度完善情况，本局关于项目建设监管制度完善情况，本局预算执行监管情况，本局合同执行监管情况等。

（4）本次业务梳理参与的各部门领导有资金管理科科长李×，采购科科长张××，预算科科长陈×，后勤科科长陈×。以上各部门各抽一名人员参与各业务的梳理与优化，财务科与基建科各抽两名人员参与各业务的梳理与优化。

（5）财务科科长负责安排完善目前的业务流程图，时间为一周（3月8日前）。

（6）各业务梳理人员分组，由组长何×安排具体的业务梳理任务，时间为两个星期（3月22日前）。

（7）各业务梳理小组3月25日前汇总业务梳理情况，汇报给业务梳理组组长。

（8）业务梳理组组长首先召集所有梳理人员，通过大众讨论，对业务梳理情况进行分析，汇总分析意见，提出优化建议，上报给内部控制实施指挥小组组长，并由实施指挥组上报给本单位内部控制风险评估组和本单位内部控制领导小组（3月31日前）。

（9）由本单位内部控制领导小组审核业务梳理的分析情况与风险所在点，并讨论优化情况，通过初次审核意见，在全单位进行公布（4月3日前），接受全单位所有人员的建议。

（10）本单位4月6日前聘请外部的内部控制建设专家，参与本单位业务梳理过程中的风险点评估。要求在4月15日完成初步评估。其中，包括做好本单位的风险评估报告，确认本单位各业务流程与环节中的风险大小与风险程度，并在风险评估报告中建议风险应对策略与具体的应对方案。

（11）本单位内部控制领导小组4月20日召开会议，审查本单位大众意见及外部专家意见，初步形成单位内部风险评估结果。

（12）上述单位内部控制风险评估结果将在本单位进行公布，并再次征求大家意见，征求风险点的应对办法（4月25日前）。

(13) 最后确定本单位的内部控制风险点所存在风险的大小与程度，确定风险应对策略与具体的方案（4月28日前）、

(14) 重新确定新的业务流程图（4月30日前）。

（四）本单位本次业务梳理发现存在的主要风险问题

1. 行政管理部门存在的风险

(1) 行政部门缺乏岗位职责制度。

(2) 行政部门员工分工不明确。

2. 财务部门存在的风险

(1) 会计电算化操作中，会计凭证的录入与审核是同一人。

(2) 会计电算化操作中，资料的备份一个月才做一次。

(3) 财务部门有时候存在小额白条的现象。

(4) 财务部门缺少项目运营的财务监管报告和项目效益分析报告。

(5) 出纳是财务科长的亲侄女。

3. 采购部门存在的风险

(1) 本单位有一个2万元的采购，事前没有与招标代理机构签订合同即进行实际操作，事后补的代理合同。

(2) 本单位有一个3万元的询价招标，其代理机构在自资格预审文件停止发售之日起少于5日。

(3) 本单位有一个1万元的电脑采购标的，未与中标方及时签订合同即先行安装电脑，安装后才补签合同。

4. 项目建设存在的风险

(1) 本单位有一个工程项目，在施工过程中，本单位发现有监理员不称职，已向监理单位反映，但监理单位未能及时调整人员。

(2) 本单位有一个工程项目，在总监理师未对施工组织设计签字确认前，就签发了工程开工令。

5. 合同实施监管存在的风险

(1) 未对全部合同的实施情况进行全程监管。

(2) 全部项目的合同未分类存放。比如，按项目存放，按完成程度存放等。

(3) 未对已完成的合同实施情况进行有效评价。

(4) 部分合同未能及时归档。

6. 办公室发现存在的风险

(1) 办公室工作人员李×一人自行采购2 000元以下办公用品,自行保管和分发。本单位部门人员领取办公用品没有办理签领手续。

(2) 办公室公章由办公室主任保管。办公室主任外出时,应由办公室主任授权其他人代管。但经查,办公室主任外出时,没有书面的授权保管书,只是临时交给某一下属职员并口头告知保管好。

六、风险分析与风险评估

(一) 风险评估小组职责

1. 组长职责

组织审核风险清单,安排和掌握风险评估开展的时间和进度;负责组织落实本单位危害因素识别和风险评价工作,依据体系和本单位规定的风险评价方法,定期和不定期地进行风险评估活动;根据风险评价结果,提出风险控制与应对策略及具体应对方案;确定风险控制措施的组织与执行等。

2 副组长职责

组织风险识别与评价的培训工作;指导各岗位人员进行风险因素识别和评价活动;协调风险因素识别与评价工作所需的人力物力支持;对职责范围内的场所、人员、活动进行风险因素识别与评价,并对其进行初步分级建议与动态管理。

3. 组员职责

配合风险评估小组组长和副组长的工作;负责本单位各业务环节风险因素的记录与资料的收集与整理;参与对本单位基层职工关于风险识别别的培训;做好本单位各部门与各业务环节的风险识别活动;参与本单位各类风险的评估;负责将风险因素清单及各控制措施、管理方案,传达给本单位基层职工,并与职工进行广泛沟通等。

(二) 以上风险点的风险分析

(1) 本局主要采取大众讨论分析法与专家意见法进行风险分析。

(2) 分析结果见表4-4。

表 4-4　某某局风险评估表

完成时间：2017 年 4 月 20 日

序号	事项	违规依据	风险等级
1	行政科缺乏岗位职责制度	《行政事业单位内部控制规范》	B
2	行政科员工分工不明确	《行政事业单位内部控制规范》	B
3	电算化凭证录入与操作是同一人	《会计法》	A
4	电算化资料备份不及时	《会计法》	C
5	财务科白条现象	《会计法》	A
6	财务科缺少项目运营报告	《行政事业单位内部控制规范》	C
7	财务出纳是财务科长侄女	《会计法》	A
8	2万元采购不及时签订代理协议	《中华人民共和国招标投标法》（以下简称《招标投标法》）	B
9	3万元采购预审文件时间违规	《招标投标法》	A
10	1万元电脑采购不及时签订合同	《招标投标法》	B
11	监理员不称职	《建设工程监理规范》	A
12	总监理师违反签字程序	《建设工程监理规范》	C
13	本局合同的实施缺乏监管	《行政事业单位内部控制规范》	B
14	合同存放不规范	《行政事业单位内部控制规范》	C
15	合同实施后没有评价	《行政事业单位内部控制规范》	C
16	部分合同归档不及时	《行政事业单位内部控制规范》	C

七、撰写风险评估报告

（1）风险评估报告应当由风险评估小组撰写。

（2）本局风险报告文件如下：

风险评估报告

单位领导：

根据财政部《行政事业单位内部控制规范（试行）》和单位《内部控制实施办法》有关规定，我们组织开展了对单位各部门各环节的风险评估活动，现将结果报告如下。

一、风险评估活动组织情况

（一）工作机制

本次风险评估活动，直接受单位内部控制工作领导小组和实施小组领导。组长为本局局长李××，副组长为本局副局长刘××、张××。组员为本局各科室、办公室负责人。

（二）本次业务的梳理与风险评估的主要范围

本局单位层面上管理制度的完善情况，本局资金使用和管理情况，本局财务制度与管理完善情况，本局决策制度完善情况，本局招标制度完善情况，本局项目建设监管制度完善情况，本局预算执行监管情况，本局合同执行监管情况等。

（三）风险评估的程序和方法

1. 风险评估程序

本次风险评估活动，首先，由风险评估小组研究制订了风险评估工作计划，明确风险评估的目标和任务；其次，组织召开了由各科室负责人参加的动员会，对风险评估活动做出了动员和安排；再次，根据本次业务梳理的工作底稿和收集到的资料，采取一定的方法进行风险分析，组织编写风险评估报告。

2. 风险评估方法

本次风险评估活动，采用了大众讨论法和专家意见法。

（四）收集的资料和证据等情况

支持本风险评估报告的主要有风险评估工作底稿，业务梳理相关文件、会计凭证、账本复印件等。

二、风险评估活动发现的风险因素

1. 行政管理部门存在的风险

（1）行政部门缺乏岗位职责制度。

（2）行政部门员工分工不明确。

2. 财务部门存在的风险

（1）会计电算化操作中，会计凭证的录入与审核是同一人。

（2）会计电算化操作中，资料的备份一个月才做一次。

（3）财务部门有时候存在小额白条的现象。

(4) 财务部门缺少项目运营的财务监管报告和项目效益分析报告。

(5) 出纳是财务科长的亲侄女。

3. 采购部门存在的风险

(1) 本单位有一个 2 万元的采购，事前没有与招标代理机构签订合同即进行实际操作，事后补的代理合同。

(2) 本单位有一个 3 万元的询价招标，其代理机构在自资格预审文件停止发售之日起少于 5 日。

(3) 本单位有一个 1 万元的电脑采购标的，未与中标方及时签订合同即先行安装电脑，安装后才补签合同。

4. 项目建设存在的风险

(1) 本单位有一工程项目，在施工过程中本单位发现有监理员不称职，已向监理单位反映，但监理单位未能及时调整人员。

(2) 本单位有一工程项目，在总监理师未对施工组织设计签字确认前，就签发了工程开工令。

5. 合同实施监管存在的风险

(1) 未对全部合同的实施情况进行全程监管。

(2) 全部项目的合同未分类存放。比如按项目存放，按完成程度存放等。

(3) 未对已完成的合同实施情况进行有效评价。

(4) 部分合同未能及时归档。

6. 办公室发现存在的风险

(1) 办公室工作人员李×一人自行采购 2 000 元以下办公用品，自行保管和分发。本单位部门人员领取办公用品没有办理签领手续。

(2) 办公室公章由办公主任保管。办公室主任外出时，应由办公室主任授权其他人代管。但经查办公室主任外出时，没有书面的授权保管书，只是临时交给某一下属职员并口头告知保管好。

三、风险分析

本局主要采取大众讨论分析和专家意见进行风险分析。

分析结果见表 4-5。

表 4-5　某某局风险评估表

完成时间：2017 年 4 月 20 日

序号	事　项	违规依据	风险等级
1	行政科缺乏岗位职责制度	《行政事业单位内部控制规范》	B
2	行政科员工分工不明确	《行政事业单位内部控制规范》	B
3	电算化凭证录入与操作是同一人	《会计法》	A
4	电算化资料备份不及时	《会计法》	C
5	财务科白条现象	《会计法》	A
6	财务科缺少项目运营报告	《行政事业单位内部控制规范》	C
7	财务出纳是财务科长侄女	《会计法》	A
8	2万元采购不及时签订代理协议	《招标投标法》	B
9	3万元采购预审文件时间违规	《招标投标法》	A
10	1万元电脑采购不及时签订合同	《招标投标法》	B
11	监理员不称职	《建设工程监理规范》	A
12	总监理师违反签字程序	《建设工程监理规范》	C
13	本局合同的实施缺乏监管	《行政事业单位内部控制规范》	B
14	合同存放不规范	《行政事业单位内部控制规范》	C
15	合同实施后没有评价	《行政事业单位内部控制规范》	C
16	部分合同归档不及时	《行政事业单位内部控制规范》	C

四、风险应对建议

（1）单位层面完成各项制度的建设。

（2）加强财务部门基础工作规范操作，尤其是电算化操作的基础工作。

（3）加强本单位对政府采购招标的管理。

（4）加强对合同的管理及合同实施的监管。

（5）加强对本单位职工在内部控制规范方面的学习。

特此报告

本单位内部控制风险评估小组

2017 年 4 月 20 日

八、对以上环节存在的风险的应对策略与方案

（一）对本单位存在的 16 项风险情况进行风险应对分析

（1）本单位存在的 16 项风险全部不能采取风险承受及风险分担的方法应对。

（2）可以规避的风险有第 5 项和第 7 项。

（3）其他各项可以采取风险降低的应对策略。

（二）本单位存在风险的应对方案

（1）单位层面完善各项规章制度，尤其要监督行政科完善岗位职责制度，以及行政科的人员岗位安排制度。

（2）加强财务科基础工作的培训。制定财务电算化操作规范，以及实施的考核细则等制度。

（3）加强政府采购招标法学习培训。完善本单位招标工作流程与实施制度，加强采购招标的监管。

（4）加强本单位项目建设的实施监管。制定具体的监管办法。

（5）加强合同实施的监督，加强本单位合同的管理。

第五章　行政事业单位内部控制的预算控制体系

第一节　行政事业单位预算组织机构

一、行政事业单位预算组织机构

行政事业单位预算，必须要有一套完整的组织机构体系。其组织机构主要包括预算管理决策部门、预算管理办公室、预算协作部门和预算执行部门。

（一）预算管理决策部门

1. 设置本单位预算管理决策部门

可以称为本单位的预算管理委员会。

（1）预算管理委员会负责人可以为单位负责人，或者单位负责人指定的某位本单位领导。

（2）预算管理委员会负责人，必须是单位内部控制领导小组的主要成员之一。

（3）预算管理委员会其他成员包括本单位的主要领导，以及本单位其他部门的负责人，包括某些部门的主要业务骨干。

2. 预算管理委员会的职责

（1）制定本单位预算管理政策和管理程序，指导预算的编制工作；批准预算科制定的预算制度。

（2）对各级预算部门上报的预算进行审核与修正。

（3）将编制好的预算提交本单位领导办公会议审核批准。

（4）下达已获批准的预算并组织实施。

（5）监督预算的实施，检查预算结果，裁决预算的有关纠纷。

（6）审核预算调整方案。

（7）审议年度预算执行结果及分析报告。

（8）根据预算执行结果提出考核和奖励意见。

（二）预算管理办公室

行政事业单位预算管理办公室即预算科，在预算管理委员会领导下开展工作，并向单位预算管理委员会报告工作。

预算科负责人应该成为本单位内部控制领导小组的成员之一；预算科负责人应当成为本单位内部控制实施小组的领导成员之一，成为组长或者副组长。

预算科的主要工作职责。

（1）组织本单位预算的编制、初审、汇总工作。

（2）组织下达经批准的预算，监督本单位各部门和下属机构预算执行情况。

（3）制定本单位调整方案。

（4）协调解决本单位各部门和下属机构预算编制和执行中的有关问题。

（5）分析和考核本单位各部门及下属机构的预算情况。

（6）向预算管理委员会汇报有关预算工作。

（三）预算协作部门

1. 本单位财务处

本单位财务处关于预算协作的工作职责。

（1）为预算编制、调整、分析和考核提供财务数据和财务信息。

（2）按照有关预算要求进行会计与审计方面的监督。

2. 纪检与监察处

经检与监察处的主要职责。

（1）参与考核本单位预算的考核与相关监督工作。

（2）参与监督本单位预算执行情况及决算报告。

(3) 监督本单位财政绩效评价工作及整改落实情况。

(4) 对本单位及下属机构预算管理机制进行日常监督，提出改进意见。

(四) 预算执行部门

预算执行部门主要是指本单位各部门、各科室及各下属机构。其主要的职责有下述几项。

(1) 制订本部门的项目计划、支出计划和预算草案。

(2) 执行与本部门有关的预算方案。

(3) 对本部门预算执行情况进行分析并上报分析报告。

(4) 在授权范围内配置并使用相关资产和资源。

(5) 配合有关部门做好预算考核工作。

二、预算组织机构管理体系存在的主要风险点

(1) 预算管理组织机构及相关岗位未设置完善，或者设置不合理，相关岗位人员职责分工不明确，可能导致工作人员没有专业知识与技能，制定的预算方案达不到有效的目的。

(2) 单位预算管理意识不强，全员参与程度不够，没有建立完善的预算制度，导致预算工作管理松散，预算执行不力。

(3) 预算各相关机构与部门缺乏有效的沟通与协调，可能导致预算管理工作进展慢，相互推诿责任。

(4) 单位支出的标准定额体系不完善，预算管理可能无据可依，导致预算违规。

(5) 单位预算不公开透明，没有根据国家法律法规细化公开的内容，导致公信力降低，不利于促进单位内部与社会监督。

第二节 预算制度的完善

一、预算制度制定单位

单位的预算制度由预算科制定，本单位各科室进行协助。

二、预算制度批准单位

单位的预算制度由预算委员会进行审批。

三、预算制度的内容

每个单位的具体情况虽然不太一样，但是，同样要求有详细的预算制度。预算制度的内容包括但不限于以下内容。

（1）本单位预算流程管理制度。
（2）本单位总部预算方案制度。
（3）本单位预算项目申报制度。
（4）本单位预算编制制度。
（5）本单位预算执行制度。
（6）本单位预算分析制度。
（7）本单位预算调整制度。
（8）本单位决算制度。
（9）本单位预算考核制度。
（10）本单位预算监督制度等。

四、预算制度范例

××市××局预算管理授权审批制度。

预算管理授权审批制度

第一章 总则

第一条 为对预算管理过程中的各个环节进行规范化控制，明确各部门在预算控制中的职责和权限，根据《中华人民共和国预算法》《中华人民共和国会计法》《行政单位财务规则》《事业单位财务规则》等法律法规，结合本单位实际，制定本授权审批制度。

第二条 本单位及所属单位预算管理各环节的授权审批管理均依照本制度执行。

第二章 预算编制授权审批

第三条 单位预算管理委员会根据本单位发展情况做出初步预测和决策，下达预算目标，提出预算编制要求。

第四条 预算管理办公室接到目标和要求时，进行下达并组织预算编制的实施。

第五条　各责任部门接到预算目标和编制政策后，根据本部门实际情况及预算执行条件，编制预算草案，在规定时间内上报预算管理办公室。

第六条　预算管理办公室对各责任单位上报的预算草案进行审查、汇总、调整，编制单位年度预算草案，报预算管理委员会审批。预算管理办公室有权对责任单位提出预算修正建议，责令单位予以修正。

第七条　预算管理委员会对预算管理办公室呈上的预算草案进行审核、讨论，进行审批。

第八条　预算管理委员会将讨论批准后的预算草案在规定时间内报主管单位审核汇总，经主管单位审核汇总后报同级财政部门审批。

第九条　财政部门进行初步审核，并下达审核意见及预算控制数。

第十条　预算管理办公室根据财政部门的审核意见及预算控制数，组织进行预算修订，各部门根据预算管理办公室的修订意见进行本部门预算的修订，经预算管理办公室汇总、调整后，把修订好的预算报预算管理委员会审批。

第十一条　预算管理委员会把修订后的预算草案上报主管部门和财政审核，并经同级预算管理授权审批制度政府或人大批准后，下达预算。

第三章　预算执行授权审批

第十二条　预算标准内的资金支出审批。

（一）单位各科室在预算标准内的资金支出低于10 000元，由各科室负责人进行审批。

（二）单位各科室在预算标准内的资金支出超过10 000元，由本科室负责人审批后，报预算管理办公室进行审批。

第十三条　超出预算标准的资金支出审批。

（一）单位各科室超出预算标准的资金支出在1 000元以下的，由申请人提出申请，报所在科室负责人审核。科室负责人审核通过后，报预算管理办公室审批。

（二）单位各科室超出预算标准的资金支出在1 000元以上的，由申请人提出申请，报所在科室负责人同意后，交预算管理办公室审核，审核通过后报预算管理委员会审批。

第十四条　计划财务处对预算资金的支出凭证负责审核。

第四章 预算调整授权审批

第十五条 由于政策因素或开展工作需要，导致预算需要进行追加或调整的，应填写预算调整表，由科室负责人签字，经预算管理办公室审核分析后，报预算管理委员会审批。预算管理委员会根据预算管理办公室的审批意见进行讨论，审批预算调整方案。

第十六条 对由于上级下达的计划有较大调整，或者根据国家有关政策增加或者减少支出，对预算执行影响较大的预算调整，预算管理委员会就审批后的预算调整报请主管部门或者财政部门调整预算。

第十七条 对于其他业务收入预算调整及其他一般预算调整，经预算管理委员会审批后，报送主管部门和财政部门备案。

第十八条 单位预算经过调整后，预算管理办公室应定期或不定期对预算调整后的执行情况进行综合分析，及时向预算管理委员会报告调整后对单位各项工作的开展、职工切身利益、事业发展等各方面的影响。

第十九条 各科室未提出预算调整申请，先支出、后报告而发生的费用，单位不予安排，由科室自行解决。

第五章 预算分析考核授权审批

第二十条 预算分析。

（一）年度终了，由预算管理办公室对预算执行情况进行分析，向预算管理委员会提交预算分析报告。

（二）预算管理委员会对预算分析报告进行审议。

第二十一条 预算考核。

（一）预算管理办公室制定预算考核制度和考核奖惩方案，提交预算管理委员会审批。

（二）预算管理委员会负责对预算考核制度和考核奖惩方案进行审批。

（三）预算管理办公室具体负责预算考核实施工作。

第二十二条 预算考核以单位正式下达的预算方案为标准，或以主管部门审定的预算执行报告为依据，坚持公开、公平、公正的原则进行考核。

第六章 附则

第二十三条 本制度未尽事宜，依照国家预算相关法律法规执行。

第二十四条 本制度最终解释权归预算管理委员会。

第二十五条 本制度自 2016 年 1 月 1 日起施行。

第三节 本单位预算基本知识培训

单位预算制度的完善，需要重视单位预算基础知识的培训。单位预算基础知识包括预算的内涵和作用、预算的重要性、本单位预算的构成和收支范围、预算业务控制的法律依据、本单位预算业务的控制目标、预算的流程、预算各流程的具体实施、预算各流程的风险点、预算控制方法等内容。

行政事业单位的预算，几乎包括了所有的部门与下属机构。因此，本单位预算基本知识的普及，属于全员性质的普及，每一个行政事业单位必须高度重视。

一、预算的内涵和预算分类

行政事业单位预算是行政事业单位根据公共事业发展计划和公共事务的管理任务编制的，经过规定程序审批的年度财务收支计划。行政事业单位预算由收入预算和支出预算组成，反映预算年度内单位的资金收支规模和资金使用方向，是单位财务工作的基本依据，为单位开展各项业务活动、实现工作目标提供财力支持。

（一）按政府管辖来分，我国预算分为中央预算和地方预算

中央预算，是经法定程序批准的中央政府财政收支计划。地方预算按照行政区划，再分为各省预算、各自治区预算、各直辖市预算等。

（二）从预算的内容来分，政府预算可以分为单位预算和总预算

单位预算是实行预算管理的国家机关、社会团体和其他单位的收支预算。而总预算则有两个组成部分，其一，是本级政府预算；其二，是汇总的下一级预算。

（三）按预算管理权限，行政事业单位预算的管理分为三个层级

（1）一级预算单位，是指直接从同级财政部门领取预算资金和对所属单位进行分配、转拨预算资金的单位预算。

（2）二级预算单位，是指从一级预算单位预算中领取预算资金，又向所属单位分配和转拨预算资金的单位预算。

（3）基层预算单位，是指仅与上级单位或者财政部门发生领取预算资金关系的单位预算。

二、预算管理的意义

1. 预算管理是行政事业单位履行自身职能的财力保证

行政单位从事组织协调经济和社会发展、维护社会秩序、实现社会公共利益的工作，事业单位则主要在科学、教育、文化、卫生、体育等领域从事公益性业务活动。

行政事业单位的事务工作所需经费，主要靠财政拨款（补助）、事业收入等经费来源解决，而财政拨款、事业收入均进入预算。行政事业单位预算，就是有计划地筹集资金、安排支出的活动及其过程，从财力上保证单位履行自身的职能。

2. 预算管理有利于加强国家宏观调控，实现财政的收支平衡

单位资金收支活动，实质上是财政资金运动的继续和延伸。行政事业单位预算同财政预算紧密地联系在一起，使之成为财政预算管理体系不可缺少的组成部分。

国家财政安排的行政事业经费约占财政经常性支出的 1/2 以上。因此，要实现国家宏观调控，实现财政预算收支的平衡，就必须加强对行政事业单位的预算管理。

3. 预算管理有利于提高行政事业单位的财务管理水平

（1）通过全面反映行政事业单位各项财务收支状况，为单位财务管理提供依据和基础。

（2）按照预算规定的内容，行政事业单位财务管理可以有计划有步骤地管理好各项经费。

（3）通过对行政事业单位收支预算的核定，提供一种监督全年财务活动的工具。

（4）以预算为基础对实际工作进行评价和考核，可以及时发现问题并采取措施予以纠正。

三、预算编制的原则

1. 政策性原则

作为财务管理重要内容之一的公共事业、行政组织预算编制，必须

要体现国家的有关方针、政策。在编制预算过程中，应当以国家有关的方针、政策和各项财务制度为依据，根据计划和行政工作任务的需要，正确处理需要与可能的矛盾，保证重点，兼顾一般，实事求是地编制组织预算，合理安排和分配使用各项资金。

2. 可靠性原则

公共事业、行政预算一经批准，便要严格执行，一般不能调整。因此，公共事业、行政编制预算要做到稳妥可靠，量入为出，收支平衡，对每项收支项目的数字指标，要运用科学的方法，依据确切可靠的资料和收支变化的规律，认真进行测算，切实做到各项数据真实可靠。

3. 合理性原则

行政编制预算要正确处理整体与局部、事业需要与财务可能的关系；做到科学、合理地安排各项资金，使有限的资金发挥最大的效益。在编制预算时，既要按照保证重点、兼顾一般的要求，优先保证重点支出，同时，也要妥善安排好其他各项支出。

4. 完整性原则

公共事业、行政单位在编制预算时，必须将单位取得的财政拨款和其他各项收入以及各项支出完整、全面地反映在预算中，不得在预算之外另留收支项目。

5. 统一性原则

编制预算时，要按照国家统一设置的预算表格和统一的口径、程序以及计算方法填列有关收支数字指标。

6. 绩效性原则

部门预算应建立绩效考评制度，对预算的执行过程和完成结果实行全面的追踪问效，不断提高预算资金的使用效益。在项目申报阶段，要对申报项目进行充分的可行性论证，以保障项目确实必需、可行。在项目执行阶段，要建立严格的内部审核制度和重大项目建设成果报告制度，以对项目进程资金使用情况进行监督，对阶段性成果进行考核评价。在项目完成阶段，项目单位要及时组织验收和总结。

四、预算控制的法律依据

具体来说，行政事业单位在预算业务控制上，主要依据以下法律

法规

(1)《中华人民共和国预算法》(主席令第12号,2014年修订)。

(2)《行政单位财务规则》(财政部令71号)。

(3)《事业单位财务规则》(财政部令68号)。

(4)《国务院关于深化预算管理制度改革的决定》(国发2014-45号)。

(5)《国务院关于编制2016年中央预算和地方预算的通知》(国发2015-65号)。

(6)《关于进一步加强地方财政结余结转资金管理的通知》(财预2013-372号)。

(7)《关于进一步加强财政支出预算执行管理的通知》(财预2014-85号)。

(8)《财政部关于专员办加强财政预算监管工作的通知》(财预2014-352号)。

(9)《部门决算管理制度》(财库2013-209号)。

(10)《财政部关于印发〈中央财政国库动态监控管理暂行办法〉的通知》(财库2013-217号)。

(11)《关于中央预算单位2016年预算执行管理有关工作的通知》(财库2013-220号)。

(12)《关于2016年地方财政库款管理有关工作的通知》(财库2016-81号)。

(13)《中共中央办公厅、国务院办公厅印发〈关于进一步推进预算公开工作的意见〉的通知》(中办发2016-13号)。

五、本单位预算的组成

行政事业单位的预算组成,一般包括收入预算和支出预算。

(1)收入预算包括财政拨款、事业收入、上级补助收入、经营收入、其他收入等。单位应就上述的各类收入,详细列明与本单位有关的具体的收入类别与来源等情况。

(2)支出预算一般包括基本支出、项目支出、事业单位经营支出、上缴上级支出等。

其中,基本支出是单位为了保障机构正常运转、完成日常工作任务而编制的年度基本支出计划，包括人员经费支出和日常公用经费支出。

项目支出是本单位为完成特定的事业发展目标，在基本支出预算之外编制的年度项目支出计划，包括行政事业类项目支出、基本建设类支出和其他类项目支出。

本单位应就上述的支出详细列明单位所包括的详细的内容，并落实具体的责任部门与责任管理人。

六、本单位预算业务的控制目标

(一) 本单位预算机构建设的控制目标

(1) 设置科学合理、运作高效的预算管理组织机构。包括预算管理部门设置、分工、职责、考核等，确保机构的领导与运行科学高效，保障预算工作顺利开展。

(2) 科学设置各机构的岗位，明确预算管理授权审批权限和岗位职责，保证岗位人员配备合理。

(3) 建立符合本单位情况的预算管理的各项制度，确保本单位的预算管理的各个环节规范有序、有章可循。

(4) 建立详细的预算管理流程岗位制度，明确本单位预算业务各个环节的详细流程、时间要求和具体责任。

(二) 本单位预算编制的控制目标

(1) 明确本单位预算编制的程序、要求和具体内容，做到预算编制的合法、合规、及时、完整、详细和准确。

(2) 预算编制过程中各部门及各岗位充分沟通协调，确保预算的编制符合本单位年度目标和工作计划。

(3) 本单位预算的编制应有合理的指标体系，并有具体的细化预算方案，确保预算方案的编制得到及时的审批和执行。

(三) 本单位预算批复的控制目标

本单位对其管辖的部门及其下属单位编制的预算进行批复时，应作如下要求。

(1) 预算批复的依据科学合理。对下属各单位和部门进行批复时，可以根据以往年度的业务支出金额和本年度的业务工作计划为依据，进行批复。

(2) 落实对下属单位或者部门进行批复的责任主体,对批复的预算组织科学合理的评审会。

(3) 执行本单位的预算批复程序和批复方法,保证批复的合法合规。

(四) 本单位预算下达的控制目标

(1) 运用科学的方法,在单位内部对预算指标进行层层分解,确保预算指标落实到单位各内部机构和各个岗位。

(2) 尽快完成预算的下达,确保预算下达及时准确。

(五) 本单位预算执行的控制目标

(1) 预算执行中的拨款和支付的程序符合法律法规。

(2) 明确预算执行主体及其所应承担的责任,确保各项业务开展前得到合理的授权审批。

(3) 本单位的预算执行过程可控,实施过程有明晰的监督,并全面掌握预算执行的进度和结果。

(4) 制定科学的预算执行情况预警制度,确保本单位的各项收支在批复的预算中实施。

(六) 本单位预算调整的控制目标

(1) 按照国家法律法规的要求进行本单位预算的调整,未经审批一律不得调整。

(2) 预算的调整必须符合本单位的整体利益,局部服从大局。

(3) 加强预算编制的科学性、合理性和准确性,尽可能减少预算的调整。

(七) 本单位决算的控制目标

(1) 高度重视决算工作,确保本单位的决算真实、完整、准确、及时。

(2) 要求决算报告的审核方式与形式科学有效,决算分析工作全面,决算分析结果能体现本单位预算编制与执行情况。

(3) 加强决算分析结果的运用,进一步提升本单位的内部管理水平,提高本单位内部控制的管理质量。

(八) 本单位预算考核的控制目标

(1) 加强预算考核，并以考核结果做好预算的绩效管理。预算考核的绩效管理包括预算编制、预算执行、预算完成、预算评价和预算反馈应用等全过程。

(2) 确保预算考核覆盖本单位所有关键环节，确保考核过程公开透明、考核结果客观公正、奖惩措施公平合理。

七、本单位预算的流程及其风险点

行政事业单位预算的流程，一般包括预算编制、预算审批、预算执行与分析、预算调整、决算、预算绩效考核六个环节。

上述环节又分别有详细的业务流程规范。单位应当把每个环节的流程及其详细操作办法，在本单位内进行相关的培训。并且对各个岗位的人员，重点培训其所在岗位的风险点及其控制办法。

附：行政事业单位预算流程图（见图5-1）

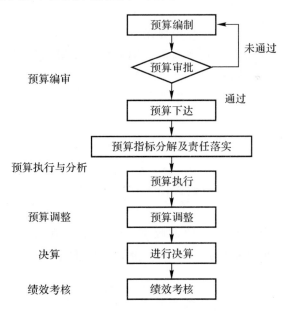

图5-1 行政事业单位预算流程图

第四节 预算编制

一、预算编制的流程

(一) 行政事业单位预算编制审核总程序

我国行政事业单位预算是政府预算的组成部分,具体实行的是"两上两下"的编制审核程序。

1. "一上"

(1) 基层预算单位编制本单位预算年度的收支建议数,上报上级部门。

(2) 上级部门根据财政部门下达的编制预算的具体要求,提出本部门预算年度的收支建议数,上报本级财政部门。

2. "一下"

(1) 财政部门根据上级政策要求和本地实际情况,审核各主管部门上报的预算收支建议数,并根据本地财政收入测算数,汇总年度预算收支草案报同级人民政府批准。

(2) 本地年度预算收支草案获得批准后,财政部门将预算控制数下达到各主管部门。

(3) 各主管部门下达到各基层预算单位。

3. "二上"

(1) 各主管部门根据财政部门下达的预算控制数,下达到预算单位和具体的项目。

(2) 各预算单位按照本地财政部门的要求,编制本单位预算草案,由主管部门汇编成本部门预算草案上报给财政部门。

4. "二下"

(1) 当地财政部门收到各主管单位的预算草案后,进行审核汇总,形成本级政府总预算草案,报同级人民政府。

(2) 同级人民政府对预算草案审批后,向人民代表大会提交政府预算草案。

(3) 人民代表大会审议批准政府预算草案后,成为具有法律效力的政府预算。

(4) 财政部门在规定时间内批复各主管部门预算。

(5) 各主管部门接到财政部门批复的预算后,在规定时间内批复所属单位的预算。

(二) 行政事业单位预算编制一般流程

(1) 本单位接到本地财政部门有关做好预算的通知及相关规定。

(2) 本单位预算管理委员会通知本单位下属机构及本单位所有部门召开下一年度预算布置会,预算科要求各下属机构及本单位各部门编制预算建议计划。

(3) 明确并布置各下属机构及各部门要编制的预算计划的内容。包括收入预算表、支出预算表等。

(4) 各下属机构和各部门上报本部门的预算计划。由本单位预算科进行初步汇总。

(5) 预算科对各下属机构和各部门的年度预算计划进行初审,并进行汇总后上报本单位的预算管理委员会。

(6) 预算管理委员会召开本单位的预算审核会,听取各机构和部门的情况,并结合上年度预算执行情况,对各下属机构和部门的计划进行现场审核,平衡各机构和部门的收支计划,形成本单位的预算修正意见。

(7) 本单位预算管理委员会将年度预算修订稿上交本单位领导办公会议进行审核与确认,形成最后的定稿,由本单位预算科进行汇总上报。

预算科编制的本单位年度预算计划书,由年度收入预算表和年度支出预算表等组成。

1) 收入预算表根据本单位财政拨款收入、预算外资金收入和其他收入等组成。要求按收入类别逐项核定。

2) 支出预算表根据各科室的支出计划并经本单位预算管理委员会修订后确认。年度支出预算的编制方法一般是零基预算法。

(8) 本单位向主管部门上报年度预算计划表,并由主管部门汇总向本级财政部门上报。

(9) 财政部门根据上级预算编制规定及本地财政实际情况,对各主管部门的预算进行修订批复。各主管部门根据财政部门预算编制最新要求,下达各单位新的编制任务。

(10) 各单位根据主管部门下达的下一年度预算编制新要求，重新进行本单位的预算调整程序。

(11) 重复上述第 1 至第 7 点。

(12) 本单位最终形成确定的下一年度预算方案，并上报主管部门。

(13) 主管部门上报得到批复后，下达给本单位，本单位将按下达的预算方案实施。

二、预算编制的准备工作

1. 核实各项基本数字

主要包括单位机构数、人员编制数、在职实有人数、离退休人数、房屋建筑物面积、机动车辆数、设备台数等基本数据资料。通过对上述数据的审核，剔除那些不实或非正常性的支出因素。

2. 分析上年度预算执行情况

公共事业、行政组织上年度预算执行情况是编制本年度预算的重要依据。单位预算中的各项财务收支计划指标是以上一年度预算执行数为依据，并根据本年度事业发展计划和工作任务的要求，结合财力的可能来确定的。因此，正确预计和分析上一年度预算执行情况，是编制本年度预算的一项非常重要的准备工作。

具体内容包括下述几项。

(1) 统计上年已发生月份的累计实际执行数，以预计全年收支数。

(2) 分析上年度的组织计划和组织行政任务完成情况、预算执行情况，找出其内在规律性，分析、预测发展趋势。

(3) 分析各项资金来源及变化情况。

(4) 分析物价、收支标准及定员、定额的变化情况，计算其对预算期的影响程度。

(5) 分析资金使用中存在的问题，研究提出改进意见；分析上年出台的有关政策对预算期收支的影响程度。

3. 分析影响预算期收支的有关因素

在分析整理上年预算执行情况的基础上，还要注意收集掌握同编制预算有关的因素，主要包括下述几点。

(1) 预算期内事业计划和工作任务的安排情况。

（2）预算期内各类人员实有数或定员比例的变动情况。

（3）预算期内需要购置和维修的设备、房屋基本情况。

（4）预算期内市场物价和收支标准变动情况。

（5）预算期内新出台的政策对收支的影响情况。

4. 正确领会上级有关部门对预算编制的要求

为了保证预算编制的统一性和规范性，在预算编制前，必须认真学习关于编制预算的规定，正确领会编制预算的有关要求，熟悉预算收支科目和表格，以便高质量地完成预算编制工作。

三、预算编制的方法

可以根据不同的预算单位和不同的预算项目，分别采用相应方法进行预算编制。主要方法有固定预算法、弹性预算法、增量预算法、零基预算法、定期预算法、滚动预算法、项目预算法、作业基础预算法等。

目前，行政事业单位广泛运用零基预算法。在此我们对其他预算方法也进行简单的介绍。

1. 固定预算法

又称静态预算法，是定期地按照固定的业务量来编制预算的一种方法，是以预算期内正常的、可实现的某一业务量水平为基础来编制的预算。

特点：用这个方法做出来的预算，算多少是多少，一般情况下，金额都不变。适用于固定费用或者数额比较稳定的预算项目。

2. 弹性预算法

弹性预算法是和固定预算法相对应的一种方法，它是根据弹性的业务量来编制预算。弹性预算法的优点是，能够适应不同情况的变化，在一定程度上避免了对预算的频繁修改，有利于预算控制作用的更好发挥。

3. 增量预算法

增量预算法是常用的一种预算方法。它以上一年度的预算为起点，根据业务和情况的预算变化，自上而下或者自下而上地调整上一年度预算中的各个项目。

增量预算法编制简单，省时省力。主要缺点是预算规模会逐步增大，可能会造成预算松弛及资源浪费。

增量预算法的前提条件：①原来业务活动是必须进行的；②原有的各项业务基本上是合理的。若前提条件发生变化，则预算数会受到基期不合理因素的影响，导致预算不合理，不利于调动各部门达到预算目标的积极性。

4. 零基预算法

零基预算法是和增量预算法相对应的一种方法，简单地讲，就是一切从零开始，不考虑以前发生的费用项目和费用金额。主要是根据预算期的需要及可能，逐项分析及审议预算期内各项费用的内容及开支标准是否合理，在综合平衡的基础上编制费用预算。

（1）零基预算法的优点。

1）合理、有效地进行资源分配。

2）有助于单位内部的沟通、协调，激励各基层单位参与预算的积极性和主动性。

3）目标明确，可区别方案的轻重缓急。

4）有助于提高管理人员的投入、产出意识。

5）特别适用于产出较难辨认的服务性行政事业单位，克服资金浪费的缺点。

（2）零基预算法的缺点。

1）管理者倾向于用完当前预算期间的全部已分配资源，从而造成不必要的采购和重大浪费。

2）预算合理性的审查需要大量的时间、精力和费用。

3）评级和资源分配具有主观性，易于引起各单位或者各部门间的矛盾。

4）易于引起人们注重短期利益而忽视长期利益。

（3）零基预算法的基本做法。

1）划分基层预算单位。

2）对基层预算单位的业务活动提出计划，说明每项活动计划的目的性以及需要开支的费用。

3）由基层预算单位对本身的业务活动做具体分析，并提出"一揽子业务方案"。

（4）零基预算法的编制须明确以下三点。

1）确定计划期内应该发生费用的项目及其金额。

2）划分不可避免的费用项目与可避免的费用项目。

3）确定费用项目发生的时间是当期必须支付还是可以延期。

5. 定期预算法

定期预算法是以不变的会计期间作为预算期，多数情况下该期间为一年，并与会计期间相对应。

定期预算法有利于将实际数和预算数进行比较，有利于对各预算执行单位的预算执行情况进行分析和评价。

定期预算法的缺点是不能使预算的编制常态化，不能使单位的管理人员有一个长期的计划，从而导致一些短期行为。

6. 滚动预算法

滚动预算法是指在编制预算时，将预算期与会计期间脱离，随着预算的执行不断地补充预算，逐期向后滚动，使预算期间始终保持在一个固定的长度（一般为12个月）。

（1）滚动预算法的优点。

滚动预算法有更强的相关性。能使管理当局对未来一年的经营活动进行持续不断的计划，并在预算中经常保持一个稳定的视野，从而使管理者可以从更长远的视角来审视决策，提高决策的正确性。

（2）滚动预算法的缺点。

1）预算期较长，因而难于预测未来预算期的某些活动，从而给预算的执行带来种种困难。

2）事先预见到的某些活动，在预算执行过程中，往往会有所变动，而原有预算却未能及时调整，从而使原有预算显得不相适应。

3）管理者需要为下一个周期的预算耗时耗力，需要投入相当的机会成本。

7. 项目预算法

项目预算法是指在一些工程建设中，需要单独编制项目预算，它的时间框架就是项目的期限，但是，跨年度的项目应按年度分解编制预算。

项目预算法的优点在于，它能够包含所有与项目有关的成本费用，容易度量单个项目的收入、费用与投入、产出。无论项目规模的大小，项目预算都能很好地发挥作用。项目管理软件辅助项目预算的编制与跟踪。

8. 作业基础预算法

与传统的预算编制按职能部门确定预算编制单位不同，作业基础预算法关注于作业（特别是增值作业），并按作业成本来确定预算编制单位。

作业预算法有利于单位加强各部门合作、协同作业、提升服务对象满意度。

作业基础预算法的主要优点是它可以更准确地确定成本，尤其是追踪多个部门的成本。因此，作业基础预算法更适用于部门数量或者设备调试等方面较复杂的单位。

四、预算编制的风险点

（1）预算编制人员设置不到位，岗位分工不明确，职责不清晰。导致预算编制执行力弱，工作效率低。

（2）预算目标设置不符合单位发展规划，与单位年度目标不匹配，可能导致预算管理目标无法实现。

（3）预算编制依据不充分，可能影响预算准确率，导致预算与实际出现较大脱节。

（4）预算编制程序不规范，可能导致预算不准确。

（5）预算编制方法不科学，可能导致预算数据错误，影响预算管理效果。

（6）预算编制与具体工作脱节，导致预算编制流于形式。

（7）预算编制内容不完整，存在重要遗漏，可能导致无法完成单位重要工作目标。

（8）预算编制不及时，可能导致整个单位预算滞后，或者影响单位预算编制的全局性。

（9）预算编制过程中，上下级之间以及部门之间沟通不足，可能导致预算与单位经济活动脱节，或者造成部门之间的预算产生矛盾。

（10）预算编制不够细致，随意性大，可能导致预算约束力不够。

（11）预算审核批准责任不清晰，标准不明确，可能导致单位资源错配，形成资源浪费。

（12）预算审批与下达程序不规范，可能导致预算权威性不足。

（13）预算编制中出现的其他风险问题。

五、预算编制风险控制方法

(1) 列明本单位存在的上述问题,或者其他导致预算编制不真实、不完整、不及时的问题。

(2) 本单位风险评估小组运用各种风险评估方法,对出现的上述问题进行风险评估。

(3) 确定上述问题风险危险程序,评定级别。

(4) 根据不同的预算编制问题,提出不同的应对策略。

(5) 执行风险应对策略,改进预算编制质量。

六、预算编制的表格示例(见表 5-1～表 5-5)

表 5-1 收支预算总表　　　　　　(单位:万元)

收入		支出			
项目名称	金额	功能分类		支出用途	
		功能科目名称	金额	项目名称	金额
一、财政拨款		一、一般公共服务支出		一、基本支出	
1. 一般公共预算		二、外交支出		二、项目支出	
2. 政府性基金预算		三、国防支出		三、其他支出	
二、财政专户管理资金		四、公共安全支出			
三、其他资金		五、教育支出			
		六、科学技术支出			
		七、文化体育与传媒支出			
		八、社会保障和就业支出			
		九、医疗卫生与计划生育支出			
		十、节能环保支出			
		十一、城乡社区支出			
		十二、农林支出			
		十三、交通运输支出			
		十四、资源勘探信息等支出			
		十五、商业服务业等支出			
		十六、金融支出			

续 表

<table>
<tr><th colspan="2">收 入</th><th colspan="4">支 出</th></tr>
<tr><td rowspan="2">项目名称</td><td rowspan="2">金额</td><td colspan="2">功能分类</td><td colspan="2">支出用途</td></tr>
<tr><td>功能科目名称</td><td>金额</td><td>项目名称</td><td>金额</td></tr>
<tr><td></td><td></td><td>十七、国土海洋气象等支出</td><td></td><td></td><td></td></tr>
<tr><td></td><td></td><td>十八、住房保障支出</td><td></td><td></td><td></td></tr>
<tr><td></td><td></td><td>十九、粮油物资储备支出</td><td></td><td></td><td></td></tr>
<tr><td></td><td></td><td>二十、其他支出</td><td></td><td></td><td></td></tr>
<tr><td colspan="2">当年收入小计</td><td colspan="4">当年支出小计</td></tr>
<tr><td colspan="2">上年结转资金</td><td colspan="4">结转下年资金</td></tr>
<tr><td colspan="2">收入会计</td><td colspan="4">支出合计</td></tr>
</table>

表 5-2　××局收支预算总表　　　（单位：万元）

<table>
<tr><th colspan="2">项目名称</th><th>金 额</th></tr>
<tr><td colspan="2">收入总计</td><td></td></tr>
<tr><td colspan="2">一般公共预算资金</td><td></td></tr>
<tr><td colspan="2">政府性基金</td><td></td></tr>
<tr><td rowspan="3">财政专户管理资金</td><td>小计</td><td></td></tr>
<tr><td>专户管理教育收费</td><td></td></tr>
<tr><td>其他非税收入</td><td></td></tr>
<tr><td colspan="2">小计</td><td></td></tr>
<tr><td colspan="2">事业收入</td><td></td></tr>
<tr><td colspan="2">经营收入</td><td></td></tr>
<tr><td colspan="2">其他收入</td><td></td></tr>
<tr><td colspan="2">上年结转和结余</td><td></td></tr>
</table>

表 5-3　××局支出预算总表　　　（单位：万元）

合　计	基本支出	项目支出	其他支出	结转下年资金

表 5-4　××局财政拨款收支预算总表　（单位：万元）

收　入		支　出	
项目名称	金　额	支出用途	
		项目名称	金　额
一、一般公共预算		一、基本支出	
二、政府性基金预算		二、项目支出	
		三、其他支出	
收入合计		支出合计	

表 5-5　××局财政拨款支出预算表　（单位：万元）

功能科目编码	功能科目名称	金　额
208	合计	
20802	社会保障和就业支出	
2080208	民政管理事务	
20805	基层政权和社区建设	
2080501	归口管理的行政单位离退休	
2080502	事业单位离退休	
212	城乡社区支出	
21201	城乡社区管理事务	
2120101	行政运行	
2120104	城管执法	
21203	城乡社区公共设施	
2120399	其他城乡社区公共设施支出	
21205	城乡社区环境卫生	
2120501	城乡社区环境卫生	
21209	城市公用事业附加及对应专项债务收入安排的支出	
2120902	城市环境卫生	
2120999	其他城市公用事业附加安排的支出	

续表

功能科目编码	功能科目名称	金　额
21299	其他城乡社区支出	
2129999	其他城乡社区支出	
221	住房保障支出	
22102	住房改革支出	
2210201	住房公积金	
2210202	提租补贴	
2210203	购房补贴	

行政事业单位预算的流程，一般包括预算编制、预算审批、预算执行与分析、预算调整、决算、预算绩效考核六个环节。

第五节　预算审批

一、预算审批机构

（1）各部门的预算计划由部门负责人、部门相关领导人员及工作人员组成的小组进行初步审批。

（2）各部门的预算计划报本单位预算管理办公室，由预算科协同其他部门对各部门的预算进行初步审批。

（3）预算管理办公室把初步定下来的各部门预算计划报本单位预算管理委员会审批。

（4）预算管理委员会把本单位初定的预算方案报本单位领导会议审核确认。

（5）本单位的预算方案上报同级财政部门进行初步审批。

（6）以上各个程序中，发现需要改进的预算方案，由上一级审批机构下传，进行更改。

（7）同级人民政府对财政部门上报的预算方案进行审批。

（8）同级人民代表大会对政府提交的预算方案进行审批。

二、预算审批的主要风险点

(1) 预算审批责任单位不明确。

(2) 预算审批专门人员不明确。各级部门与单位没有设置专岗人员对预算进行及时高效的批复。

(3) 已设置专岗审批的人员职责不明确,责任心不强,甚至存在违纪的情况出现。

(4) 预算批复可能存在越权情况。

(5) 预算批复下达的方式不当,可能无法保证预算工作中各部门的协调。

(6) 预算审批对于细化调整方案把关不严或者不合理,导致预算审批失去公正性和权威性。

三、预算审批风险点的控制

1. 明确各级预算的审批主体

行政事业各单位必须按相关要求,建立起各层级的预算管理部门,包括明确各部门的职责,把本单位的预算批复单位予以明确,并落实相关的责任。

各单位的预算批复管理机构,对财政部门下达的预算应在本单位内部进行分解细化,对内部预算指标的名称、额度、开支范围和执行方式等进行明确的界定。

2. 落实预算批复的具体责任人

各单位应该制定相关的规章制度,明确各层级的预算批复责任主体后,再具体落实到专门的岗位和专门的人员上,规范责任人员批复的程序,提高责任人员的批复责任心。

3. 规范预算批复的程序和要求

(1) 单位收到上级下达的年度预算后,由本单位的预算管理办公室或者预算科会同其他部门,进行预算的内部分解,并提交给本单位的预算管理委员会审批。

(2) 预算管理办公室或者预算科根据本单位预算管理委员会审定的预算分解方案,将预算批复下达至本单位各部门;归口预算批复至各归口统筹部门，并明确内部预算的收入指标任务和支出指标的开支范围与执行方式。

（3）各部门的负责人把单位分解的预算方案在本部门进一步细化，批复到某一项目或者某一工作流程组中。

行政事业单位应根据财政部门批复的年度预算，围绕本单位的工作计划和工作任务，对单位各业务部门提出预算管理目标、要求和责任，分解预算指标，落实管理责任，保证年度预算顺利执行和顺利完成。

4. 选用合理的预算批复方式

行政事业单位内部预算指标的批复，可以根据实际情况，综合运用总额控制、逐项批复、分期批复、上级单位统筹管理、归口部门统一管理等方式下达。

内部预算批复下达时，应结合实际预留机动财力，对于在预算批复时尚无法确定事项具体内容的业务，可先批复下达该类事项的总额，在预算执行过程中履行执行申请与审批管理。由上级单位统筹管理的预算，可一次性或者分次分批下达预算指标，以保留适当的灵活性。

5. 某些预算分解的专业化

对于单位某些预算的分解，必要时要进行相关的论证，可以寻求专业人士的支持和帮助，避免由于专业性的不足和缺乏沟通，导致预算控制数的分解失去平衡及细化调整不合理。

第六节　预算执行与分析

一、预算执行与分析中存在的主要风险

（1）各部门预算执行责任人员没有具体的执行程序。

（2）各部门没有落实执行过程中违规的责任。

（3）各部门没有按批复的额度和支出范围执行预算。

（4）各部门和单位执行进度不合理。

（5）执行过程中随意调整执行标准。

（6）没有合理的执行方式。

（7）内部预算追加调整不严格。

(8) 各部门对自己的执行情况不进行分析总结。

二、预算执行与分析中风险点的控制

(1) 建立本单位的预算执行制度。制度应该明确各部门的执行负责人。本部门的负责人应该安排本部门具体的执行细节。

本单位的预算执行制度应该包括单位预算的执行申请制度。业务部门必须在明确的预算指标下提出执行申请，凡预算批复时确定为一事一议方式的，在未经过指标申请和审批前，不能提出执行申请。

执行申请受预算指标当前可用额度的控制，不能超过可用额度提出申请。执行申请时，必须将指标、支出事项和执行申请一一对应，必须符合指标批复时的业务范围以及经费支出管理办法和细则的相关规定。

单位的预算执行制度要落实。执行不力或者不按单位要求执行的部门责任和个人责任，要一律追究。

(2) 跟踪各部门的执行情况，及时了解各部门执行过程中的进度和各类偏离行为。

(3) 严格监督各部门对预算额度的执行，要求各部门及时反馈执行额度，并且及时反映执行过程中存在的问题，采取各种方法严格控制超过额度执行预算的行为。

(4) 明确本单位预算执行的方式。预算执行一般包括直接执行、执行申请、政府采购执行三种方式。业务部门应根据经费支出事项的分类，选择预算执行方式，财务部门应当给予指导和审核。

(5) 建立预算执行监控机制。及时发现本单位预算执行过程中存在的问题并予以纠正。定期或者不定期地对单位预算执行情况进行检查，及时通报预算执行的相关信息，发现和纠正存在的问题。

(6) 健全预算执行情况报告制度。预算归口管理机构应当加强与本级内设机构及下属各预算执行单位的沟通，运用财务信息和其他相关资料，监控预算执行情况，采用恰当方式及时向单位领导、预算最高决策机构、本级内设机构及下属各预算执行单位报告、反馈预算执行进度、执行差异及其对预算目标的影响。

(7) 建立本单位的预算执行分析机制。《行政事业单位内部控制规范》第二十二条第二款规定："单位应当建立预算执行分析机制。定期通报各部门预算执行情况，召开预算执行分析会议，研究解决预算执行中存在的问题，提出改进措施，提高预算执行的有效性。"

1) 本单位应制定适合本单位的预算分析制度,采用合理的预算分析方法。为确保预算分析结果客观公正、准确到位,依据不同情况采用定量分析和定性分析相结合的方法,充分反映预算执行单位的现状、发展趋势及潜力,分析预算执行中存在的问题及其产生的原因。

2) 本单位可以建立定期的分析流程。比如,定期召开预算执行分析会议,研究分析预算执行中存在的问题,对财政拨款规模较大的重点单位、重点项目进行重点分析,加强对垂直管理下级单位的指导。

3) 及时向相关部门反馈分析结果,并提出相应的解决方案的建议。

第七节 预算调整

一、预算调整存在的风险点

(1) 本单位没有制定预算调整的规章制度。
(2) 预算调整的制度没有得到严格的执行。
(3) 预算调整的相关程序不符合要求。
(4) 预算调整出现很多人为因素。
(5) 对预算调整的数据没有深入实际了解实情,没有进行详细的探讨分析。

二、预算调整的风险控制

(1) 制定可行的预算调整规章制度,并通过各种途径,对本单位预算调整的规章进行宣传并要求得到严格的执行。

(2) 制定严格的预算调整程序,并严格执行。

1) 预算部门向本单位的预算管理办公室(预算科)提出调整预算申请(预算调整申请表见表5-6)。

2) 预算科把各部门的预算调整申请提交本单位的预算管理委员会。

3) 预算管理委员会召开相关工作会议,对部门的预算调整方案进行研究,并安排人员对各部门的预算实施情况进行实情调查与分析。

4) 预算管理委员会对部门的预算调整申请做出答复意见。

5) 预算科根据预算管理委员会的答复意见,做出各部门的预算调整方案,并上报预算管理委员会批准。

6）预算科把预算管理委员会批准的预算调整方案下达到各部门。

7）各部门按批准的预算调整方案执行预算调整。

表 5-6 预算调整申请表

年   月   日   部门：

预算编号	预算科目	原核定预算	拟追加金额	申请理由	备 注

制表：   部门领导签字：

第八节 决 算

一、单位决算存在的主要风险点

（1）没有制定本单位的决算制度。

（2）决算程序不符合有关的规章制度。

（3）决算工作缺乏与本单位相关业务部门的协作与沟通。

（4）决算审核内容不全面、审核方式不合理。

（5）决算与预算存在脱节、口径不一的情况。

（6）决算数据不完整、不准确。

（7）缺乏对决算数据的分析与应用。

二、决算风险控制

（1）必须制定好本单位的决算报告制度，并且严格执行制度的规定。

（2）做好各部门的沟通协调，尽早做好全局部署和统筹安排。

（3）做好决算与预算的对接，落实决算工作的队伍，提前做好决算工作队伍的建设。

（4）加强年度决算报告的编制，重视最基础的数据工作，决算报告的数据填写要细致、完整、真实、准确。

（5）建立良好的决算制约机制，做好决算的审核工作。

1）决算审核的方法主要包括政策性审核、规范性审核等。政策性审核主要根据部门预算、会计制度、决算政策等进行审核，规范性审核则包括对决算报告编制的准确性、真实性、完整性等的审核。

2）决算审核的形式包括自行审核、单位集中审核、委托第三方审核等。

3）决算审核的内容主要包括决算报告真实性、完整性、准确性等的审核，决算编制方法的审核，决算数据年度间变动的审核，决算数据对应关系的审核，决算报告与上年度数据变动的分析审核等。

（6）对决算数据进行相应的分析，并应用相关分析结果。

1）决算分析的流程：收集决算数据、计算决算预算的数据差异、分析数据差异原因、提出改进方法、反馈分析报告等。这里强调的是，数据包括了财务数据及非财务数据。

2）决算分析方法包括定量分析方法和定性分析。定量分析方法可以采用比率分析法、因素分析法或者分类分析法、趋势分析法等。

3）单位决算分析的内容主要包括预算数据与决算数据的差异，收入与支出变动数据及变动原因，财政资金的分配使用情况及使用效益情况，部门资产的使用情况，部门项目的绩效情况，本单位人员及人均情况对比，宏观经济决策情况分析等。

第九节　预算绩效考核

一、行政事业单位预算绩效考核中存在的问题

（1）没有建立专门的预算绩效考核机构或者小组。

单位管理层对本单位的绩效考核管理不够重视，没有建立专门的预算绩效考核小组或机构。

（2）单位整体人员缺乏预算绩效考核的观念和意识。

行政事业单位对于预算管理与绩效考核方面的管理过于宽泛，没有预算绩效考核的意识。行政事业单位的领导和工作人员缺乏对预算管理和绩效考核重要性的认识，没有意识到预算管理和绩效考核对于行政事业单位的发展所起到的积极作用，进而忽视了预算管理和绩效考核。

（3）本单位没有建立预算绩效考核的制度。

单位没有根据行政事业单位的实际情况，有针对性地调整和完善预算管理和绩效考核管理制度，仅仅流于形式。

行政事业单位的预算的绩效考核，同样应该在行政事业单位中与部门和员工的绩效考核直接挂钩。同时，绩效考核制度也应规定预算绩效考核结果的责任明确落实到人，对预算的执行结果，相关管理部门应对其做相应的科学分析与审核。

（4）缺乏科学的预算管理绩效考核指标。

（5）缺乏对预算管理和绩效考核运用的后期监督。

（6）单位的预算管理和绩效考核不及时，无法发挥预算管理和绩效考核的激励作用。

（7）预算管理的绩效考核得不到有力的执行。

（8）预算考核不严格，考核过程不透明。

（9）预算考核标准不合理，考核结果不公正。

（10）预算考核内容不完整。

二、改进单位预算绩效考核的对策

（1）建立本单位的预算绩效考核工作小组。

考核小组成员必须有明确的分工，必须有统一的部署，考核小组成员必须经过严格的考核业务培训，必须有高度的责任心。

（2）在单位内部提高全员对预算管理绩效考核重要性的认识。

这是提高单位预算绩效考核质量的基础。首先，应该加强单位领导层对预算管理及绩效考核的重视。其次，加强单位各部门领导对预算绩效考核的重视。最后，应该在单位基层职工中进一步宣传预算管理绩效考核的重要性。

（3）建立本单位预算管理绩效考核的严格的制度。

包括考核内容、考核方法、考核要求、考核时间、考核结果公示、考核结果运用等。

（4）构建本单位预算管理与绩效考核的指标体系。

单位的预算绩效考核指标必须与本单位实情相适应。要针对本单位的业务特点，以及各部门实际的考核需要，构建本单位的一套既行之有效，且能简洁运作的绩效考核指标及具体的实施方案。

（5）加强预算管理与绩效考核的执行。

单位应该在制定严谨、详细的预算管理和绩效考核制度和流程的前提下，予以严格的执行。执行过程中要做到权责分明，将责任落实到个人，并对不符合管理制度和流程的行为予以严厉的惩戒，绝不能因为可能会增加费用而放宽预算管理和绩效考核的标准。同时，应加强行政事业单位之间的沟通和交流，设立多样、通畅的预算管理与绩效考核反馈机制。

（6）对预算的执行进行严格、公平、公正的考核，考核过程要求公开透明，考核结果要及时公布。

（7）积极推进信息化建设，提高预算绩效管理的效率。

三、本单位预算绩效考核指标体系的构建

行政事业单位考核指标体系是一项非常重要的内容，其构建的成效，直接影响到本单位预算绩效考核的成败。

（一）考核内容的设定

1. 预算绩效考核制度的制定

（1）是否制定有本单位的预算绩效考核制度。

（2）预算绩效制度是否还适应目前单位绩效考核的需要。

(3) 预算绩效考核制度是否科学合理。

2. 本单位的预算执行是否规范、安全、有效

(1) 是否有明确的预算执行分工。

(2) 预算执行是否有明晰的考核要求。

(3) 预算支出是否符合法律法规及本单位制度的要求。

(4) 项目资金是否得到专门的使用。

(5) 预算外收入是否符合国家政策。

(6) 资金来源是否合法。

(7) 银行账户的使用是否符合规定。

(8) 会计基础工作是否规范。

(9) 预算的执行是否受到有效的监督。

(10) 财务会计制度是否健全。

(11) 内部控制制度是否健全。

(12) 决算的真实完整性有否保障。

(二) 预算绩效考核评价的方法

(1) 成本效益综合分析法，是指将一定时期内的收支与效益进行对比分析，以评价预算绩效目标实现程度的方法。

(2) 最低成本法，也叫作最低费用选择法，它是衡量财政支出效益的一种方法。是指对每个备选的财政支出方案进行经济分析时，只计算备选方案的有形成本，而不用货币计算备选方案支出的社会效益，并以成本最低为择优的标准。

(3) 综合指数法，是指将各项经济效益指标转化为同度量的个体指数，然后将各项经济效益指标综合起来，以综合经济效益指数为单位的综合经济效益评比排序的依据的方法。

(4) 因素分析法，是指通过综合分析影响绩效目标实现、实施效果的内外因素，评价预算绩效目标实现程度的方法。

(5) 历史动态比较法，是指通过对绩效目标与实施效果、历史与当期情况、不同部门和地区同类收支的比较，综合分析预算绩效目标实现程度的方法。

(6) 公众评价法，是指通过专家评估、公众问卷及抽样调查等方法，对本单位收支效果进行评判，评价预算绩效目标实现程度的方法。

第六章 行政事业单位内部控制的收支控制体系

第一节 行政事业单位收支业务控制概述

一、行政事业单位收支概念

1. 行政单位收入

2012年12月6日，财政部发布的《行政单位财务规则》（财部令71号）规定：行政单位收入是指行政单位依法取得的非偿还性资金，包括财政拨款收入和其他收入。

财政拨款收入是指行政单位从同级财政部门取得的财政预算资金，其他收入是指行政单位依法取得的除财政拨款收入以外的各项收入。

2. 行政单位支出

行政单位支出是指行政单位为保障机构正常运转和完成工作任务所发生的资金耗费和损失，包括基本支出和项目支出。

基本支出是指行政单位为保障机构正常运转和完成日常工作任务发生的支出，包括人员支出和公用支出。项目支出是指行政单位为完成特定的工作任务，在基本支出之外发生的支出。

3. 事业单位收入

2012年2月7日，财政部发布的《事业单位财务规则》（财政部令第68号）和2012年12月5日发布的《事业单位会计准则》（财政部令第72号）的规定：事业单位收入是指事业单位为开展业务及其他活动依法取得的非偿还性资金，包括财政补助收入、事业收入、上级补助收入、附属单位上缴收入、经营收入、其他收入等。

财政补助收入是指事业单位从同级财政部门取得的各类财政拨款。

事业收入是指事业单位开展专业业务活动及其辅助活动取得的收入。其中，按照国家有关规定应当上缴国库或者财政专户的资金，不计入事业收入。从财政专户核拨给事业单位的资金和经核准不上缴国库或者财政专户的资金，计入事业收入。

上级补助收入是指事业单位从主管部门和上级单位取得的非财政补助收入。附属单位上缴收入是指事业单位附属独立核算单位按照有关规定上缴的收入。

经营收入是指事业单位在专业业务活动及其辅助活动之外，开展非独立核算经营活动取得的收入。

其他收入是指上述规定范围以外的各项收入，包括投资收益、利息收入、捐赠收入等。

4. 事业单位支出

事业单位支出是指事业单位开展业务及其他活动发生的资金耗费和损失，包括事业支出、经营支出、对附属单位补助支出、上缴上级支出、其他支出等。

事业支出是指事业单位开展专业业务活动及其辅助活动发生的基本支出和项目支出。其中，基本支出是指事业单位为了保障其正常运转、完成日常工作任务而发生的人员支出和公用支出，项目支出是指事业单位为了完成特定工作任务和事业发展目标，在基本支出之外所发生的支出。

经营支出是指事业单位在专业业务活动及其辅助活动之外开展非独立核算经营活动发生的支出。

对附属单位补助支出是指事业单位用财政补助收入之外的收入对附属单位补助发生的支出。

上缴上级支出是指事业单位按照财政部门和主管部门的规定，上缴上级单位的支出。

其他支出是指上述规定范围以外的各项支出，包括利息支出、捐赠支出等。

二、收支业务控制的法律法规依据

行政事业单位收支业务控制的法律法规如下。

(1)《事业单位财务规则》(财政部令第68号)。

(2)《行政单位财务规则》(财政部令第 71 号)。

(3)《事业单位会计准则》(财政部令第 72 号)。

(4)《党政机关厉行节约反对浪费条例》(中发〔2013〕13 号)。

(5)《关于深化收支两条线改革进一步加强财政管理的意见》(国办发〔2001〕193 号)。

(6)《国务院关于加强地方政府融资平台公司管理的意见》(国发〔2010〕19 号)。

(7)《国务院关于加强地方政府性债务管理的意见》(国发〔2014〕43 号)。

(8)《党政机关国内公务接待管理规定》(2013 年 12 月发布)。

(9)《中央和国家机关公务用车制度改革方案》(2014 年 7 月发布)。

(10)《关于加强政府非税收入管理的通知》(财综〔2004〕153 号)。

(11)《行政事业性收费项目审批管理暂行办法》(财综〔2004〕100 号)。

(12)《财政票据检查工作规范》(财综〔2009〕138 号)。

(13)《财政部、国家发展改革委关于公布取消和免征一批行政事业性收费的通知》(财综〔2013〕67 号)。

(14)《关于对地方政府债务实行限额管理的实施意见》(财预〔2015〕225 号)。

(15)《关于印发政府收支分类改革方案的通知》(财预〔2006〕13 号)。

(16)《财政部关于进一步推进地方国库集中收付制度改革的通知》(财库〔2011〕167 号)。

(17)《关于加快推进公务卡制度改革的通知》(财库〔2012〕132 号)。

(18)《党政机关办公用房建设标准》(发改投资〔2014〕2674 号)。

(19)《财政部、国家发展改革委关于取消、停征和免征一批行政事业性收费的通知》(财税〔2014〕101 号)。

(20)《财政部、国家税务总局关于对小微企业免征有关政府性基金的通知》(财税〔2014〕122 号)。

(21)《财政部、国家发展改革委关于取消和暂停征收一批行政事业性收费有关问题的通知》(财税〔2015〕102 号)。

(22)《财政部关于取消、停征和整合部分政府性基金项目等有关问题的通知》(财税〔2016〕11号)。

(23)《政府非税收入管理办法》(财税〔2016〕33号)。

(24)《国家重点档案专项资金管理办法》(财教〔2016〕63号)。

(25)《中央引导地方科技发展专项资金管理办法》(财教〔2016〕81号)。

(26)《2016年政务公开工作要点》(国办发〔2016〕119号)。

第二节 行政事业单位收支控制体系建设

一、本单位收支控制总负责

1. 内部控制领导小组

内部控制领导小组是本单位内部控制的总负责机构和领导机构。其中本单位的收支业务控制体系的建设,仍是由单位内部控制领导小组来领导、组织与实施。

本单位负责财务工作的副局长或者此项工作负责人,应属于本单位内部控制领导小组成员之一,主要负责财务控制方面的工作。具体来说,包括但不限于以下职责。

(1)服务本单位内部控制领导小组关于财务方面工作的安排。

(2)指导本单位相关部门,尤其是财务部门做好收支管理与资产管理方面的制度建设与体系建设。

(3)安排、审议本单位相关部门完成收支与资产等方面的计划与方案。

(4)协调本单位各部门做好收支与资产方面的监督工作。

二、本单位收支业务控制主管部门

1. 财务部门

本单位收支业务控制主管部门一般为财务部门。在收支业务控制方面,财务部门的主要职责包括下述几项。

(1)接受本单位内部控制领导小组的领导,完成与收支业务控制相关的各项工作。

（2）接受本单位财务主管领导的工作安排，完成各项收支业务控制制度的建设。

（3）做好本单位收支业务的工作流程与计划。

（4）落实好本部门各岗位的职责安排，做好本部门收支业务控制的专职专责人员的安排与考核。

（5）把本单位与收支业务相关的工作制度与工作计划及时向各部门发布与传达。

（6）做好本单位各层级职工与收支业务控制相关业务的培训工作。

（7）负责本单位收支业务控制情况与收支状况的报告工作，包括财务报表、年终决算报告及重大项目的财务决算工作。

（8）协助好本单位收支业务控制的监督部门的工作，协调做好收支业务控制的监管。

三、本单位收支控制辅助部门

1. 本单位财务部门以外的各部门

行政事业单位的内部，每一个部门都涉及收支问题。因此，收支业务是行政事业单位每一个部门共同的事情。除了财务部门以外，其他部门必须与财务部门配合一起，共同做好本单位收支业务控制工作。

其他部门在收支业务控制方面的工作包括下述几项。

（1）安排落实好本部门收支业务控制的第一责任人与主要责任人。

（2）落实好本部门收支业务方面的主要审核人与审核人，业务进度跟进人员，业务成果总结人员等。

（3）完成好本单位内部控制领导小组安排的收支业务的工作。

（4）配合财务部门做好本部门收支业务控制的制度建设与人员建设等工作。

（5）配合完成财务部门下达给本部门的关于收支业务的相关审核、结算、监督、总结等工作。

（6）配合好本单位收支业务监督部门与监督小组的工作。

四、本单位收支控制监督部门

单位纪检与监察部门是监督本单位所有部门与所有人员遵纪守法、廉洁奉公的监督部门。在本单位的收支业务方面，纪检与监察部门主要的职责包括下述几项。

（1）监督本单位内部控制领导小组的工作，使其在合法合规的权限与业务范围内开展工作。

（2）监督本单位财务部门的工作，检查有无违反国家政策与财经纪律的现象；充分监督其制定的各项制度与方案，有无违反收支业务方面的法规规定。

（3）监督本单位其他部门在本单位收支业务工作方面的执行情况；对违反收支业务相关规定的，责令其改正；对违反国家法律法规的，按有关程序报告本单位领导与相关部门处理。

（4）接受本单位内部、外部关于资金收支的举报，展开调查，并向本单位局长办公会议及财政部门、上级单位纪检与监察部门进行汇报。

五、本单位收支控制职员反馈渠道

（1）单位必须建立职员内部反馈渠道。任何单位职工都有权对本单位任何部门违反国家法律法规的收支业务进行举报；本单位应建立内部职工举报制度，对进行举报的职工进行保护与保密工作。

（2）本单位应该鼓励单位职员提出关于业务收支控制的意见和建议。负责收支业务控制的主责部门，应该安排相关人员对单位内部职工的建议进行整理并解决相关问题；对于重要的建议，必须上报给单位内部控制领导小组进行落实。

第三节　收支业务的风险与控制

一、收入业务控制

（一）收入业务控制的主要风险点

（1）收入的管理违反国家有关法律法规的规定。

（2）没有建立本单位收入管理的内部控制制度，或者虽然有收入管理制度，但是得不到有效的执行。

（3）收入业务岗位设置不合规、不合理，开票、收款与会计核算等不相容岗位没有进行有效分离。

（4）没有严格执行收支两条线的规定，包括下述几种情况。

1）私自开设预算外资金账户，没有开立预算外资金汇缴专户，出现资金截留、挪用和坐收坐支现象。

2）未及时清算预算外资金汇缴专户。

3）日常公用经费、人员经费出现挪用其他资金的情况。

4）专款没有得到专项使用。

（5）单位的收入缺乏相关的收费公示。包括下述几种情况。

1）不按照国家法律法规的规定，对收费进行公示，出现越权收费、扩大范围收费、超标准收费等现象。

2）不及时公告有关收费的新公告。

（6）非税收入管理不规范，包括下述几种情况。

1）对非税收入的范围和使用对象界定不清，单位职责不明晰；非税收入的设立和征收、取消、停征、免征等工作随意性大。

2）国有资产使用不规范，收入未能及时上缴国库或专户，资产管理方式单一，存量资产闲置，影响单位非税收入。

3）未将其他政府收入纳入非税收入管理范围。

（7）收入核算不规范，没有对收入业务进行定期检查，导致收入业务中出现的问题长期得不到有效解决。

（8）对各项收入缺乏分析与监控，对重大收入问题缺乏应对方案。

（二）收支业务控制的目标

（1）本单位关于收入方面的规章制度得到不断的完善，能够防止收入方面的漏洞。

（2）本单位关于收入方面的规章制度得到有效的执行；相关岗位设置合理；岗位职责清晰明了，不相容的岗位相互分离。

（3）本单位的非税收入方面，收入项目范围和单位职责明确，非税收入设立和征收合法合规。

（4）本单位能够严格遵守收支两条线，建立健全预算外资金收缴制度，实行收缴分离。

（5）收费公示制度得到很好的建设与落实，能进一步规范收费行为，实现收费透明、公开有序、规范。

（6）能建立健全收入分析和检查制度，定期分析和检查收入征收状况，及时发现问题，确保收入业务正常进行。

(7) 单位的收入监察制度完善，能够对本单位收入方面的内部控制起到关键作用。

(三) 收入业务控制方法

1. 建立健全本单位的收入业务内部管理制度和流程

本单位收入业务的制度和流程包括但不限于下述几项。

(1) 建立收入岗位责任制。

(2) 建立收入监督制度。

(3) 建立各项收入的归口管理部门制度。

(4) 建立收入的不相容相分离制度。

(5) 建立收入的工作流程和审批权限。

(6) 建立收入协办部门制度。

(7) 建立和完善本单位的非税收入管理制度。

(8) 建立收入公示办法与制度。

(9) 建立收入的分析制度。

2. 严格执行上述各项规章制度，并且严格执行"收支两条线"管理

"收支两条线"控制建设和改进是一项复杂的工作，行政事业单位应在宏观上把握好三个方面：一是要将各部门的预算外收入全部纳入财政专户管理，有条件地纳入预算管理，任何部门不得"坐收""坐支"；二是部门预算要全面反映部门及所属单位预算内外资金收支状况，提高各部门支出的透明度，合理核定支出标准，并按标准足额供给经费；三是根据新的情况，修订、完善有关法规和规章制度，使"收支两条线"管理工作法制化、制度化和规范化。

(1) 严格取消开设的各类预算外资金账户，建立预算外资金财政汇缴专户，从根本上避免资金的截留、挤占、挪用和坐收坐支。

(2) 对预算外资金汇缴专户实行零余额管理。预算外资金财政汇缴专户的收缴清算业务，应由财政部门按规定程序委托代理银行办理。每日由代理银行通过资金汇划清算系统将缴入预算外资金财政汇缴专户的资金，全部划转到预算外资金财政专户，实行零余额管理。同时，代理银行根据财政部门的规定，按照与财政部门签订的委托代理协议的要求，对收缴的收入按部门进行分账核算，并及时向执收单位及其主管部门、

财政部门反馈有关信息。

3. 建立健全收费公示机制

本单位应该明确收费公示要求，进一步规范收费行为，完善监督治理措施，增加透明度，加强乱收费治理。同时，单位也要加强收费公示的监督检查，监督检查的重点包括单位收费标准的执行情况。

4. 加强本单位收入分析和检查工作

单位应对收入征收情况进行分析，对照收入预算计划、合同情况，分析收入征收状况的合理性，定期与业务部门进行对账，判断有无异常情况，并做出必要的处理。同时，单位也要加强对收入业务的检查，包括定期检查收入款项是否及时、足额缴存到规定银行账户，收入金额是否与合同约定相符，对应收未收项目应该查明情况，明确责任主体，落实催收责任。

二、支出业务控制

（一）支出业务控制的风险点

（1）本单位支出业务没有建立或者未完善支出业务的内部管理制度，导致单位支出业务管理无章可循、无据可依，管理混乱。

（2）支出业务相关岗位设置不合理、岗位职责不清晰，或支出申请和内部审批、付款审批和付款执行、业务经办和会计核算等不相容岗位未有效分离。

（3）支出事项不符合国家法律法规，支出范围及标准不符合相关政策与制度的要求。

（4）存在下述支出管理风险。

1）事前审批风险。开展业务前，对涉及支出的事项没有根据工作计划、工作任务和单位领导的指示并结合预算指标进行事前审批。

2）支出审批风险。资金支付审批权限不明晰，审批程序不规范，存在越权审批。

3）支出审核风险。支出审核不严格，出现虚构支出，用假发票套取财政资金等舞弊情形。

4）支付风险。缺少对借款范围、金额的要求，缺乏对借款办理程序的规定。未定期对借款（备用金）进行清理，可能导致借款行为混乱、控制流于形式、资金管理失控。资金支付由一人全过程负责，存在资金违规支付。

(5) 单位支出核算违反会计制度等规定，记账不及时准确；没有妥善保管会计凭证，会计凭证毁损、散失、泄密或被不当使用。

(6) 缺少对支出情况的定期分析，缺乏对异常问题的应对措施，可能导致单位支出规划不合理、资金管理失控。

(7) 对支出业务缺乏行之有效的监督。

(二) 支出业务控制目标

(1) 严格执行国家关于行政事业单位的支出的法律法规。

(2) 建立健全支出内部管理制度，合理设置支出业务相关岗位，关键岗位职责清晰，不相容岗位相互分离。

(3) 系统梳理单位经费支出，科学设计支出事项结构。根据国家相关法律法规，明确开支范围、标准和相关单据，保证本单位经费支出合法合规，进一步提高资金管控效率和效果。

(4) 建立本单位科学完善的支出管理流程。

(5) 能够严格执行预算，从严从简，进一步降低公务活动成本。专项资金实现专款专用，单独核算，确保专项资金达到特定目标。

(6) 能够根据国家统一的会计制度规定进行支出核算，并及时归档、妥善保管支出相关文件。

(7) 定期对单位支出进行分析，及时发现异常情况。规范各项业务活动，保障收支平衡，提高财政资金的使用效率和效果。

(8) 本单位的支出业务受到严格的内部监督。有专门的支出监督管理部门或者人员。监督管理应有定期的报告制度，本单位内部控制小组可以随时掌握本单位支出方面违反法律法规的情形。

(三) 支出业务控制方法

(1) 本单位内部控制领导小组要极其重视本单位支出方面的内部控制，组织专人研究本单位支出方面的漏洞与管理等问题，并及时向领导小组汇报。

(2) 收支主管部门要建立健全支出业务内部管理制度；要确定本单位经济活动的各项支出标准，明确支出报销流程，按照规定办理支出事项。

（3）本单位要合理设置岗位，明确相关岗位的职责权限，确保支出申请和内部审批、付款审批和付款执行、业务经办和会计核算等不相容岗位相互分离。

（4）本单位要明确支出事项的开支范围、开支标准、相关单据。

1）明确支出事项开支范围。

2）支出事项的开支标准。支出事项的开支标准包括内部标准和外部标准。内部标准是支出业务内部控制的准绳。外部标准是指国家或者地方性法规规定的标准，各单位必须遵照执行。

（5）建立本单位科学完善的支出管理流程。

1）恰当的事前申请、合理的支出审批、全面的支出审核和及时的资金支付，用最合理的流程完成最有效率的管理。

2）支出事前审批控制。行政事业单位的每一项支出都有相应的预算支持。如果开展业务，单位应该在发生相关支出之前进行支出事前审批。

3）支出审批控制。本单位明确支出的内部审批权限、程序、责任和相关控制措施。审批人应当在授权范围内审批，不得越权审批。

审批方式包括分级审批、分额度审批、逐项审批三种。

4）支出审核控制。本单位支出审核部门应重点审核单据来源是否合法，内容是否真实、完整，使用是否准确，是否符合预算，审批手续是否齐全。

5）加强支付控制。本单位要明确报销业务流程，按照规定办理资金支付手续。签发的支付凭证应当登记。使用公务卡结算的，应当按照公务卡使用和管理的有关规定办理业务。

（6）合理安排各项支出，加强专项资金支出管理。

本单位应该根据相关部门制定的开支范围和开支标准，在保证单位正常运转的前提下，坚持从严从简，勤俭办一切事业，降低公务活动成本。尤其要加强管理和控制具有较大的节约潜力且管理较为薄弱的支出事项，以便促进单位的事业发展。单位要遵循先有预算、后有支出的原则，严格执行预算，严禁超预算或者无预算安排支出，严禁虚列支出、转移或者套取预算资金。

（7）加强支出核算与归档控制。

应由财会部门根据支出凭证及时准确登记账簿,与支出业务相关的合同等材料应当提交财会部门作为账务处理的依据。单位财会部门根据支出凭证,及时准确地登记账簿。

(8) 加强对支出业务的分析控制,编制支出业务分析报告。

本单位应该定期对单位的收支情况进行统计汇总,形成支出指标并上报相关领导审批审议,以会议纪要的形式在本单位范围内发布,各业务部门根据本部门的支出指标执行情况,控制相关支出。

收支分析报告应注重支出执行情况与计划的对比及差异分析,通过差异分析,及时发现财政资金支出的异常情况,分析其形成原因,采取有效措施,规范各项业务活动,保障收支平衡,提高财政资金的使用效率和效果。

(9) 加强本单位纪检监察部门对本单位支出的监督管理。

三、票据业务控制

(一) 票据业务主要风险点

(1) 本单位对票据的业务管理重视程度不够。

(2) 本单位没有建立票据管理制度,导致票据管理无章可循。

(3) 本单位相关部门及其人员对票据相关法律法规不熟悉,不了解与单位相关的各类票据的种类和使用。

(4) 票据领购程序不合规,未按照本单位的实际需求申请。

(5) 票据使用和保管存在重大风险。

1) 没有做到票据的专人、专责、专账、专库(柜)管理。

2) 单位私自转让、出借、买卖、代开财政票据,违规拆本使用票据。

3) 发票填写内容不齐全、字迹模糊不清、随意涂改。

4) 票据保存不当,保存期限太短,票据随意销毁。

(6) 单位票据在用完后,未向财政部门办理缴销手续,未对票据进行进一步核准。

(7) 单位发生合并、分立、销毁、职权变更或收费项目已被取消或名称变更的,未按照相应程序办理变更或注销手续,私自转让、销毁收费票据。

(8) 对本单位的票据稽核工作缺乏足够的认识，没有设置专门的票据稽核岗位（或人员），对票据的使用情况进行检查监督。

(9) 本单位缺乏票据使用与管理的监督机制。

(10) 本单位对违法违规使用票据缺乏相应的处罚制度，或者执行不力。

（二）票据业务控制目标

(1) 建立完善本单位票据管理的制度与办法。

(2) 本单位的票据管理工作岗位设置合理，岗位责任明确。

(3) 建立与完善本单位集权票据管理制度，明确票据种类和使用范围、形式、联次和监管责任，规范票据领购、使用、保管、核销。

(4) 本单位建设与完善好票据的监督管理。

（三）票据业务控制方法

(1) 高度重视票据方面的内部管理。财务部发现有任何票据方面的重大问题，应及时向主管副局长报告。极重大问题应向单位内部控制领导小组报告。

(2) 建立与完善本单位的票据管理制度，明确各类票据的种类、形式、联次。

(3) 规范票据领购程序。

(4) 加强票据使用和保管管理。

1) 单位应当建立票据专管制度。

2) 单位应该规范各类票据的使用范围及开具对象，明确填制要素及使用要求，严格按照票据的使用范围发放使用相关票据。

3) 票据应当按照规定填写，统一使用中文。

4) 票据使用完毕，使用单位应当按照要求填写相关资料，票据存根，装订成册，妥善保管。

(5) 建立票据核销机制，确保票据核销规范有序。

(6) 强化票据监督检查管理。

单位应当根据实际情况和管理需要，建立票据稽核监督检查制度，设置独立的机构或岗位。对收费票据的领购、使用、保管等情况进行年度稽查，或实施定期或不定期的专项检查。

四、债务业务控制

(一) 债务业务的主要风险点

(1) 本单位未对债务业务存在的风险高度重视。

(2) 本单位没有建立债务的内部控制制度。

(3) 债务管理岗位职责权限不明确,未实现不相容岗位的分离。

(4) 本单位对举借债务缺乏充分论证,未考虑国家规定、单位实际的支出需求、宏观经济和金融市场形势。

(5) 本单位债务举借方式不当。单位举债超过单位承受能力,导致单位无力按期还本付息、单位利益受损,影响单位声誉和形象。

(6) 债务业务缺乏恰当审批,重大经济事项未进行集体决策,可能导致债务决策不当,出现与单位实际不相符的举借债务行为。

(7) 债务日常核算和管理不规范。借债资金未按规定用途使用,未按照国家规定做好会计核算、档案保管工作,缺乏对账和检查,导致单位偿债准备不足无法按时足额还本付息,出现财务风险。

(8) 单位融资模式单一,思想保守,创新不足。

(9) 未评估债务风险状况,对债务高风险区域缺乏风险预警,没有相关应对措施,导致单位债务风险居高不下,单位违约风险加大,影响政府公信力。

(10) 本单位对债务业务方面的监督管理不到位。

(二) 债务业务控制目标

(1) 建立本单位对债务业务高度重视的机制。

(2) 单位能够建立与健全债务内部管理制度。

(3) 本单位能合理设置债务业务相关岗位,关键岗位职责清晰,不相容岗位相互分离。

(4) 单位对举借债务进行充分论证和评估,合理控制债务风险,保证单位举借债务的可行性和合理性。

(5) 本单位能够严格执行债务业务的审批程序;重大经济事项集体决策,避免决策审批中的疏漏。

(6) 本单位能够按照国家有关规定开展债务会计核算,做好档案保管工作,加强债务对账和检查控制,确保债务相关财务信息真实完整。

(7) 构建债务风险预警机制，科学预测债务风险，有效地规避或化解债务风险。

(8) 本单位对债务业务的监督管理得到有效实施。

(三) 债务业务控制方法

(1) 单位内部控制领导小组专门安排人员，对本单位的债务业务进行跟踪管理。

(2) 财务部门要建立健全债务内部管理制度，合理设置业务岗位。

(3) 本单位的债务业务要实施不相容岗位相互分离，确保举债申请与审批、债务业务经办与会计核算、债务业务经办与债务对账检查等不相容岗位相互分离，不得由一人办理债务业务的全过程。

(4) 在进行有关债务业务前，要加强举借债务的充分论证。

(5) 本单位要加强对债务业务的审批控制。

行政事业单位应当在债务内部管理制度中明确规定，举借和偿还债务的审批权限、相关程序和责任。债务的举债和偿还，应当严格执行审批程序。大额债务的举借和偿还属于重大经济事项，应当在充分论证的基础上，由单位领导班子集体研究决定。

(6) 加强债务业务的日常核算与管理。

1) 严格按照规定的用途使用债务资金。

2) 做好债务的会计核算和档案保管工作，按照国家统一会计制度的规定进行会计核算。

3) 加强债务的对账和检查控制，定期与债权人核对债务余额，应当按照财务融资和偿还方案安排还本付息资金、做好偿债准备，按时足额还本付息，进行债务清理，防范和控制财务风险。

4) 及时评价债务业务活动，发现问题的，应当确定整改措施，追究违规人员的责任。

(7) 创新政府和社会资本合作（PPP）模式，减少本单位的债务压力。

(8) 建立债务风险预警及化解机制。

单位可以根据债务率、新增债务率、偿债率、通期债务率等指标，评估债务风险状况，对债务高风险区域进行风险预警。

(9) 加强本单位债务业务的监督管理。

第四节 收支业务控制制度范本

一、收支业务管理制度范本（一）

××局行政事业单位收支业务管理制度

为切实加强本局财务管理，严肃财政纪律，规范财务工作秩序和财务行为，根据《行政单位财务规则》及有关财政制度，结合本局实际，制订实施本制度。

一、基本原则

（1）贯彻执行国家有关财经法律、法规和财务规章制度，坚持依法理财。

（2）坚持厉行节约，制止奢侈浪费，坚持量入为出，根据经费来源，合理安排使用。

（3）加强财务管理，积极推进财务管理服务的科学化、制度化、规范化。进一步促进局财务工作及其他相关业务工作的健康开展。

（4）加强财务监督，重点加强事前、事中监督，发挥有限经费的最大效益。

二、预算管理

（1）局本级部门预算编订，严格遵循财政部门时间和程序流程安排，根据财政部门各项预算编订规定进行科学合理编制，充分考虑事业发展需求和预算年度收入增减因素，量入为出，量力而行，科学统筹安排各项资金。

（2）预算编订应遵循保障局本级正常运转所需的前提，包含人员工资、机关正常办公等基本性支出需求，既要贯彻勤俭节约原则，又要保障日常工作平稳有序开展。

（3）预算编订应充分考虑本单位事业发展需求和规划，由局机关各科室和单位根据年度重点工作和工作计划，编制经常性项目资金申请书，列明资金使用方向、范围和具体安排，实现项目预算"立项有依据、绩效有目标、计算有标准"，确保预算项目切实可行；同时编订预算年度内设备、设施、自动化办公设备更新的政府采购计划表，以备局本级总体预算编制所需。

三、收入管理

（1）统一专户。在经营活动期间所发生的一切收入，其中属于国库收入的资金先统一缴入财政预算外资金管理中心，通过财政结算后转入本单位存款账户；其他资金专户收入，要及时缴入单位账户，任何科室不得在账外私存和私设小金库。

（2）规范管理。局所管理的各部门必须建立健全收支管理制度，严禁任何科室外购票据。对当日的收入款项应当日入库，不得坐支。

四、支出管理

（一）人员经费

局机关干部职工正常晋升、职务晋升等工资变动，负责人事工资工作人员要及时填写工资福利变动相关表格，报区人力资源和社会保障局审批，凭审批表向财务资产科申请相应变动人员的工资福利补发，并存入个人档案。若遇人员调动，需及时提供干部介绍信和增（减）编表格给财务资产科，增加（减少）人员经费的开支。

（二）基本经费

局基本经费支出主要由办公费、差旅费、招待费、交通费、会议费支出等组成。局财务资产科应根据区财政核定的年度经费预算编制局年度基本经费支出分月计划，并在保证局机关正常公务活动下，严格按计划控制基本经费支出。其中招待费全年支出必须控制在区纪检部门与财政部门下达的支出控制范围内。

（三）专项经费

（1）各类专项经费，由财务资产科统一管理，专款专用。局财务资产科应严格按照年初专项经费支出预算，根据各专项事务的轻重缓急规范列支专项经费支出。各相关业务科室应严格按照各专项预算的开支额度、开支范围、开支时间顺序等上报列支（有合同的按合同专款执行）。一般不得进行超范围超预算的专项经费支出。

（2）大额费用开支须事先请示汇报。单项工程，以及其他项目（含基建工程新建、改扩建、修缮和设备的购置、安装、改造、维修等）在10 000元以上的，应先编制经费预算，经分管局领导审核，报局长审批后方可实施。

（3）重大工程或采购项目50 000元以上的，须先行由专家论证并经局党组会议研究决定后方可实施。

（4）超出预算或无预算的，报分管局长和财务资产科审核后，由局长审批后方可实施。

（四）日常结报

1. 结报程序

经办人填写报销清单—所在部门负责人签字—财务会计审核—局分管领导签字—局财务审批人签字—财务出纳核对与报销。

2. 审批权限

本局经费采取局财务审批人"一支笔"审批和权限分级核准相结合的审批制度。

一次发生费用不足500元的，由经手人和科室负责人签字后，由财务分管领导签批，也可以由办公室主任签批；在500元以上的，经手人和科室负责人签字后，由分管副局长审核，报分管财务领导签批；超过1 000元（其中，基建、车辆等专项经费10 000元以上）的须报局长签核。

3. 结报方式

本局经费结报原则上全部实行公务卡刷卡与转账结算结报方式。如确有特殊情况需要现金结报的，须提出书面申请，填写现金使用情况说明表，并报分管财务领导审批。

局工作人员因工作需要新做公务卡的，要按相关规定及时办理新增手续，人员调出要及时办理公务卡核销。

4. 结报类别

（1）备用金：工作人员因工作需要出差，一般情况下不再借领备用金，如遇特殊情况确需借领的，先由经办人填写借据，经财务资产科长审批，所在部门负责人签字后，经局财务审批人签字后，才可到财务部门借款，出差结束后应在7个工作日内结清借款。

（2）差旅费：差旅费支出要严格执行《浙江省财政厅关于印发浙江省机关工作人员差旅费管理规定的通知》（浙财行〔2014〕10号）规定的开支范围和开支标准。出差人员首先填写工作人员出差审批单，报分管领导审批（驾驶员由车队负责人审批）。工作返回后，出差人员应及时凭出差审批单到财务资产科报销差旅费，严格按规定填写差旅费报销单，凭据报销。驾驶员由车队负责人审批后，交财务会计审核，再报财务分管领导签批。其他工作人员按结报程序报销。

（3）会议费：严格执行《浙江省财政厅关于印发浙江省省级机关会议费管理规定的通知》（浙财行〔2014〕7号）规定，减少会议次数和会议规模，严格会议费开支标准；凡经批准召开的会议，由办公室按标准安排食宿，并凭会议审批依据、会议通知、实际与会人员签到表，以及会议服务单位提供的费用原始明细单据等凭证按规定结报。

（4）公务接待费：公务接待活动一般由办公室统一负责，严格按《定海区党政机关国内公务接待管理办法》（定党政办发〔2014〕201号）规定，严格控制陪餐人数和工作餐标准，费用结报时一律按规定填写接待费报销单（合法财务票据，列明交通费、住宿费、餐费等），并提供派出单位公函或公务（商务）来宾记录、接待清单，方可报销。

（5）职教费：各类学习班、培训班及其他各种专业证书班的学习，须与本岗位业务有关，并经局长同意才能参加，考试合格后，按上级规定报销学费。

（6）公务用车运行维护费：公务用车运行维护费是指与车辆活动有关的费用，包括车辆维修保养、车辆加油保险、车辆装饰费、过路费、停车费等。区机关车队车辆实行单车核算，建立一车一账管理制度。车辆实行定点修理装潢、定点加油、定点保险。修理在结算时须附修理委托单和结算单，装潢在结算时须附装潢清单，并由车队负责人核实。车辆加油实行定点定标制度，如遇特殊情况产生的费用，需由经手人和车队负责人签字后，交分管副局长审批，报分管财务领导签批。

（7）办公经费：局报纸杂志征订、通信、邮寄、印刷等工作，由局办公室统一承办并报销。对于日常办公确需要购置的物品或维修，由相关科室填写采购清单，经办公室审核后，由办公室主任或分管副局长审批后方可采购、维修。涉及大宗办公用品和固定资产的，须办理财产登记手续。

（8）专项等其他费用：专项等其他费用包括工程项目、设备购置、专用材料采购等，严格按照局采购制度执行。凡一次活动有多项支出时，经办人员必须归集齐全后，一次性到财务部门报销，原则上不得将同一活动的多项支出分次报销。局费用支出报销（审批）单凭证应严格按照表式内容填写。要求为两家及以上单位转账方式结报的，必须分别填制费用支出报销（审批）单。

五、票据管理

(1) 局财务票据由专人负责、专人保管,领用时必须在票据领用簿上签名。

(2) 按规定统一使用财政部门印制的通用票据,票据由票管员向财政部门购领、保管,使用完后及时上缴、核销。

(3) 在使用票据前,应对票据进行检查,如发现缺份、少联的应及时退回,并办理有关手续。使用时,应逐项逐栏填写,不得涂改、挖补、撕毁,并在收据联加盖单位财务章。对填错的废票,各联应说明作废或加盖作废戳记,保存备查。

(4) 局财务资产科要加强对领用票据的监督、检查,定期或不定期核实票据的使用情况,以杜绝挪用、坐支收入、丢失票据等现象的发生。

六、财务报告

局实行财务月报制度和财务分析报告制度。财务月报内容主要根据局年初预算情况,就局财务的主要项目每月所发生的有关数据编制报表,供局领导决策参考。财务资产科需将每个月的单位预算会计报表和财务开支明细账报分管财务领导和局长签核。财务分析报告分年中、年终两次进行,主要就局经费开支结构、内容及存在问题进行整理分析,并提出改进管理、加强财务控制的建议,财务运行情况及时向领导班子集体报告。

七、档案管理

每年度结束后,所有的会计凭证、会计账簿、票据存根及财务留存合同、协议、文件证明等一律纳入会计档案管理,由档案室专人管理。若有非会计人员或外单位人员借阅财务档案,须向财务资产科提出申请,经财务资产科科长审批后,方可在财务人员的陪同下,在档案管理员处登记借阅。

二、收支业务管理制度范本(二)

事业单位收支业务控制制度

第一章

第一条 为了进一步加强行政事业单位财务管理,健全财务制度,杜绝违纪违法行为,从源头上预防腐败,促进党风廉政建设和我县经济有序健康发展,根据《中华人民共和国预算法》《中华人民共和国会计法》《中华人民共和国政府采购法》和财政部《行政单位财务规则》《事业单位财务规则》《惠东县县直预算单位公务卡管理办法》等有关法律、法规规定，并结合我县实际，制定本制度。

第二条 行政事业单位财务管理，是单位管理的重要组成部分，是规范单位经济活动和社会经济秩序的重要手段。行政事业单位的财务管理必须符合国家有关法律、法规和财务规章制度。行政事业单位应建立健全单位各项财务管理制度，完善内部监控制度，防止财产、资金流失、浪费或被贪污、挪用。

第三条 行政事业单位的财务管理包括预算管理、收入管理、支出管理、采购管理、资产管理、往来资金结算管理、现金及银行存款管理、财务监督和财务机构等管理。

第四条 财政部门负责行政事业单位财务管理工作。审计、税务、物价、监察、人民银行等有关部门，应当依据各自职责做好行政事业单位财务监督工作。

第二章 预算管理

第五条 行政事业单位应当按照规定编制年度部门预算，报同级财政部门按法定程序审核、报批。部门预算由收入预算、支出预算组成。

第六条 行政事业单位依法取得的各项收入，包括行政事业性收费、罚款和罚没收入、上级补助收入、附属单位上缴收入、捐赠、其他收入等必须列入收入预算，不得隐瞒或少列。

行政事业单位取得的各项收入（包括实物），要据实及时入账，不得隐瞒，更不得另设账户或私设"小金库"。

按规定纳入财政专户或财政预算内管理的预算外资金或罚没款，要按规定实行收支两条线管理，并及时缴入国库或财政专户，不得滞留在单位坐支、挪用。

第七条 行政事业单位编制的支出预算，应当保证本部门履行基本职能所需要的人员经费和公用经费，对其他弹性支出和专项支出应当严格控制。

支出预算包括人员支出、日常公用支出、对个人和家庭的补助支出、专项支出。人员支出预算的编制必须严格按照国家政策规定和标准，逐项核定，没有政策规定的项目，不得列入预算。日常公用支出预算的编制应本着节约、从俭的原则编报。对个人和家庭的补助支出预算的编制，应严格按照国家政策规定和标准,逐项核定。专项支出预算的编制,应紧密结合单位当年主要职责任务、工作目标及事业发展设想,并充分考虑财政的承受能力,本着实事求是、从严从紧、区别轻重缓急、急事优先的原则,按序安排支出事项。

第八条 对财政下达的预算,单位应结合工作实际制定用款计划和项目支出计划。预算一经确立和批复,原则上不予调整和追加。

第九条 行政事业单位应加强对本级财政预算安排的项目资金和上级补助资金的管理,建立健全项目的申报、论证、实施、评审及验收制度,保证项目的顺利实施。专项资金应实行项目管理,专款专用,不得虚列项目支出,不得截留、挤占、挪用、浪费、套取、转移专项资金,不得进行二次分配。单位应建立专项资金绩效考核评价制度,提高资金使用效益。

第十条 行政事业单位应建立健全支出内部控制制度和内部稽核、审批、审查制度,完善内部支出管理,强化内部约束,不断降低行政事业单位运行成本。各项支出应当符合国家的现行规定,不得擅自提高补贴标准,不得巧立名目、变相扩大个人补贴范围;不得随意提高差旅费、会议费等报销标准;不得追求奢华,超财力购买或配备高档交通工具、办公设备和其他设施。

第三章 采购管理

第十一条 行政事业单位的货物购置、工程(含维修)和服务项目,应当按照《中华人民共和国政府采购法》规定,实行政府采购。

第十二条 采购代理机构进行政府采购活动,应当符合采购价格低于市场平均价格、采购效率更高、采购质量优良和服务良好的要求。

第十三条 行政事业单位、采购代理机构及其他工作人员,在政府采购工作中不得有下列行为:

(一)擅自提高政府采购标准;

(二)以不合理的条件对供应商实行差别待遇或者歧视待遇;

(三)在招标采购过程中与投标人进行协商谈判;

(四)中标、成交通知书发出后不与中标、成交供应商签订采购合同;

(五)与供应商恶意串通;

(六)在采购过程中接受贿赂或者获取其他不正当利益;

（七）开标前泄露标底；

（八）隐匿、销毁应当保存的采购文件，或者伪造、变造采购文件；

（九）其他违反政府采购规定的行为。

第四章 结算管理

第十四条 行政事业单位开立银行结算账户，应经同级财政部门同意后，按照人民币银行结算账户管理规定到银行办理开户手续。

第十五条 行政事业单位不得有下列违反人民币银行结算账户管理规定的行为：

（一）擅自多头开设银行结算账户；

（二）将单位款项以个人名义在金融机构存储；

（三）出租、出借银行账户。

第十六条 行政事业单位对外支付的劳务费、购置费、大宗印刷费、工程款、暂（预）付款等，应当符合《人民币银行结算账户管理办法》和《现金管理暂行条例》的规定，要求实行银行转账、汇兑、托收等形式结算，不得以现金支付。

第十七条 行政事业单位对原使用现金结算的小额商品和服务支出，采用公务卡刷卡结算；出差人员在外使用现金支付费用的，应由财务人员将报销金额归还到出差人员的公务卡里的，原则上不再使用现金结算。结算科目按县直预算单位实施公务卡强制结算目录执行。

第十八条 行政事业单位应加强银行存款和现金的管理，单位取得的各项货币收入，应及时入账，并按规定及时转存开户银行账户，超过库存限额的现金应及时存入银行。银行存款和现金应由单位专人负责登记"银行存款日记账""现金日记账"并定期与单位"总分类账"核对余额，确保资金完整。"银行存款日记账""现金日记账"与"总分类账"应分别由单位出纳、会计管理和登记，不得由一人兼管。

第十九条 单位资金不允许公款私存或以存折储蓄方式管理。

第二十条 行政事业单位应切实加强往来资金的管理。借入资金、暂收、暂存、代收、代扣、代缴款项应及时核对、清理、清算、解交，避免跨年度结算或长期挂账，影响资金的合理流转。预（暂）付、个人因公临时借款等，都应及时核对、清理，在规定的期限内报账、销账、缴回余款，避免跨年度结算或长期挂账。严禁公款私借，严禁以各种理由套取大额现金长期占用不报账、不销账、不缴回余款等逃避监管的情形。

第二十一条 行政事业单位应建立和完善授权审批制度。资金划转、结算（支付）事项应明确责任、划分权限，实行分档审批、重大资金划转、结算（支付）事项，应通过领导集体研究决定，避免资金管理权限过于集中，单位的一切资金划转、结算（支付）事项由一个人说了算的"家长式"管理模式。

第五章 资产管理

第二十二条 资产是指行政事业单位占有或使用的能以货币计量的经济资源，包括流动资产（含现金、各种存款、往来款项、材料、燃料、包装物和低值易耗品等）、固定资产、无形资产和对外投资等。行政事业单位必须依法管理使用国有资产，要完善资产管理制度，维护资产的安全和完整，提高资产使用效益。

第二十三条 行政事业单位应加强对材料、燃料、包装物和低值易耗品的管理，建立领用存账，健全其内部购置、保管、领用等项管理制度，对存货进行定期或者不定期的清查盘点，保证账实相符。

第二十四条 行政事业单位固定资产应实行分类管理。固定资产一般可划分为房屋和建筑物、专用设备、一般设备、文物和陈列品、图书、其他固定资产等类型。单位应按照固定资产的固定性、移动性等特点，制定各类固定资产管理制度，及时进行明细核算，不得隐匿、截留、挪用固定资产。单位应建立固定资产实物登记卡，详细记载固定资产的购建、使用、出租、投资、调拨、出让、报废、维修等情况，明确保管（使用）人的责任，保证固定资产完整，防止固定资产流失。

第二十五条 行政事业单位固定资产不允许公物私用或无偿交由与单位无关的经营单位使用。

第二十六条 行政事业单位不得随意处置固定资产。固定资产的调拨、捐赠、报废、变卖、转让等，应当经过中介机构评估或鉴定，报主管部门和财政部门批准。固定资产的变价收入应当转入修购基金，用于固定资产的更新。

第二十七条 行政事业单位在维持本单位事业正常发展的前提下，按照国家有关政策规定，将非经营性资产转为经营性资产投资的，应当进行申报和评估，并报经主管部门审核后报财政部门批准。投资取得的各项收入全部纳入单位预算管理。任何单位不得将国家财政拨款、上级补助和维持事业正常发展的资产转作经营性使用。

第二十八条 行政事业单位应当定期或者不定期地对资产进行账务清理，对实物进行清查盘点。年度终了前应当进行一次全面清查盘点。

第二十九条 行政事业单位因机构改革或其他原因发生划转、撤销或合并时，应当对单位资产进行清算。清算工作应当在主管部门、财政部门、审计部门的监督指导下，对单位的财产、债权、债务等进行全面清理，编制财产目录和债权、债务清单，提出财产作价依据和债权、债务处理办法，做好国有资产的移交、接收、调拨、划转和管理工作，防止国有资产流失。

第六章　财务机构

第三十条 行政事业单位按照规定设置财务会计机构、配备会计人员，负责对本单位的经济活动进行统一管理和核算。单位内部的其他非独立工作部门或机构，不得脱离单位统一监督另设会计、出纳，不得另立账户从事会计核算。从事会计工作的人员，必须取得会计从业资格证书。担任单位会计机构负责人（会计主要人员）的，除取得会计从业资格证书外，还应当具备会计师以上岗位专业技术职务资格，或者从事会计工作三年以上经历。

第三十一条 单位会计机构中的会计、出纳人员，必须分设，银行印鉴必须分管。不得以任何理由发生会计、出纳一人兼，银行印鉴一人管的现象。

第三十二条 行政事业单位按照规定设置会计账簿，根据实际发生的业务事项进行会计核算，填制会计凭证，登记会计账簿，编制财务会计报告。行政事业单位负责人对本单位的财务会计工作和会计资料的真实性、完整性依法负责。

第三十三条 会计委派制度和会计集中核算，是加强会计监督和财务管理的有效形式，是从源头上防范和治理腐败的重要措施。会计集中核算机构应按照本规定进一步完善核算制度，加强资金管理。纳入会计集中核算机构管理的单位，应明确职责、履行义务，进一步完善管理，加强对单位收入、支出、资金拨付和资产的管理，防止国家资产、资金流失和浪费。

第三十四条 行政事业单位不得有下列违反会计管理规定的行为：

（一）授意、指使、强令会计机构、会计人员伪造、变造会计凭证、会计账簿和其他会计资料,提供虚假财务会计报告;向不同的会计资料使用者提供编制依据不一致的财务会计报告。

(二)明知是虚假会计资料仍授意、指使、强令会计机构、会计人员报销支出事项,提供虚假会计记录和其他会计资料。

(三)另立账户,私设会计账簿,转移资金。

(四)未按照规定填制、取得原始凭证,或者填制、取得原始凭证不符合规定。

(五)以未经审核的会计凭证为依据,登记会计账簿或者登记会计账簿不符合规定。

(六)随意变更会计处理方法。

(七)未按照规定建立并实施单位内部会计监督制度。

(八)拒绝依法实施的监督或者不如实提供有关会计信息资料。

(九)隐匿或者故意销毁依法应当保存的会计凭证、会计账簿、财务会计信息资料。

(十)随意将财政性资金出借他人,为小团体或个人牟取利益。

(十一)其他违反会计管理规定的行为。

第三十五条 财务会计人员工作调动或者离职,必须与接管人员办理交接手续,在交接手续未办清以前,不得调动或离职。财务会计机构负责人和财会主管人员办理交接手续,由单位负责人监交,必要时上级单位可派人会同监交。一般财务会计人员办理交接手续,可由财务会计机构负责人监交。财务会计人员短期离职,应由单位负责人指定专人临时接替。

第七章 财务监督

第三十六条 行政事业单位应依据《预算法》《会计法》《会计基础工作规范》等法规建立健全财务、会计监督体系。单位负责人对财务、会计监督工作负领导责任。会计机构、会计人员对本单位的经济活动依法进行财务监督。

第三十七条 行政事业单位财务监督是指单位根据国家有关法律、法规和财务规章制度,对本单位及下级单位的财务活动进行审核、检查的行为。内容一般包括预算的编制和执行、收入和支出的范围及标准、专用基金的提取和使用、资产管理措施落实、往来款项的发生和清算、财务会计报告的真实性、准确性、完整性等。

第三十八条 预算编制和执行的监督。行政事业单位应建立健全预算编制、申报、审查程序。单位预算的编制应当符合党和国家的方针、政策、规章制度和单位事业的发展计划,应当坚持"量入为出、量力而行、有保有压、收支平衡"的原则。单位对各项支出是否真实可靠,各项收入是否全部纳入预算,有无漏编、重编,预算是否严格按照批准的项目执行,有无随意调整预算或变更项目等行为事项进行监督。

第三十九条 单位收入的监督。收入是指行政事业单位依法取得的非偿还性资金,包括财政预算拨款收入、预算外资金收入以及其他合法收入。这部分资金涉及政策性强,应加强监督,其监督的主要内容如下:

(一) 单位的收入是否全部纳入单位预算,统一核算、统一管理。

(二) 是否依法积极组织收入;各项收费是否符合国家的收费政策和管理制度;是否做到应收尽收,有无超收乱收的情况。

(三) 对于按规定应上缴国家的收入和纳入财政专户管理的资金,是否及时、足额上缴,有无拖欠、挪用、截留坐支等情况。

(四) 单位预算外收入与经营收入是否划清,对经营、服务性收入是否按规定依法纳税。

第四十条 单位支出的监督。支出是指行政事业单位为开展业务活动所发生的资金耗费。支出管理是行政事业单位财务管理和监督的重点。其监督的主要内容如下:

(一) 各项支出是否精打细算,厉行节约,讲求经济、实效,有无进一步压缩的可能。

(二) 各项支出是否按照国家规定的用途、开支范围、开支标准使用,支出结构是否合理,有无互相攀比、违反规定超额、超标准开会、配备豪华交通工具、办公设备及其他设施。

(三) 基建或项目支出与行政事业经费支出的界限是否划清,有无基建或项目支出挤占单位经费,或单位经费有无列入基建或项目支出的现象。应由个人负担的支出,有无由单位经费负担的现象。是否划清单位经费支出与经营支出的界限,有无将应由经费列支的项目列入经营支出,或将经营支出项目列入单位经费支出的现象。

(四) 事业单位专用基金的提取,是否依据国家统一规定或财政部门规定执行;各项专用基金是否按照规定的用途和范围使用。

第四十一条 资产监督即对资产管理要求和措施的落实情况进行的

检查督促,包括下述内容。

(一) 是否按国家规定的现金使用范围使用现金;库存现金是否超过限额,有无随意借支、非法挪用、白条抵库的现象;有无违反现金管理规定,坐支现金、私设小金库的情况。

(二) 各种应收及预付款项是否及时清理、结算,有无本单位资金被其他单位长期大量占用的现象。

(三) 对各项负债是否及时组织清理,按时进行结算,有无本单位无故拖欠外单位资金的现象;应缴款项是否按国家规定及时、足额地上缴,有无故意拖欠、截留和坐支的现象。

(四) 各项存货是否完整无缺,各种材料有无超定额储备、积压浪费的现象;存货和固定资产的购进、验收、入库、领发、登记手续是否齐全,制度是否健全,有无管理不善、使用不当、大材小用、公物私用、损失浪费,甚至被盗的情况。

(五) 存货和固定资产是否做到账账相符、账实相符,是否存在有账无物、有物无账等问题,固定资产有无长期闲置形成浪费问题,有无未按规定报废、转让单位资产的问题发生。

(六) 对外投资是否符合国家有关政策,有无对外投资影响到本单位完成正常的事业计划的现象;以实物无形资产对外投资时,评估的价值是否正确。

第四十二条 行政事业单位应建立健全内部监控、财务公示等制度,应确定专门机构或专(兼)职人员对发生的经济事项进行事前、事中、事后监督、审查。单位的财务执行情况,应在一定的范围、时期内公示,接受群众监督。

第四十三条 行政事业单位应自觉接受审计、财政部门的检查和监督。

第四十四条 行政事业单位领导(一把手)工作调动或者离职,必须经同级审计部门进行任期审计。

第八章 附则

第四十五条 本制度适用于县级行政事业单位。行政事业单位基本建设投资的财务管理,除国家另有规定外,应当参照本规定办理。

第四十六条 本规定由县财政局负责解释。

第四十七条 本规定自发文之日起施行。

第七章 行政事业单位内部控制的政府采购控制体系

第一节 行政事业单位政府采购业务概述

一、政府采购定义及当事人

（一）政府采购

政府采购，是指各级国家机关、事业单位和团体组织，使用财政性资金采购依法指定的集中采购目录以内的，或者采购限额标准以上的货物、工程和服务的行为。

（1）财政性资金是指纳入预算管理的资金，以财政性资金作为还款来源的信贷资金，视同财政性资金。

（2）集中采购目录包括集中采购机构采购项目和部门集中采购项目。技术、服务等标准统一，采购人普遍使用的项目，列为集中采购机构采购项目；采购人本部门、本系统基于业务需要有特殊要求，可以统一采购的项目，列为部门集中采购项目。

（3）采购是指以合同方式有偿取得货物、工程和服务的行为，包括购买、租赁、委托、雇用等。

（4）货物是指各种形态和种类的物品，包括原材料、燃料、设备、产品等。

（5）工程是指建设工程，包括建筑物和构筑物的新建、改建、扩建、装修、拆除、修缮等。

（6）服务是指除货物和工程以外的其他政府采购对象，包括政府自身需要的服务和政府向社会公众提供的公共服务。

（二）政府采购当事人

政府采购当事人包括采购人、采购代理机构和供应商等。

1. 采购人

采购人是指依法进行政府采购的国家机关、事业单位、团体组织。

按照《政府采购实施条例》规定,采购人员及相关人员与供应商有下列利害关系之一的,应当回避。

(1) 参加采购活动前三年内与供应商存在劳动关系。

(2) 参加采购活动前三年内担任供应商的董事、监事。

(3) 参加采购活动前三年内是供应商的控股股东或者实际控制人。

(4) 与供应商的法定代表人或者负责人有夫妻、直系血亲、三代以内旁系血亲或者近姻亲关系。

(5) 与供应商有其他可能影响政府采购活动公平、公正进行的关系。

2. 采购代理机构

采购代理机构是集中采购机构和集中采购机构以外的采购代理机构。其中,集中采购机构是设区的市级以上人民政府依法设立的非营利事业法人,是代理集中采购项目的执行机构;集中采购机构以外的采购代理机构,是从事采购代理服务的社会中介机构。

2014年9月,财政部下发《关于做好政府采购代理机构资格认定行政许可取消后相关政策衔接工作的通知》(财库〔2014〕122号),提出将代理机构资格管理审批制改为登记制。自2015年1月1日起,凡有意从事政府采购业务的代理机构可以在中国政府采购网或其工商注册所在地省级分网站进行网上登记,网上登记遵循"自愿、免费、一地登记、全国通用"的原则,所有登记信息通过系统向社会公开,接受社会监督,登记后有关信息发生变化的,由代理机构自行维护和更新,财政部门不再对网上登记信息进行事前审核。对于完成网上登记的代理机构,系统将自动将其名称纳入中国政府采购网"政府采购代理机构"专栏"政府采购代理机构名单",并授予相关业务网络操作权限。

3. 供应商

供应商是指向采购人提供货物、工程,或者服务的法人、其他组织或者自然人。参加政府采购活动的供应商应具备下列条件。

(1) 具有独立承担民事责任的能力。

(2) 具有良好的商业信誉和健全的财务会计制度。

(3) 具有履行合同所必需的设备和专业技术能力。

(4) 有依法缴纳税收和社会保障资金的良好记录。

(5) 参加政府采购活动前三年内,在经营活动中没有因违法经营受到刑事处罚,或者责令停产停业、吊销许可证或者执照、较大数额罚款等行政处罚。

(6) 法律、行政法规规定的其他条件。

(三) 政府采购的分类

1. 按照采购项目的可集中性分类

按照采购项目的可集中性,政府采购可以分为集中采购和分散采购。

集中采购是指采购人将列入集中采购目录的货物、工程或者服务委托集中采购代理机构采购,或者进行部门集中采购的行为。

集中采购的范围由省级以上人民政府公布的集中采购目录确定。属于中央预算的政府采购项目,其集中采购目录由国务院确定并公布;属于地方预算的政府采购项目,其集中采购目录由省、自治区、直辖市人民政府或者其授权的机构确定并公布。纳入集中采购目录的政府采购项目,应当实行集中采购。

分散采购是指采购人将采购限额标准以上的未列入集中采购目录的货物、工程或者服务自行采购,或者委托采购代理机构代理采购的行为。分散采购的特点是方便快捷,能充分满足单位采购需求。

2. 按照采购执行主体分类

按照采购执行主体的不同,政府采购可以分为自行采购和代理采购。

自行采购指采购人针对具体采购项目自己进行采购的行为。自行采购一般有两种情形:一是采购未纳入集中采购目录的政府采购项目,可以自行采购;二是采购人采购属于本单位有特殊要求的项目,经省级以上人民政府批准,可以自行采购。

代理采购是指采购人依法将政府采购项目委托给集中采购机构,或者依法取得认定资格的采购代理机构进行采购的行为。集中采购机构应当根据采购人委托制订集中采购项目的实施方案,明确采购规程,组织政府采购活动,不得将集中采购项目转委托。

3. 按照采购方式分类

按照采购方式,政府采购可分为公开招标、邀请招标、竞争性谈判、单一来源采购和询价、国务院政府采购监督管理部门认定的其他采购方式。

其中，公开招标应是政府采购的主要采购方式。

（1）公开招标采购。公开招标采购是指采购人或者采购代理机构依法以招标公告的方式邀请非特定的供应商参加投标的采购方式。

公开招标应作为政府采购的主要采购方式，不得将应当以公开招标方式采购的货物或者服务化整为零，或者以其他任何方式规避公开招标采购。

（2）邀请招标采购。邀请招标采购是指采购人或者采购代理机构依法从符合相应资格条件的供应商中随机选择3家以上供应商，并以投标邀请书的方式，邀请其参加投标的采购方式。采用邀请招标方式采购的货物或者服务，应当符合下列情形之一。

1）具有特殊性，只能从有限范围的供应商处采购的。

2）采用公开招标方式的费用占政府采购项目总价值的比例过大的。

（3）竞争性谈判采购。竞争性谈判采购是指谈判小组与符合资格条件的供应商就采购货物、工程和服务事宜进行谈判，供应商按照谈判文件的要求，提交相应文件和最后报价，采购人从谈判小组提出的成交候选人中确定成交供应商的采购方式。采用竞争性谈判方式采购的货物或者服务，应当符合下列情形之一。

1）招标后没有供应商投标或者没有合格标的或者重新招标未能成立的。

2）技术复杂或者性质特殊，不能确定详细规格或者具体要求的。

3）采用招标所需时间不能满足用户紧急需要的。

4）不能事先计算出价格总额的。

（4）单一来源采购。单一来源采购是指采购人从某一特定供应商处采购货物、工程和服务的采购方式。采用单一来源方式采购的货物或者服务，应当符合下列情形之一。

1）只能从唯一供应商处采购的。

2）发生了不可预见的紧急情况，不能从其他供应商处采购的。

3）必须保证原有采购项目一致性或者服务配套的要求，需要继续从原供应商处添购，且添购资金总额不超过原合同采购金额10%的。

（5）询价采购。询价采购是指询价小组向符合资格条件的供应商发出采购货物询价通知书，要求供应商一次报出不得更改的价格，采购人从询价小组提出的成交候选人中确定成交供应商的采购方式。

二、政府采购业务控制的主要法律法规

(1)《中华人民共和国政府采购法》(主席令第68号,2002年颁布)。

(2)《中华人民共和国采购法实施条例》(国务院令第658号,2014年颁布)。

(3)《政府采购信息公告管理办法》(财政部令第19号,2005年颁布)。

(4)《政府采购供应商投诉处理办法》(财政部令第20号,2005年颁布)。

(5)《政府采购非招标采购方式管理办法》(财政部令第74号,2014年颁布)。

(6)《集中采购机构监督考核管理办法》(财库〔2003〕120号)。

(7)《关于加强政府采购供应商投诉受理审查工作的通知》(财库〔2007〕1号)。

(8)《中央集中采购机构监督考核暂行办法》(财库〔2007〕34号)。

(9)《政府采购进口产品管理办法》(财库〔2007〕119号)。

(10)《政府采购促进中小企业发展暂行办法》(财库〔2011〕181号)。

(11)《财政部对中央集中采购机构监督考核暂行办法的补充通知》(财库〔2012〕158号)。

(12)《关于做好政府采购代理机构资格认定行政许可取消后相关政策衔接工作的通知》(财库〔2014〕122号)。

(13)《关于做好政府采购信息公开工作的通知》(财库〔2015〕135号)。

(14)《关于2016年开展全国政府采购代理机构监督检查工作的通知》(财库〔2016〕76号)。

(15)《关于加强政府采购活动内部控制管理的指导意见》(财库〔2016〕99号)。

第二节 行政事业单位政府采购控制体系建设

一、本单位政府采购控制总负责机构

内部控制领导小组是本单位内部控制的总负责机构和领导机构，其中包括本单位的政府采购业务控制体系的建设与指导工作。

本单位负责政府采购工作的副局长或者工作负责人，应属于本单位内部控制领导小组成员之一，主要负责本单位政府采购控制方面的工作。具体来说，包括但不限于以下职责。

（1）服从本单位内部控制领导小组关于政府采购方面工作的安排。

（2）指导本单位政府采购部门，做好政府采购方面的工作，并执行本单位政府采购制度建设与体系建设。

（3）安排、审议本单位政府采购部门及其他部门关于采购方面的计划与方案。

（4）安排好财务部门做好本单位政府采购的预算与决算工作。

（5）协调本单位各部门做好政府采购方面的监督工作。

二、本单位政府采购主管部门

单位的政府采购主管部门，可以分为政府采购业务决策机构和政府采购业务实施机构。

（一）政府采购业务决策机构

政府采购业务决策机构是指专门履行政府采购管理职能的决策机构，在政府采购管理体系中居于领导核心地位，一般由行政事业单位成立的政府采购领导小组承担。该小组由单位领导、政府采购归口管理部门、财会人员和相关业务部门的负责人组成，一般为非常设机构，主要通过定期或不定期召开政府采购工作会议开展工作。

政府采购业务决策部门有以下主要职责。

（1）接受本单位内部控制领导小组的工作安排。

（2）对单位的政府采购业务进行管理与指导。

(3) 指定有关部门制定有关本单位政府采购管理制度与具体方案,并进行审定。

(4) 研究决定本单位的重大政府采购事项,审定本单位政府采购预算和计划。

(5) 督促政府采购商或机构,按照本单位政府采购管理制度的规定和政府采购预算,办理政府采购业务。

(6) 协调解决政府采购业务执行中的重大问题及其他相关决策问题。

(二) 政府采购业务实施机构

政府采购业务实施机构是指在行政事业单位中,负责实施采购业务的机构,包括政府采购归口管理部门、财会部门和相关业务部门等。

1. 政府采购归口管理部门

政府采购归口管理部门是政府采购业务进行审核和批准的部门,该部门通常为办公室或者本单位采购部门。

采购部门有以下主要职责。

(1) 接受本单位内部控制领导小组和本单位政府采购决策部门的领导。

(2) 制定本单位政府采购的管理规章制度。政府采购内部管理制度涉及政府采购预算和计划、政府采购需求确定、政府采购招标管理、政府采购验收管理、政府采购质疑处理等方面。

(3) 审议有关政府采购的计划,汇总审核各业务部门提交的政府采购预算建议数、政府采购计划、政府采购申请。

(4) 按照国家有关法律法规的规定,确定政府采购组织形式和政府采购方式。

(5) 对本单位自行组织的采购活动加强采购组织实施的管理。

(6) 指导和督促业务部门订立和履行政府采购合同。

(7) 组织实施政府采购验收。

(8) 组织处理政府采购纠纷。

(9) 妥善保管单位政府采购业务的相关资料。

(10) 定期对政府采购业务信息进行分类统计和分析,并在内部通报。

(11) 接受本单位政府采购监督部门的工作监督。

2. 财会部门

财会部门是单位政府采购预算的汇总及政府采购的资金支付部门。财会部门在政府采购工作中有以下主要职责。

（1）接受本单位内部控制领导小组和本单位政府采购决策部门的领导。

（2）负责汇总编制单位政府采购预算、计划，报同级财政部门批准后，下达各业务部门执行。

（3）审核各业务部门申报政府采购的相关资料，复核政府采购支付申请手续。

（4）办理相关资金支付。

（5）根据政府采购部门提交的政府采购合同和验收书，依据国家统一的会计制度，对政府采购业务进行账务处理。

（6）定期与政府采购部门沟通和核对政府采购业务的执行与结算情况。

（7）接受本单位政府采购监督部门的工作监督。

3. 相关业务部门

相关业务部门是单位政府采购申请的提出部门。其主要职责包括下述几项。

（1）接受本单位内部控制领导小组和本单位政府采购决策部门的领导。

（2）根据本单位的预算情况和工作计划申报本部门的政府采购预算建议数。

（3）依据内部审批下达的政府采购预算和实际工作需要编制政府采购计划，进行政府采购需求登记，提出政府采购申请。

（4）对政府采购文件进行确认，对有异议的政府采购文件进行调整、修改。

（5）安排人员参加本单位的政府采购招标工作。

（6）对实行公开招标的政府采购项目的预中标结果进行确认，领取中标通知书，并依据中标通知书参加政府采购合同的签订。

（7）对政府采购合同和相关文件进行备案，按要求保管有关资料。

（8）提出政府采购资金支付申请。

(9) 接受本单位政府采购监督部门的工作监督。

三、本单位政府采购监督机构

政府采购监督机构是本单位中对政府采购业务进行监督的部门，通常为内部审计部门。按照政府采购决策、执行和监督相互分离的原则，行政事业单位应当成立政府采购监督部门。此外，行政事业单位也应该发挥纪检监察部门在政府采购业务监督方面的作用。

政府采购监督机构有以下主要职责。

(1) 接受本单位内部控制小组关于本单位政府采购工作中的监督工作安排。

(2) 接受同级财政部门关于本单位政府采购工作中的监督工作安排。

(3) 监督检查本单位政府采购主管部门、财务部门、业务部门和政府采购部门执行其政府采购法律法规和相关规定的情况。

(4) 参与政府采购业务投诉答复的处理。

四、本单位政府采购控制职工反馈渠道

(1) 单位必须建立职员内部反馈渠道。任何单位职工都有权对本单位任何部门违反国家法律法规的政府采购业务进行举报；本单位应建立内部职工举报制度，对进行举报的职工进行保护与保密工作。

(2) 本单位应该建立单位职员关于本单位政府采购控制的意见和建议的管理制度。负责本单位政府采购控制的主责部门，应该安排相关人员对单位内部职工的建议进行整理并解决相关问题。

第三节 政府采购业务的风险与控制

一、政府采购业务的组织体系建设

(一) 政府采购业务组织体系建设的风险点

(1) 本单位没有建立规范的政府采购统一负责部门。

(2) 本单位的政府采购主管部门和业务经办部门之间流程设置不合规、不合理。

(3) 本单位政府采购主管部门和经办部门岗位设置不合规、不合理。

(4) 本单位财会部门参与本单位政府采购的工作不够深入。

(5) 本单位与政府采购业务相关的各部门没有制定具体可行的高效率的制度。

(6) 本单位政府采购各部门的专业人才严重不足,没有建立行之有效的培训机制。

(7) 本单位对政府采购工作没有设置合理的跟踪、验收、分析岗位,导致某些采购不合理,或者采购成果差。

(8) 本单位对政府采购的监督工作不严格不细致,监督不到位。

(二) 政府采购业务组织体系建设的控制

(1) 合理设置政府采购业务机构,明确机构职能。

行政事业单位的政府采购管理组织体系,可以分为政府采购业务管理部门和政府采购监督机构。

1) 政府采购业务管理部门。可细分为政府采购业务决策机构和政府采购业务实施机构。

2) 政府采购监督机构。政府采购监督机构是行政事业单位中,对政府采购业务进行监督的部门,通常为内部审计部门,行政事业单位也应该发挥纪检监察部门对政府采购业务的监督作用。

(2) 设计科学简明的采购流程,加强各部门之间采购工作协调与沟通。

(3) 设置合理的政府采购业务岗位,建立政府采购业务岗位责任制。

《单位内控规范》第三十三条规定:"单位应当明确相关岗位的职责权限,确保政府采购需求制定与内部审批、招标文件准备与复核、合同签订与验收、验收与保管等不相容岗位相互分离。"

合理设置政府采购业务岗位,有以下两项原则:

1) 牵制原则:确保每项经济业务都要经过两名或两名以上工作人员处理。

2) 效率原则:分离应体现在不相容岗位之间,而不是所有岗位都要分离。

与政府采购业务相关的不相容岗位,主要包括政府采购预算的编制和审定,政府采购需求制定与内部审批,招标文件准备和复核,合同签订与验收、验收和保管,付款审批和付款执行,采购执行和监督检查等。

其中，与政府采购业务最密切相关的是政府采购需求编制应当与内部审批相分离。

（4）单位应注重采购专业队伍的建设，配备具有专业胜任能力的采购岗位人员，不断完善人才培训和考核机制。

（5）建立本单位政府采购工作跟踪、验收、分析报告等岗位职责，加强采购后期的工作。

（6）本单位监督部门要加强对采购工作的监督管理，并形成一套行之有效的监督制度与实施方案。

二、政府采购预算与计划

（一）政府采购预算与计划主要风险点

（1）预算没有严格按相关法律法规或者本单位的要求去编制，或者预算编制不够精细，对预算的审核不够严格。因此，造成采购项目缺乏足够审核与论证。

（2）本单位的采购计划编制不合理。在政府采购行为中不注重前期预算的重要性，超出预算范围，将资金尚未落实的政府采购进行计划编制。

（3）本单位对政府采购计划的审核不严格。无法保证采购项目的完整性、合理合法性、真实必要性、关联性。

（二）政府采购预算与计划控制办法

1. 按法律法规的要求，明确规范政府采购预算编制与审核要求

单位应按照"先预算，后计划，再采购"的工作流程，按规定编制政府采购预算，政府采购预算与部门预算编制程序基本一致，采用"两上两下"的程序。

具体来说，单位应按照以下要求编制审核政府采购预算。

（1）单位采购管理部门应按照本单位工程、货物和服务实际需求，经费预算标准和设备配置标准细化采购预算，列明采购项目或货物品目，并根据采购预算及实际采购需求安排编制采购计划。

（2）单位集中采购预算在年初与部门预算同步编制，要应编尽编，将属于集中采购范围的支出项目均编入集中采购预算，体现预算支出规模和方向。

（3）采购主管部门应对单位提交的集中采购预算进行审核，对属于集中采购范围的支出项目而未编制集中采购预算的，应责成其重新编制。

（4）单位应对采购预算进行科学、合理、高效的审核，重点关注采购项目是否完整，应编尽编；采购项目安排是否合理，需求是否公允，采购层次是否适当；采购项目内容是否真实必要，有无项目拆分、人为整合问题。

2. 规范政府采购计划编制

业务部门编制政府采购计划应当符合相关要求。

（1）政府采购计划应当在财政部门批复的政府采购预算范围内，依据本部门的政府采购需求进行编制，完整反映政府采购预算的落实情况。

（2）政府采购项目数量和采购资金来源，应当与财政部门批复的政府采购预算中的采购项目数量和采购资金来源相对应，不得编制资金尚未落实的政府采购计划。

（3）业务部门不得将应当以公开招标方式采购的货物或服务化整为零，或者以其他任何方式、理由规避公开招标采购。

3. 加强采购计划审核

业务部门提出政府采购计划后，政府采购部门作为归口管理部门，应当对政府采购计划的合理性进行审核。

（1）政府采购计划所列的采购事项是否已列入预算。

（2）是否与业务部门的工作计划和资产存量相适应。

（3）是否与资产配置标准相符。

（4）专业性设备是否附有相关技术部门的审核意见。

（5）财会部门应当就政府采购计划是否在预算指标的额度之内进行审核。

三、政府采购实施

（一）政府采购实施主要风险点

（1）本单位进行采购前没有相关的市场调查，对采购标的缺乏科学的、细致的了解。

（2）采购计划没有按相关流程提请审核与审批，或者审批程序不符合内部控制的要求，导致采购物资不符合单位需求或者超预算采购，采购成本失控。

（3）本单位没有按相关规定采用合理的采购方式。

（4）没有按规定的办法选用代理机构。单位与代理机构串通，选用资质或业务范围不符合采购代理要求的采购代理机构，影响实际采购的效率和效果。

（5）政府采购方式不合理，采购程序不规范，导致政府采购缺乏公开透明度。

（二）政府采购实施控制办法

1. 合理确定采购需求

（1）本单位对比较大的采购项目，应安排专门的岗位人员进行采购前的调查研究工作，包括对采购标的的市场技术或服务水平、供应价格等情况进行市场调查。

（2）根据调查情况科学、合理地确定采购需求，进行价格测算。

2. 加强政府采购申请审核，规范申请审核程序

单位应当加强对政府采购申请的内部审核。

（1）提出政府采购申请部门的负责人，应该对采购需求进行复核，然后才能提交政府采购部门审核。审核的关注重点是，是否有相应的预算指标，是否适应当期的业务工作需要，是否符合当期的政府采购计划，政府采购申请文件内容是否完整等。

（2）政府采购部门在收到业务部门提交的政府采购申请后，应当对政府采购申请进行审核。审核的关注重点是政府采购项目是否符合当期的政府采购计划，政府采购成本是否控制在政府采购预算指标额度之内，经办人员是否按要求履行了初步市场价格调查，政府采购需求参数是否接近市场公允参数，是否存在"排他性"的参数，政府采购定价是否接近国家有关标准，政府采购组织形式、政府采购方式的选取是否符合国家有关规定等。

（3）对政府采购进口产品、变更政府采购方式等事项应当加强内部审核，严格履行审批手续。

3. 选择合理的政府采购组织形式

凡是纳入集中采购目录的政府采购项目，均应属于集中采购机构的强制性业务范围。单位不得以瞒报、分拆项目等手段规避政府采购程序。

4. 合理选择政府采购代理机构

纳入集中采购目录的政府采购项目,采购人必须委托集中采购机构代理采购;采购未纳入集中采购目录的政府采购项目,可以自行采购,也可以委托集中采购机构在委托的范围内代理采购。

5. 合理选择政府采购方式,规范政府采购程序

本单位应该根据各个采购方式的使用条件和相关法律法规,合理选择采购方式,规范政府采购程序。

三、政府采购招投标

(一) 政府采购招投标主要风险点及控制办法

1. 政府采购招标风险

(1) 本单位没有安排关于招标工作的具体负责部门与责任人。

(2) 本单位对招标工作不够重视,没有进行相关的业务培训,岗位工作人员专业性差,造成招标周期长、清单及招标文件编制有缺陷,可能导致招标质量不高。

(3) 违反法律法规的规定,采用不合规的招标方式及方案。

(4) 政府采购招标程序不规范。招标过程中涉及的公告文件内容不详细,未能说明招标信息;或者在制定技术规格要求时有针对性、倾向性等。

2. 政府采购招标风险控制办法

(1) 在本单位安排专职的招标总负责人,对本单位所有的招标工作进行总体的审核和工作指导。

(2) 对招标部门的工作人员进行相关的招标工作培训。

(3) 加强招标过程和文件的管控。

1) 标前准备控制。根据采购需求,确定采购方案。需要委托代理机构招标的,需要与选择的采购代理机构签订委托协议,明确双方的权利、义务。

2) 招标文件控制。招标人应根据招标项目的要求和采购方案,编制招标文件。招标文件的编制必须符合国家法律法规的要求。

3) 标底控制。标底是对采购项目可接受的最高采购价格,标底应由

招标人或招标代理机构编制，以招标项目批准的预算为基本依据。标底编制要保密，编制完成后密封保存直至评标时方可公开。

4）招标公告控制。招标公告必须在指定的报纸杂志、信息网络或者其他媒介发布。

5）资格预审与招标文件发售控制。潜在投标人根据资格预审程序，按要求提交资格证明文件，招标人参照标准，对潜在投标人进行资格审查。公开招标的，招标文件开始发出之日起，至投标人提交投标文件截止之日止，不少于20日。

6）招标修改、终止招标控制。采购人或者采购代理机构对已发出的招标文件、资格预审文件进行必要的澄清或者修改的，应当在原公告发布媒体上发布澄清公告，并以书面形式通知所有获取招标文件或者资格预审文件的潜在投标人。

（二）政府采购投标风险及控制办法

1. 政府采购投标风险

（1）本单位缺乏投标方面的职责人员，投标方面的专业人才不足。

（2）本单位没有制定投标方面的管理制度。

（3）政府采购投标程序不规范，政府投标程序中的重要管控点不明确，如超过截止日期依旧接受投标文件，投标人随意补充、修改或撤回投标文件等。

（4）向投标人收取的保证金超出国家标准，未及时退回未中标供应商的保证金；逾期退还的，亦没有支付超期资金占用费，单位违规占用资金，造成贪污腐败。

2. 政府采购投标控制办法

（1）制定本单位关于投标方面的管理制度，并严格执行。

（2）进行投标方面的专业培训，以使相关部门掌握投标方面的基本知识与操作方法。

（3）本单位进行政府采购投标程序控制。

1）投标准备控制。本单位应安排专门人员对招标文件进行深入细致的研究，仔细分析招标文件的全部内容及招标须知，对照具体要求审查自己是否具有中标能力，找到比较优势，准备投标。

2）投标文件控制。本单位应当按照招标文件的要求编制投标文件。

投标文件应经过不同人员进行反复审核。

3) 投标文件送达控制。必须在招标文件要求期限内将投标文件密封送达投标地点。

4) 投标文件修改、撤回控制。对所递交的投标文件进行补充、修改或者撤回的，必须在投标截止时间前完成。

(4) 保证金控制。本单位投标负责部门必须按招标文件要求，通知财务部门在规定的时间内向有关单位汇出投标保证金。

(三) 政府采购开标与评标风险及控制办法

1. 政府采购开标与评标风险

(1) 抽取评标专家时可能存在违规行为。

(2) 可能存在评审专家应回避的情况但没有回避。

(3) 投标人可能出现违规现象。

(4) 委托代理人可能出现不相符的情况。

(5) 代理机构可能存在违反开标程序的情况。

(6) 代理机构可能存在意图影响评审的行为。

(7) 评标委员会可能没有尽力履行职责。

(8) 评审过程可能存在不公正现象。

(9) 评标过程及结果可能存在差错。

2. 政府采购开标与评标控制

(1) 单位应当参与监督代理机构抽取评标专家。

评标委员会由采购人代表和评标专家组成，成员人数应当为5人以上单数，其中评标专家不得少于成员总数的2/3。

评审专家应该具备以下条件：

1) 具有较高的业务素质和良好的职业道德，在政府采购的评审过程中，能以客观公正、廉洁自律、遵纪守法为行为准则。

2) 从事相关领域工作满8年，具有本科（含本科）以上文化程度，高级专业技术职称或者具有同等专业水平。

3) 熟悉政府采购、招标投标的相关政策法规和业务理论知识，能胜任政府采购评审工作。

4) 本人愿意以独立身份参加政府采购评审工作，并接受财政部门的监督管理。

5）没有违纪违法等不良记录。

6）财政部门要求的其他条件。

（2）核实评审专家有无应当回避的情况。评审专家不得参加与自己有利害关系的政府采购项目的评审活动。对与自己有利害关系的评审项目，应主动提出回避。

（3）认真核实投标人投标文件是否符合招标投标法律法规的要求。投标人存在下列情况之一的，投标无效。

1）未按照招标文件的规定提交投标保证金的。

2）投标文件散装或者活页装订的。

3）不具备招标文件中规定资格要求的。

4）报价超过招标文件中规定的最高限价的。

5）投标文件含有采购人不能接受的附加条件的。

6）投标文件不符合法律、法规和招标文件中规定的其他实质性要求的。

（4）认真核实委托代理人的身份。

（5）认真监督代理机构开标的流程与开标工作。在评标中，限定评标委员会及其成员不得有下列行为。

1）确定参与评标至评标结束前私自接触投标人。

2）接受供应商提出的与投标文件不一致的澄清和说明。

3）征询采购人的倾向性意见。

4）对主观评审因素协商评分。

5）对客观评审因素评分不一致。

6）在评标过程中擅离职守，影响评标程序正常进行的。

（6）对代理机构意图影响评审专家的行为予以制止。

（7）在竞争性谈判招标中，积极参与到谈判中去。

（8）对个别评审专家不专业、不公正的行为，予以制止或者提出合理抗辩。

（9）认真核实评审结果。评标结果汇总完成后，除下列情形外，任何人不得修改评标结果。

1）分值汇总计算错误的。

2）分项评分超出评分标准范围的。

3）评标委员会对客观评审因素评分不一致的。

4）经评标委员会认定评分畸高、畸低的。

（四）政府采购中标风险及控制办法

1. 政府采购中标风险

（1）可能存在中标人出现不合法、不合规的情况。

（2）可能存在中标人与他人串通，故意弃标的情况。

（3）代理机构可能未经本单位盖章，擅自发布中标公告的情况。

（4）代理机构发布中标公告可能出现公告内容不全，公告期限较短等违规情况。

（5）中标的供应商为争取中标，采取低价竞标的投标方法，一旦中标后，寄希望于合同变更迫使招标人增加投资；或者在后期合同履行期间偷工减料等情况。

2. 政府采购中标控制

（1）关注中标后有无投诉与申诉等情况。对于投标人在规定时间内提出的质疑，必须在进行充分的认真调查后，在规定的时间内给予明确的答复。

（2）当中标人放弃中标时，必须高度重视下一位中标候选人的情况，要认真审核二者之间有无串标的可能性。

（3）按招标投标法律法规的要求，认真做好中标公告的审核。

（4）从严审核，提高标准，以便适当规避最低价中标风险。单位应该对招投标资格严格预审和提高标准。明确投标单位的责任，对投标单位的资金、技术、经验、信誉等方面进行严格审查甚至现场勘察，确保投标单位有能力按质履约。

（5）高度重视与中标人合同的签订。可以根据法规要求投标单位提交投标保证金或投标保函，以保证招投标工作的顺利开展。

四、政府采购合同风险及控制

（一）政府采购合同主要风险

（1）本单位没有相关的政府采购合同方面的管理制度。

（2）合同签订没有经过适当授权审批，对合同对方主体资格、资信调查、履约能力，未进行认真审查，导致合同签订有漏洞，可能导致合同纠纷，给单位造成经济损失。

(3) 本单位没有安排比较专业的人员进行合同的审核。

(4) 采购合同履行过程中，监控不到位，合同对方可能未能全面、适当地履行合同义务；或者因为中标人未经采购人同意，擅自对合同进行分包，履约责任不清晰，可能会给单位带来经济损失。

(5) 当合同对方出现违约等情况时，本单位对应方法不当，造成本单位经济损失。

(6) 政府采购合同保管不当。

（二）政府采购合同控制

(1) 制定本单位政府采购合同的管理制度，并且认真落实与认真执行。

(2) 安排好本单位政府采购合同的岗位人员并落实好岗位人员职责。

(3) 组织本单位的人员认真学习相关法律法规，尤其是采购合同方面的内容。

(4) 培养本单位与政府采购合同有关的专业人员。

(5) 规范政府采购合同签订与备案过程，确保采购合同签订合法合规。

(6) 加强政府采购合同履行过程的监督管理。

(7) 规范政府采购合同的变更程序，政府采购合同的双方当事人不得擅自变更或者终止合同。

(8) 规范合同违约处理程序，保障本单位政府采购的合法权益。

出现下列情形之一的，本单位应当依法解除合同，重新组织采购活动，并依法追究供应商的违约责任。

1) 在履行期限届满前，供应商明确表示，或者以自己的行为表明不履行合同。

2) 供应商迟延履行合同，经催告后在合理期限内仍未履行。

3) 供应商有其他违约行为，致使不能实现合同目的。

4) 供应商将合同转包，或者未经采购人同意采取分包方式履行合同。

(9) 妥善保管与政府采购有关的合同、文件文书等。

五、政府采购验收

(一) 政府采购验收主要风险

(1) 本单位没有制定相关的政府采购验收管理制度。

(2) 本单位没有设置合理的验收岗位,或者没有验收岗位职责制度。

(3) 本单位的验收流于形式,没有按照采购项目验收标准进行验收。

(4) 验收手续办理不合规。未及时入库,没有对证明文件进行必要的、专业性的检查。采购验收书内容缺失,未及时备案存档。

(5) 采购验收问题处理不当。有的供应商合同履行与投标承诺不一致,采购物资存在以次充好、降低标准等问题,采购人或由于专业能力无法发现,或为谋取私利默认了该行为,由此可能导致账实不符、采购物资损失,也影响了政府采购的公开、公正和公平。

(6) 对本单位的政府采购验收监管不力。采购单位故意推迟验收时间,和供应商串通以取得不正当利益。

(二) 政府采购验收控制

(1) 制定本单位的政府采购验收制度或者验收办法,并认真执行。

(2) 安排专门的验收人员进行认真验收,认真执行验收人员职责制度。

(3) 制定明确的采购验收标准,加大验收力度。单位验收应按照政府采购合同规定的技术、服务、安全标准,组织对供应商履约情况进行验收。单位应当根据采购项目特性明确具体的验收主体,提出具体的验收内容、验收标准、时限等要求。对于重大采购项目,成立验收小组进行验收。

(4) 严格办理采购验收手续,规范出具采购验收书。采购单位应在出具验收书后 3 个工作日内,将验收书副本和相关资料报政府采购监管部门备案。政府向社会公众提供的公共服务项目,验收时应当邀请服务对象参与并出具意见,验收结果应当向社会公告。

(5) 妥善处理验收中发现的异常情况,及时解决相关问题。对于验收过程中发现的异常情况,验收机构或人员应当立即向单位有权管理的相关机构报告,相关机构应当查明原因并及时处理;对于给单位造成损失的,应按合同约定追究违约责任,并上报政府采购监督管理部门处理;

存在假冒、伪劣、走私产品、商业贿赂等违法情形的，立即移交工商、质监、公安等行政执法部门依法查处。

（6）加强采购验收的监督力度，确保采购验收规范有序。单位应当按规定做好采购项目的验收工作，据实做好会计处理，确保国有资产的安全完整，防止流失。

（7）重视本单位监督部门对验收工作的监督工作，对验收工作出现的违法违纪现象，要严肃查处。

六、政府采购资金支付

（一）政府采购资金支付主要风险

（1）本单位缺乏对政府采购资金支付的管理制度。

（2）本单位政府采购资金支付的管理流程得不到认真执行。

（3）本单位政府采购资金支付部门缺乏对政府采购部门有关合同等内容的监督。

（4）本单位政府采购资金支付申请不合规，缺乏必要的审核。

（5）本单位政府采购资金支付存在申请文件不全、发票作假等现象，在不满足支付条件下进行支付，给单位造成资金损失。

（6）本单位政府采购资金支付部门，对于满足支付条件的，资金支付不及时，或者延迟支付，抑或付款方式不恰当，带来资金风险。

（7）缺乏有效的财务控制，会计记录未能全面真实地反映单位采购过程的资金流和实物流。

（8）本单位内部控制监督部门对政府采购资金的支付监督不到位。

（二）政府采购资金支付控制

（1）制定本单位关于政府采购资金支付的管理制度，并认真执行。

（2）本单位政府采购资金的支付部门，应加强对相关业务的审核与审查、监督。

采购单位财务部门应严格审核申请表权签、采购合同、验收书、发票等文件的真实性、合法性和有效性，判断采购款项是否达到支付条件。其中，验收书是申请支付政府采购项目资金的必备文件。

（3）严格办理采购支付手续，规范采购资金支付相关要求。

（4）规范采购会计核算要求，加强会计系统控制。

(5) 加强本单位监督部门对政府采购资金支付的监督管理。

七、政府采购监督

(一) 政府采购监督的主要风险

(1) 本单位内部控制小组中没有安排人员进行本单位的政府采购监督。

(2) 本单位的政府采购监督没有形成比较完善的制度。

(3) 本单位监督部门对政府采购的监督工作重视程度不够。

(4) 本单位监督部门对政府采购的监督缺乏良好的专业性。

(5) 单位不明确政府采购质疑与投诉管理的相关法律法规，未能在法定时间回复质疑和投诉；或者拒绝回复或回避质疑和投诉，堵塞沟通渠道，损害供应商利益，影响政府采购的公正性。

(6) 政府采购评估指标选择不合理，评估结果不合理，不能及时发现并纠正采购中存在的问题，无法有效提高政府采购的管理水平。

(二) 政府采购监督控制

(1) 高度重视本单位的政府采购监督工作。

(2) 制定比较完善的关于政府采购监督的管理制度。

(3) 本单位监督部门应加强政府采购方面知识的学习，加强监督工作的专业性。

(4) 单位应建立健全政府采购质疑处理机制。

(5) 本单位监督部门应加强对政府采购监督的力度。包括成立考核小组、制订考核方案、收集基础材料、实施考核、汇总及报告、公布考核结果、整改等。

第四节 政府采购管理制度范本

政府采购管理制度

第一章 总 则

第一条 为加强学校政府采购的管理，规范采购行为，提高采购效率，促进学校廉政建设，根据《中华人民共和国政府采购法》《中华人民共和国政府采购法实施条例》《中华人民共和国招标投标法》和财政部《政府采购货物和服务招标投标管理办法》等规定，结合学校实际，制定本制度。

第二条 凡使用学校财政性资金采购的货物、服务和工程类项目，均适用本制度。

第三条 学校政府采购项目必须经过立项、论证、审批等确认程序，并落实经费来源后，方可组织实施。

第四条 学校政府采购分政府集中采购、分散自行采购等两种类型。政府集中采购是指学校委托市公共资源交易中心组织实施的、属于黑龙江省年度集中采购目录以内且符合集中采购项目标准的采购活动；分散自行采购是指学校自行组织实施的、属于集中采购目录以内，但采购预算额度在"集中采购限额标准"以下的项目和集中采购目录以外政府采购限额标准以上项目的采购活动。

第五条 学校政府采购活动，凡《中华人民共和国政府采购法》《中华人民共和国政府采购法实施条例》《中华人民共和国招标投标法》及政府其他法律法规已有规定的，一律从其规定执行。

第二章 组织机构及职责

第六条 学校政府采购领导小组是学校政府采购工作的领导、决策机构，研究决定学校政府采购工作的政策、制度和有关重要事项。领导小组由校长任组长，由分管采购工作的副校长任副组长，成员由其他校领导和纪委、校办公室、计划财务科、总务科、教务科等部门负责人组成。其主要职责如下：

（一）全面负责学校政府采购工作。

（二）审定学校政府采购工作规章制度。

（三）审定学校各部门政府采购预算的申请。

（四）讨论、决定学校政府采购工作中的重大事项。

第七条 学校政府采购工作中相关部门的工作职责

（一）纪委是学校政府采购的监督部门，主要职责如下：

1. 制定学校政府采购监督工作规章制度。

2. 监督检查学校政府采购执行部门遵守国家法律法规和采购规章制度的情况。

3. 全过程监督学校政府采购活动，对采购过程中的违规行为提出纠正建议。

4. 监督学校政府采购项目评标专家的抽取或确定工作。

5. 受理学校采购工作的有关投诉。

（二）计划财务科是学校政府采购的行政管理部门，主要职责如下：

1. 按照国家有关政府采购和招投标的法律法规，制定学校政府采购的规章制度和管理办法。

2. 组织编制采购预算，并报告上级政府采购预算管理部门。

3. 审核学校政府采购计划、采购用款计划和采购方式，并按规定向上级部门申报。

4. 编制采购文件，审查投标人资格，组织采购工作相关环节的实施，负责学校政府采购的支付工作。

5. 协调市公共资源交易中心或采购代理机构做好招标采购工作。

6. 负责货物和服务类（不含修缮项目，下同）项目的合同签订、组织验收、资料汇总备案归档等工作。

7. 负责学校政府采购领导小组会议的召集工作。

（三）采购项目的使用部门为采购项目委托人，委托人的主要职责如下：

1. 组织编制采购预算。

2. 定期编制采购计划。

3. 负责修缮项目的合同签订、合同履行以及资料汇总归档工作。

4. 参与分散自行采购项目的采购文件编制、投标人资格审查、开标、评标、合同签订、验收、合同款支付、售后服务工作；参与学校政府采购其他类型采购项目的招标文件审核、合同签订、验收、合同款支付、售后服务工作。

5. 做好采购项目的前期工作，提供采购商务、技术要求等原始资料，并负责技术解释。

6. 按照政府部门的要求，做好相关采购项目的申报、评估、验收工作。

第八条 政府采购项目的评标专家小组成员由学校政府采购领导小组决定，必要时邀请校内外专家参加。

第三章 采购程序

第九条 政府集中采购的工作程序

（一）编制学校政府采购预算和预算调整。委托人应于每年11月以前编制下年度学校政府采购预算，并按规定报学校审批；计划财务科负责将学校批准的学校政府采购预算上报财政厅审批，政府采购预算经批准后生效。

学校各部门政府采购预算经财政批复后，一般不予以调整，特殊情况由学校政府采购领导小组根据需要调整。

（二）编制学校政府采购计划。委托人应于每月10日以前将月度采购计划报计划财务科，计划财务科审核后将采购计划报学校政府采购领导小组审批，审批后报市公共资源交易中心采购。

（三）采购。计划财务科按审批后的采购计划，组织相关人员到市公共资源交易中心进行开标、评标并确认中标供应商。

（四）签订采购合同。采购项目开标确定采购人后，由委托人与中标供应商签订采购合同，签订的采购合同应与招投标的实质性内容一致。

（五）验收。工程、修缮项目验收由总务科组织，总务科、使用和管理部门参加，必要时可邀请技术专家参加；其余项目验收由计划财务科组织，计划财务科、使用和管理部门参加，必要时可邀请技术专家参加。通过验收是采购项目结算、付款的必要条件，验收人应当签署验收意见和验收结论，并承担相应责任。

（六）合同款支付。项目合同款支付由使用或管理部门的经办人及部门负责人签字，由计划财务科按审批权限办理。

（七）维保及质保金支付。工程、修缮项目保修期内维保，由总务科负责，质保金支付由总务科征求使用或管理部门同意后，按审批权限办理；其余项目保修期内维保，由使用或管理部门负责、计划财务科协调，质保金支付由使用或管理部门的经办人及部门负责人签字，由计划财务科按审批权限办理。

（八）资料归档。工程、修缮项目的资料整理、归档由总务科负责；其余项目的资料整理、归档由计划财务科负责。

第十条 符合黑龙江省财政厅文件规定的分散采购，由委托人编制采购计划，按照批复的采购预算，由计划财务科和委托人共同组织采购和验收。

第四章 采购的监督与纪律

第十一条 完善和健全采购监督机制，强化纪检监督和财务监督，提高学校采购工作的透明度。

第十二条 任何部门和个人不得未经批准擅自采购。禁止通过分拆、分段、分项等办法，化整为零，规避招标。

第十三条 采购工作人员、使用和管理部门的工作人员、评标专家小组成员与投标人有利害关系的，应当主动回避。

第十四条 参与学校采购活动的部门和个人，必须坚持公开、公平、公正的原则，按章办事。不得虚假采购，不得与投标人或代理机构恶意串通，不得接受贿赂或获取其他不正当利益，不得在监督检查中提供虚假情况，不得有违反政府采购管理办法的其他行为。

第五章 附 则

第十五条 本制度自发布之日起施行，学校原相关文件规定与本制度不符的，以本制度为准。

第十六条 本制度由计划财务科负责解释。

第八章 资产控制体系

第一节 资产控制概述

一、行政事业单位资产概述

行政事业单位资产包括流动资产、固定资产、无形资产、对外投资和其他资产。

流动资产包括现金、各种存款、应收及预付款项、存货等。

固定资产包括房屋及建筑物、专用设备和一般设备、文物和陈列品、图书和其他固定资产等。

对外投资包括债券投资和其他投资。

无形资产包括知识产权、土地使用权、非专利技术、商标权和商誉等。

二、行政事业单位资产管理的法律法规

(1)《政府会计准则——基本准则》(财政部令78号,2015年颁布)。

(2)《政府会计准则第1号——存货》《政府会计准则第2号——投资》《政府会计准则第3号——固定资产》和《政府会计准则第4号——无形资产》(财会〔2016〕12号)。

(3)《中华人民共和国现金管理暂行条例》(1988年9月8日中华人民共和国国务院令第12号发布,根据2011年1月8日《国务院关于废止和修改部分行政法规的决定》修订)。

(4)《现金管理暂行条例实施细则》(1988年颁布)。

(5)《行政单位国有资产管理暂行办法》(财政部令第35号,2006年颁布)。

(6)《事业单位国有资产管理暂行办法》(财政部令第36号,2010年颁布)。

(7)《事业单位财务规则》(财政部令第68号,2012年颁布)。

(8)《行政单位财务规则》(财政部令第71号,2012年颁布)。

(9)《人民币银行结算账户管理办法》(中国人民银行令〔2030〕第5号)。

(10)《中央预算单位银行账户管理暂行办法》(财库〔2002〕48号)。

(11)《中央预算单位银行账户管理暂行办法补充规定》(财库〔2006〕96号。

(12)《地方行政单位国有资产处置管理暂行办法》(财行〔2014〕28号)。

(13)《中央行政事业单位国有资产管理暂行办法》(国管资〔2009〕1167号)。

(14)《预算外资金管理实施办法》(财综〔1996〕104号)。

(15)《财政部关于进一步规范和加强行政事业单位国有资产管理的指导意见》(财资〔2015〕90号)。

(16)《行政事业单位清查核实管理办法》(财资〔2016〕1号)。

第二节 行政事业单位资产控制组织机构

一、单位内部控制领导小组

单位应在内部控制领导小组中指定专人负责本单位的资产控制工作。其主要有下述职责。

(1)负责本单位与资产管理与控制相关的领导工作。

(2)指定本单位财务部门或者其他某部门作为本单位资产管理的主管部门,安排资产主管部门制定资产管理的制度与流程等,审批与资产管理相关的相关制度等。

(3)负责处理与审批本单位资产管理中的重大问题。

(4)安排部门与人员对资产管理的工作进行监督。

(5) 评价与考核资产管理的绩效工作。

二、财会部门

财会部门应该作为本单位资产管理的主要管理部门。财会部门在资产控制工作中的主要职责包括下述几项。

(1) 接受本单位内部控制领导小组及其资产管理总负责人的领导。

(2) 负责制定本单位资产管理的规章制度。

(3) 指导相关资产归口管理部门制定本部门资产控制的办法,以及进行资产管理控制的实施。

(4) 负责本单位资产控制的绩效考核。

(5) 接受本单位政府采购监督部门的工作监督。

三、各资产的归口管理部门

资产归口管理部门是本单位资产实际使用部门与管理部门,其主要职责包括下述几项。

(1) 接受本单位内部控制领导小组和本单位资产管理部门的领导。

(2) 制定本部门关于资产控制的管理办法。

(3) 配合本单位关于资产管理与控制的工作。

(4) 认真执行资产管理的流程与管理办法。

(5) 向本单位资产管理部门汇报资产管理的状况,接受其评价与考核。

(6) 妥善保管本部门与资产有关的资料。

(7) 接受本单位资产控制监督部门的工作监督。

四、资产信息中心

资产信息中心是单位进行资产管理信息化最重要的部门,其主要职责包括下述几项。

(1) 接受本单位内部控制领导小组的工作领导。

(2) 按照内部控制领导小组和本单位资产控制管理部门的要求,设计和制定本单位资产信息管理的方案,进行本单位资产信息的管理。

(3) 接受本单位监督部门关于资产控制方面的监督工作。

五、资产监督机构

本单位应当建立资产控制的监督机制。监督部门的主要职责包括下述几项。

(1) 接受同级财政部门和本单位内部控制小组关于本单位政府资产控制工作中的监督工作安排。

(2) 监督检查本单位政府资产管理主管部门、财务部门、资产归口管理部门、资产信息中心等部门执行资产控制法律法规和本单位相关规定的情况。

(3) 参与本单位资产管理投诉答复的处理。

(4) 参与本单位资产管理的绩效考核等。

六、本单位资产控制职工反馈渠道

(1) 单位必须建立职员资产管理与控制内部反馈渠道。任何单位职工都有权对本单位任何部门违反国家法律法规的资产管理业务进行举报；本单位应建立内部职工举报制度，对进行举报的职工进行保护与保密工作。

(2) 本单位应该建立单位职员关于本单位资产控制的意见和建议的管理制度。负责本单位资产管理与控制的主责部门，应该安排相关人员对单位内部职工的建议进行整理并解决相关问题。

第三节 资产控制的风险点及控制办法

一、资产管理体系控制

(一) 资产管理体系建设的风险点

(1) 本单位没有资产控制的总负责人，或者总负责人的职责不明确。

(2) 本单位对资产管理控制不够重视。

(3) 本单位没有建立完善资产管理控制制度。管理行为无法可依、无规可循。

(4) 本单位对具体资产没有安排落实具体的责任人，或者责任人职

责不分明，责任人的管理责任心不强。

（5）本单位资产管理岗位设置不合理，没有体现不相容岗位相分离的原则。

（6）本单位资产管理系统落后，信息迟滞，提供的数据不准确。

（7）本单位各部门的资产配置不合理，出现浪费资源资产现象。

（8）本单位资产使用不当，出现对资产违规违法使用的情况。资产出租出借不符合规定，出租出借过程不公开、不透明。

（9）本单位对资产的核查与核实违反相关规定。

1）各部门清查核实职责不清。

2）各部门资产清查程序不规范，清查内容不全面，清查具有随意性，专业性不足。

3）资产核实程序不规范，各级别单位资产核实管理权限不清，资产核实申报材料不全。

（10）对本单位资产的收益处置不当，没有按相关规定进行管理。单位资产处置时缺乏恰当评估，处置方式不公开透明。

（11）对本单位资产的购置、分配、使用缺乏有效的跟踪分析，资产利用效果差。

（12）对本单位的资产管理缺乏绩效评价，评价指标体系不科学，评级结果不全面，无法为资产配置提供有效参考。

（13）本单位缺乏对资产管理进行全面监督的制度。

（14）本单位对资产监督执行不力。缺乏对本单位资产管理的全过程监管，监督过程缺乏多部门协作，导致国有资产损毁、缺失等。

（二）资产管理体系控制办法

（1）资产总负责人。

1）在本单位指定具体的某位负责人，作为本单位资产管理的总负责人。必须明确该负责人的职责，并且制定考核该负责人的方案。

2）该负责人应作为本单位内部控制小组的主要成员之一。

（2）本单位应落实资产的总负责部门，一般为财务部。

（3）财务部门必须制定本单位资产管理的制度，并负责贯彻落实。

（4）对本单位资产的管理必须落实到每一个部门，再在每一个部门指定具体的资产管理责任人员。要制定责任人员的岗位职责，并且制定相对应的考核方案。

（5）对资产的管理必须严格遵守不相容岗位相分离原则。

与资产管理相关的不相容岗位主要包括货币资金支付的审批和执行，货币资金的保管和收支账目的会计核算，货币资金的保管和盘点清查，货币资金的会计记录和审计监督，无形资产的研发和管理，资产配置和资产使用，资产使用和资产处置，资产配置、使用和处置的决策、执行和监督等。

（6）对资产管理应建立科学的管理信息系统，保证资产管理的数据准确及时地得到统计与核查。

（7）制定各部门申报购置、配置、使用、处置资产的程序，建立健全资产配置标准体系，优化新增资产配置管理流程，并且认真执行。

（8）建立健全本单位资产清查核实制度。要求按照规定的政策、工作程序和方法，对行政事业单位进行账务清理、财产清查，依法认定各项资产损溢和资金挂账，对行政事业单位资产清查工作中认定的资产盘盈、资产损失和资金挂账等进行认定批复，并对资产总额进行确认。

（9）建立健全资产收益管理制度。

1）行政单位国有资产处置收入和出租、出借收入，应当在扣除相关税费后，及时、足额上缴国库，严禁隐瞒、截留、坐支和挪用。

2）中央级事业单位出租、出借收入和对外投资收益，应当纳入单位预算，统一核算、统一管理。

（10）建立本单位资产购置、配置、使用等的跟踪分析制度，考核本单位资产的利用效果与效率。

（11）建立本单位对资产管理的部门与人员的绩效评价与考核体系，要求指标简明科学，真正督促本单位全员进行资产的有效管理。

（12）建立健全资产管理监督管理制度，并认真执行实施。在本单位内部要建立完善国有资产监督管理责任制，将资产监督的责任落实到具体部门和个人。

二、货币资金控制

（一）货币资金的主要风险点

（1）财务部门对货币资金的管理重视程度不够，没有制定严格的货币资金管理制度。

（2）本单位货币资金管理岗位的控制存在以下风险。

1）货币资金管理岗位设置不合理，未明确岗位职责和权限，不相容岗位未实现相互分离。

2）资金管理人员专业能力不足，缺乏必要的岗位技能。

3）财务印章管理和使用违法违规。

4）货币资金授权审批不当。审批人对货币资金授权批准的方式、权限、程序和责任及相关控制措施不明确。

（3）银行账户管理风险。

1）银行账户的设置、开立、变更和撤销随意，未经严格审批，单位存在违规账户。

2）单位银行账户设置混乱，资金存放混乱，银行账户使用不规范。

3）对货币资金疏于管理和监督，管理监督部门和单位职责不清，对银行账户缺乏动态监控，对账户的情况缺乏全面了解，无法及时发现问题并予以纠正。

（4）货币资金核查风险。

1）缺乏对货币资金核查和盘点的制度，或者制度得不到严格执行。

2）银行对账没有如实核对，导致存款账面金额和银行对账单余额调节不符；或者没有及时处理、改正等。

（二）货币资金控制

（1）本单位内部控制领导小组必须高度重视货币资金的管理，要求落实具体部门负责货币资金管理的整体工作。

（2）财务部门要高度重视货币资金管理，要制定严密的管理制度，要有执行制度的具体行动方案。

（3）要从全局角度进行货币资金管理并严格控制，建立健全货币资金管理体系。

1）建立健全货币资金管理岗位责任制，明确岗位职责和权限，建立货币资金管理岗位责任制。按照不相容岗位分离原则，确保货币资金支付的审批与执行、货币资金保管与会计核算、货币资金保管与盘点清查、货币资金会计记录与审计监督等不相容岗位相互分离、制约和监督。不得由一人办理货币资金业务的全过程，严禁未经授权的部门或人员，办理货币资金业务或直接接触货币资金。

2）加强出纳人员的管理，确保具备专业技术能力及职业道德的人员担任出纳人员，出纳不得兼管稽核、会计档案保管和收入、支出、费用、债权、债务账目的登记工作。

3）加强印章管理。单位要规范印章刻制程序；严格印章使用过程管理，印章启用、封存或者销毁合法合规；印章使用流程规范，不可随便委托他人代取、代用印章；完善印章保管责任机制，单位财务印章须由会计人员专人保管，未经授权的人员，一律不得接触、使用印章，出纳不得管理印章，会计人员不得将印章转借他人。

4）建立货币资金授权审批机制，明确审核人的审核权限和审批人的审批权限。审核人在授权范围内对货币资金业务进行审核，不得越权审核。

（4）建立健全银行账户管理控制机制。

1）实行严格的账户审批制度。管理部门统一办理批复手续。开户单位持财政部门批件，按人民银行有关规定，到银行办理开立（变更）银行存款账户手续。

2）合理设置银行账户。包括预算单位零余额账户，基本存款账户，基本建设和其他专用存款账户，应缴财政收入汇缴专用存款账户，住房制度改革存款账户，党费、工会经费和其他专用存款账户，学会、协会账户等。

3）加强银行账户的管理监督。单位要加强银行账户的管理监督，具体包括认真落实银行账户管理的相关规定，严格履行单位财务部门管理银行账户的职责，按预算单位银行账户的设置原则设置账户，并自觉接受监督检查部门的检查。要按照法律法规规定的用途使用银行账户等。

（5）加强货币资金的核查控制。

1）加强库存现金盘点和督察。出纳人员应每天清点库存现金，登记库存现金日记账，做到日清月结。

2）单位应建立现金盘点清查制度，定期不定期地对库存现金进行清查盘点。

3）加强与银行的对账工作。每月要按时按质做好银行存款未达账的余额调节表。

三、实物资产控制

(一) 实物资产控制的主要风险点

1. 实物资产管理体系风险

(1) 资产多口管理,未实现归口管理,资产管理部门职责不清。

(2) 财务部门没有完善实物管理制度,或者对制度的实施监督不力。

(3) 相关部门没有选用与实物管理能力相适应的工作人员。

(4) 单位实物资产管理岗位设置不合理,职责权限不明确,未实现不相容岗位和职务相互分离。

(5) 对实物的使用与处置缺乏监督部门与监督机制。

2. 实物资产购置与验收风险

(1) 实物的购置没有按相关规定的流程走。

(2) 资产配置不规范。配置没有经过全面分析,决策不科学,未经恰当审批和审核,导致取得和配置违规违法。

(3) 实物资产取得验收程序不规范,验收部门和人员专业能力不强。

(4) 实物资产缺乏内部调剂机制,导致资产长期闲置,造成资产使用价值下降、资源浪费。

3. 实物资产日常管理风险

(1) 缺乏实物资产内部领用制度。

(2) 实物资产保管不善、操作不当。

(3) 对资产的日常使用缺乏维修和保养。

4. 实物资产处置环节风险

资产处置方式不恰当,导致资产估价过低,资产处置程序不合规。

(二) 实物资产控制

1. 建立健全实物资产管理体系

(1) 资产必须进行归口管理,管理部门要有明确的职责。

(2) 财务部门负责制定实物资产的管理制度。

(3) 财务部门及资产归口管理部门,对实物管理人员进行岗位能力与职业道德培训。

(4) 实物管理要实行不相容岗位相分离制度。包括实物资产预算编制与审批,实物资产请购与审批,实物资产采购、验收章与款项支付,实物资产投保申请与审批,实物资产处置申请与审批,实物资产取得、保管与处置业务执行等。单位不得由同一部门或个人办理实物资产的全过程业务。

(5) 建立健全授权审批制度。为了确保实物资产业务的授权审批,提高资产的利用效率,单位应制定严格的实物资产授权批准制度,明确授权批准的方式、权限、程序、责任和相关控制措施。

(6) 制定实物管理的监督制度,并认真执行。

2. 加强实物资产取得的控制

(1) 确保实物资产配置合法合规。

单位国有资产配置的原则包括严格执行法律、法规和有关规章制度;与行政单位履行职能需要相适应;科学合理,优化资产结构;勤俭节约,从严控制。

(2) 实物资产取得控制。单位要根据国家和地区有关资产配置的标准,向各级公务员配置相应的实物资产,以便开展公务活动。

1) 实物资产请购控制。在实物资产请购时,业务部门对资产购置的可行性进行初步研究,编制实物资产请购计划,经分管业务单位领导审批后,报资产管理部门审核。

审核通过后,业务部门可编制实物资产购建预算执行申请,报经分管业务单位领导审批,经财务部门负责人审核、分管财务单位领导审批后,由资产管理部门统一组织购买;对于重大资产采购,采用招标方式采购。

2) 实物资产内部调剂控制。要求本单位配置的资产,能通过调剂解决的,原则上不重新购置。

3. 加强实物资产验收的控制

本单位要按照相关法律法规和采购合同,组织对实物资产的验收工作,确保实物资产的数量、质量等符合使用要求。

4. 加强实物资产日常管理的控制

(1) 加强本单位的实物资产内部领用控制。

(2) 加强本单位实物资产保管控制。

1) 落实各部门编制实物资产目录。

2）各资产使用单位建立实物资产卡片。
3）各资产使用单位建立实物资产登记簿。
(3) 加强本单位实物资产维修保养控制。
1）做好日常维修管理。
2）做好大修管理。资产管理部门要根据资产的特征和使用条件，合理安排资产的大修，确保资产能够通过大修恢复到设计水平，保证资产正常运转。
(4) 做好本单位实物资产出租出借控制。本单位应根据行政事业单位国有资产管理的规定，确定单位资产出租出借的程序、方式和原则。行政单位不得用国有资产对外担保，拟将占有、使用的国有资产对外出租、出借的，必须事先上报同级财政部门审核批准，未经批准，不得对外出租、出借。事业单位利用国有资产出租、出借和担保的，应当进行必要的可行性论证，并提出申请，经主管部门审核同意后，报同级财政部门审批。

5. 加强本单位实物资产处置的控制

出售、出让、转让、变卖资产数量较多或者价值较高的，应当通过拍卖等市场竞价方式公开处置。国有资产处置收入属于国家所有，应当按照政府非税收入管理的规定，实行"收支两条线"管理。

四、无形资产控制

（一）无形资产控制的主要风险点

1. 无形资产管理体系建设的风险

(1) 对单位的无形资产认识不足，管理不专业。
(2) 没有制定相关的无形资产管理制度。
(3) 本单位对管理无形资产的岗位设置不合理，没有明确的职责权限。
(4) 无形资产的管理没有实现不相容岗位相分离。

2. 无形资产取得风险

(1) 本单位对无形资产的投资没有进行详细的可行性的研究与分析。
(2) 无形资产购置的预算不合理，未经过审批或超越权限审批，仓促上马。

（3）无形资产外购未严格按照政府采购流程，故意规避公开招标。

（4）无形资产验收不严格，不符合使用要求，未取得相关权利的有效证明文件，导致单位权益受损。

3．无形资产使用保全风险

（1）本单位没有制定严格的保密制度，可能造成单位无形资产被盗用、无形资产中的商业机密泄露。

（2）未及时对无形资产的使用情况进行检查、评估，导致内含的技术未能及时升级换代，使单位无形资产面临贬值的风险。

4．无形资产处置风险

（1）本单位没有制定无形资产处置的制度。

（2）本单位无形资产处置流程不规范，处置价格不合理，不符合法律法规，可能导致单位资产损失，甚至引起法律纠纷。

（二）无形资产控制

（1）本单位要从高层做起，重视无形资产的管理。

（2）本单位要进行无形资产管理的制度建设。

（3）在本单位构建和完善无形资产管理体系。

1）合理设置岗位，明确职责权限，建立无形资产业务的不相容岗位相互分离机制。包括无形资产投资预算的编制与审批，无形资产投资预算的审批与执行，无形资产的取得、验收与款项支付，无形资产处置的审批与执行，无形资产取得与处置业务的执行与相关会计记录，无形资产的使用、保管与会计处理。单位不得由同一部门或个人办理无形资产的全过程业务。

2）建立健全授权审批制度。严禁未经授权的部门或人员办理无形资产业务。

3）制定无形资产业务流程。明确无形资产业务流程，明确无形资产投资预算编制，自行开发无形资产预算编制、取得与验收、使用与保管、处置和转移等环节的控制要求。

（4）加强无形资产取得环节的控制。

1）对项目的可行性进行周密系统的分析和研究。

2）编制无形资产投资预算，并按规定进行审批，确保无形资产投资科学、合理。对于重大的无形资产投资项目，单位应考虑聘请独立的中介机构或专业人士进行可行性研究和评价,并由单位进行集体决策和审批。

3) 单位应建立请购和审批制度,明确请购部门和审批部门的职责权限和相应的请购和审批程序。

4) 建立严格的无形资产交付使用验收制度,确保无形资产符合使用要求。

(5) 加强无形资产使用保全环节的控制。

单位要加强无形资产的日常管理工作,授权具体部门或人员负责无形资产的日常使用和保全管理,确保无形资产的安全和完整。

(6) 加强无形资产处置环节的控制。

单位应明确无形资产处置的程序和审批权限,并严格按照处置程序进行无形资产处置业务。重大无形资产的处置,要委托具有资质的中介机构进行资产评估,实行集体研究、专家论证和技术咨询相结合的议事决策机制,并建立集体审批记录机制。

五、对外投资控制

(一) 对外投资控制的风险点

(1) 本单位没有制定对外投资的管理制度。

(2) 单位内部控制领导小组没有人专门负责对外投资的管理。

(3) 本单位对外投资出现随意性,没有进行详细的研究与分析。对外投资的风险意识不足。

(4) 本单位对外投资的审核审批不符合有关法律法规的要求。

(5) 本单位对外投资的决策不符合法规要求。

(6) 本单位对外投资的岗位设置不合规不合理,没有明确的职责权限。

(7) 本单位对已投资的项目缺乏有效的跟踪管理。没有专业的人员进行专业的项目分析管理。

(8) 本单位对对外投资的收益处置不合规不合理。

(9) 本单位对对外投资的资料保管不重视。

(10) 本单位对对外投资的账务处理不合规。

(11) 本单位缺乏对对外投资的绩效分析与绩效管理。

(12) 本单位缺乏对对外投资的长期的监督与监管等。

(二) 对外投资的控制

(1) 在本单位的内部控制领导小组中,专门安排人员管理本单位的对外投资。

(2) 制定本单位的对外投资的管理制度。

(3) 建立健全对外投资管理体系。

1) 本单位要合理设置对外投资业务相关岗位,明确岗位的职责权限,确保不相容岗位相互分离、相互监督和相互制约。不相容岗位主要包括对外投资的可行性研究与评估、对外投资决策与执行、对外投资处置的审批与执行、对外投资执行与会计核算、对外投资执行与监督等。

2) 单位应该制定对外投资业务的审核审批权限,明确审批人的授权批准方式、权限、程序、责任及相关控制措施,规定经办人的职责范围和工作。

3) 单位对外投资的流程包括投资意向、可行性研究、集体论证、审批、实施等流程,单位要明确投资业务流程,规范单位对外投资,确保对外投资各业务环节正常开展。

(4) 确保单位对外投资的合法合规性。单位要明确行政事业单位对外投资相关规定,确保单位对外投资的合法合规性。

(5) 建立投资决策控制机制。

1) 慎重提出对外投资初步意向。

2) 进行充分调研,严格论证、评价投资项目的经济效益和合理性,进行市场预测,分析投资项目的投资收益、投资回收期利润增量等经济指标,形成可行性研究报告和投资方案。

3) 单位对外投资应该实行集体决策。对外投资属于重大经济事项,应当由单位领导班子在专家论证和技术咨询的基础上集体研究决定。决策一旦确定,单位任何个人无权更改集体决定。决策过程要做好完整的书面记录,详细记录决策过程中的不同意见,以便明确决策责任。

4) 严格执行对外投资项目审批。单位应该按照国家和地方的相关规定,依法履行对外投资审批程序,主管部门或财政部门要按规定和职权进行审核审批。

(6) 加强对投资项目的管理,安排专业人员进行跟踪管理与分析。

1) 对外投资相关资料通过审批后,要制订具体的投资计划,并且严格按照计划确定的项目、进度、时间、金额和方式投出资产。

2）加强对外投资项目的追踪管理，确保对外投资的保值增值。一方面，应加强对被投资单位经营活动的监督，密切关注被投资单位借贷、投资、担保和委托理财等行为。另一方面，应加强对投资项目进行日常跟踪管理，组织投资质量、投资效益和投资风险分析，并且定期向主管单位报告对外投资的执行情况。

3）单位应对在对外投资过程中形成的各种决议、合同、协议及其他应当保存的文件统一归档，并指定专人负责保管。

4）单位应当及时足额收取对外投资收益，并按相关法律法规的要求进行处理。

5）规范对外投资账务处理。单位应建立健全财务管理制度，按照相关会计制度的要求，对已经审批通过的对外投资项目进行核算。

6）及时处置对外投资资产，建立投资处置控制机制。

（7）建立本单位对外投资绩效评价与绩效考核的管理制度。

（8）建立投资监督评价控制机制。

1）单位应该建立科学合理的单位对外投资监督管理责任制，将监督责任落实到具体部门和个人。

2）明确对外投资业务的重点管控点，指定专门机构或指定专门人员定期检查对外投资业务管理情况，加强对外投资业务的监督和检查。

3）单位也要建立对外投资决策失误责任追究制度，对在对外投资中出现重大决策失误、未履行集体决策程序和不按规定执行对外投资业务的部门及人员，应当追究相应的责任。

第四节　行政事业单位资产控制文件

中央行政事业单位资产管理绩效考评办法（试行）

第一条　为了加强中央行政事业单位资产管理，降低行政运行成本，促进资产科学配置、高效使用和优化处置，进一步提高中央国家机关资产管理科学化、精细化、专业化水平，根据《中央行政事业单位国有资产管理暂行办法》（国管资〔2009〕167号）等有关法规制度，制定本办法。

第二条　中央行政事业单位（即国务院各部门、各直属事业单位，最高人民法院，最高人民检察院，行政经费在国务院系统的人民团体，以下简称各部门）机关和机关服务中心等的资产管理绩效考评，适用本办法。

第三条 本办法所称中央行政事业单位管理绩效考评（以下简称资产管理绩效考评），是指以资产年度配置计划和决算报告为基础，依据本办法规定的考评方法和指标，对各部门年度资产的配置、使用、处置等管理情况进行量化考核和客观评价，以确定各部门资产管理效率和管理目标实现程度的活动。

第四条 资产管理绩效考评应当坚持公开透明、客观公正、严格规范、注重实效的原则。

第五条 资产管理绩效考评以预算年度为周期，实施年度考评。

第六条 国务院机关事务管理局（以下简称国管局）负责制定资产管理绩效考评制度，建立和完善考评指标体系，组织实施考评工作，并接受财政、审计部门的指导和监督。各部门应当按照资产管理绩效考评要求，提供资产管理相关数据和材料。

第七条 资产管理绩效考评采取定量与定性相结合的方法，主要通过材料审查、现场检查和专项抽查等方式进行。

第八条 资产管理绩效考评依据下列指标开展。

（一）配置计划执行率，即各部门年度资产实际配置量与计划配置量的比率。考核部门资产配置计划执行情况，检验配置计划编报的合理性，增强配置计划的约束力，逐步实现配置计划和配置预算的有效衔接。

（二）政府集中采购率。即各部门通过集中采购机构采购通用资产与年度购置通用资产的比率。考核各部门年度计划配置资产的集中采购情况，加大执行政府集中采购政策的力度。

（三）资产调剂利用率，即各部门通过调剂方式配置的资产数量与年度配置资产总量的比率。考核各部门内部和部门之间资产调剂情况，提高资产利用率和财政资产使用效益，优化资产配置。

（四）资产处置平台交易率，即各部门通过中央行政事业单位资产处置服务平台交易资产产量与实际年度处置交易资产总量的比率。考核各部门通过进场交易方式处置资产情况，促进资产处置规范有序和公开公正，实现处置收益最大化。

（五）人均通用资产占有率，即各部门人均通用资产占有量与中央国家机关人均通用资产占有量的比率。考核各部门办公家具、办公设备等通用资产的人均占有水平,从数量、价值角度反映各部门通用资产年度配备使用水平和利用效率。

(六)固定资产增长率,即各部门年度净增固定资产原值与年初固定资产原值的比率。考核各部门固定资产变化情况,提高各部门资产使用效率和管理水平。

(七)单车运行费用率,即单辆公务用车实际运行费用与中央国家机关公务用车运行费用平均水平的比率。考核各部门公务用车的维修保养费、燃油费、保险费和事故损失费等费用的支出情况,加强公务用车日常使用管理,降低使用和维修保养成本。

(八)软件资产正版化,即各部门使用正版软件资产数据与全部软件资产数量的比率。考核各部门正版软件使用情况,优先配备国产品牌软件,推进软件知识产权保护和加强软件资产管理工作。

(九)废弃电器电子资产环保回收率,即各部门年度环保回收废弃电器、电子类产品总量与全年处置的废弃电器、电子资产总量的比率。考核各部门废弃电子类资产的环保回收情况,落实国家有关政策,促进环境保护和节约型机关建设。

(十)资产保值增值率,即各部门机关服务中心等附属事业单位直接投资设立的企业年末所有者权益扣除客观增减因素后与年初所有权益的比率。考核附属事业单位投入企业资本的保全性和增长性。评价企业财务效益状况,加强对外投资管理。

第九条 除前条规定指标外,各部门资产管理工作的制度建设、信息化建设、工作创新等方面情况,也同时纳入绩效考评范围。

第十条 资产管理绩效考评实行百分制,国管局根据国有资产管理目标、任务和工作重点,合理确定各项考评指标权重和分值。

第十一条 国管局每年组织开展资产管理绩效考评工作,会同有关部门组建考评工作组,审核各部门报送的相关数据和材料,实地抽查部门资产管理情况,确定各部门资产管理绩效考评得分。

第十二条 国管局根据绩效考评得分,初步确定各部门资产考评结果,并以适当形式公示,各部门对结果有异议的,可以于公示后10个工作日内向国管局提出。经公示无异议或者异议不成立的,国管局确定考评最终结果。

第八章　资产控制体系

第十三条　国管局对考评结果进行通报，并向各部门下达考评意见书，向绩效考评差的部门下达整改意见书，绩效考评差的部门应当按照要求认真整改。资产管理绩效考评结果作为下一年度编制和审批资产配置计划等工作的重要依据。

第十四条　对资产管理绩效考评工作组织不力、敷衍推诿、弄虚作假的，以及不按照整改意见书要求进行整改的，向所在部门领导通报；对在绩效成绩考评中发现的违反资产管理相关规定，造成资产损失的，依照有关规定追究责任。

第十五条　本办法由国管局负责解释。

第十六条　本办法自印发之日起执行。

第九章 建设项目控制体系

第一节 建设项目概述

一、建设项目概念

建设项目是指行政事业单位自行或者委托其他单位进行的建造、安装活动。建造活动主要是指各种建筑的新建、扩建、改建及修缮活动，安装活动主要是指设备的安装工程。

二、建设项目的分类

（1）按照建设项目的实施方式，行政事业单位建设项目可分为自行建造和委托他人建造。

（2）按照建设项目实施内容，行政事业单位建设项目可以分为单位办公用房建设项目、基础设施建设项目、公用设施建设项目、大型设备安装项目和大型修缮项目。

三、建设项目控制主要的法律法规

（1）《中华人民共和国建筑法》（国家主席令第91号，1997年颁布）。

（2）《建设工程勘察设计管理条例》（国务院令第293号，2000年颁布，国务院令第662号，2015年修改）。

（3）《建设工程质量管理条例》（国务院第279号，2000年颁布）。

（4）《建设工程安全生产管理条例》（国务院第393号，2003年颁布）。

（5）《对外承包工程管理条例》（国务院第527号，2008年颁布）。

（6）《中华人民共和国招标投标法实施条例》（国务院第613号，

2011年颁布)。

(7)《工程建设项目招标范围和规模标准规定》(国家发展计划委员会令第3号,2000年颁布)。

(8)《工程建设国家标准管理办法》(建设部令第24号,1992年颁布)。

(9)《工程建设行业标准管理办法》(建设部令第25号,1992年颁布)。

(10)《建筑工程施工许可管理办法》(建设部令第71号,1999年颁布)。

(11)《建筑工程设计招标投标管理办法》(建设部令第82号,2000年颁布)。

(12)《建设工程监理范围和规模标准规定》(建设部令第86号,2001年颁布)。

(13)《房屋建筑和市政基础设施工程施工招标投标管理办法》(建设部令第89号,2001年颁布)。

(14)《建设工程勘察质量管理办法》(建设部令第115号,2002年颁布)。

(15)《房屋建筑和市政基础设施工程施工分包管理办法》(建设部令第124号,2004年颁布)。

(16)《建筑施工企业安全生产许可证管理规定》(建设部令第128号,2004年颁布)。

(17)《建设工程质量检测管理办法》(建设部令第141号,2005年颁布)。

(18)《工程造价咨询企业管理办法》(建设部令第149号,2006年颁布)。

(19)《建筑工程施工发包与承包计价管理办法》(建设部令第16号,2013年颁布)。

(20)《建设用地审查报批管理办法》(国土资源部令第49号,2010年颁布)。

(21)《建设工程项目管理规范》(GB/T 5032—2006)。

(22)《建设工程监理规范》(GB/T 50319—2013)。

(23)《建设工程造价咨询规范》(GB/T 51095—2015)。

（24）《房屋建筑和市政基础设施工程施工安全监督规定》（建质〔2014〕153号）。

（25）《房屋建筑和市政基础设施工程施工安全监督工作规程》（建质〔2014〕154号）。

（26）《房屋建筑和市政基础设施工程竣工验收规定》（建质〔2013〕171号）。

（27）《工程勘察资质标准实施办法》（建市〔2013〕86号）。

（28）《城市轨道交通工程概算定额》（建标〔2011〕99号）。

（29）《关于进一步推进工程造价管理改革的指导意见》（建标〔2014〕142号）。

第二节　建设项目业务组织机构体系

一、单位内部控制领导小组

单位应在内部控制领导小组中指定专人，负责本单位的建设项目的管理与控制工作。其职责包括下述几项。

（1）负责本单位与建设项目管理与控制相关的领导工作。

（2）负责安排本单位建设项目管理与控制制度的审批。

（3）负责安排本单位建设项目有关法律法规与技术领域的培训体系建设。

（4）负责处理与审批本单位项目建设中的重大问题。

（5）负责建设项目监督工作的安排。

（6）负责本单位建设项目实施的绩效考核与评价。

二、单位建设项目管理部门

资产建设项目管理部门主要职责包括下述几项。

（1）接受本单位内部控制领导小组和本单位项目建设管理部门的领导。

（2）制定本部门关于建设项目控制的管理办法。

（3）认真执行建设项目管理的流程与管理办法。

(4) 向本单位内部控制领导小组及相关领导报告项目建设情况，接受其评价与考核。

(5) 认真贯彻安全生产、文明施工方针，坚决执行国家、地方政府及局安全部门颁发的安全生产环境保护法律、法令、规定制度、标准、规范，制定本项目施工现场各项安全环保管理制度、办法、规定，并监督实施。建立健全安全组织机构和保证体系，安全管理人员配备到位。

(6) 负责协助单位编制标后预算，结合建造合同核算办法的规定，编制初始预计总收入和预算总成本，负责根据标后预算调整、细化施工预算，控制工程成本。

(7) 负责编制施工预算，按施工预算进行动态成本控制、核算和经济活动分析，负责成本预测、控制、核算、分析、改进管理工作，负责工程变更索赔的前期策划、过程申报和争取报批工作。

(8) 负责以项目管理评价目标为侧重，强化管理，定期自评，落实上级改进建议；负责施工队伍管理、评价和经济纠纷处理工作。

(9) 接受本单位项目建设控制监督部门的工作监督。

三、财会部门

财会部门应该作为本单位项目建设的另一个主要管理部门。财会部门在项目建设控制工作中的主要职责包括下述几项。

(1) 接受本单位内部控制领导小组及其项目建设管理总负责人的领导。

(2) 负责制定本单位项目建设相关的财务管理的规章制度。

(3) 领导本项目部的财务会计工作，保证完成各项工作任务，对本项目部的财务会计工作全面负责。

(4) 要根据本项目部生产经营情况，设立会计账户、审核各项收支，按会计制度规定处理会计业务，使项目部的各种报表、账簿、凭证内容真实、数字准确、手续完备。为项目部负责。

(5) 积极参与项目部有关生产、管理的经营决策活动，认真会签有关经济合同，建立健全各项结算台账。提供经济活动资料和预测资料，为加强项目部管理、提高经济效益服务。

(6) 要抓紧项目建设债权债务清理工作，要坚持随时挂支、随时清理，以免发生呆账、坏账。民工队借支生活费用的结算要认真审核合同、借款单、结算清单，有权拒付无合同及超合同付款。要按规定审查备用金的借支、报销，坚持前账未清，不得续借的原则。

（7）保管好项目部财务公章，用于签发支票的印章不能由支票保管人员保管，财务公章只能用于支票、结算等会计业务，不能挪作他用。

（8）对本单位的各项会计凭证、会计账簿、会计报表、财务计划和重要的经济合同等会计资料，要按照档案制度的规定装订成册，要做到牢固整齐，并定期收集核对、分类整理，待项目完工后向公司档案室移交。

（9）参与本单位项目建设实施控制的绩效考核。

（10）接受本单位项目建设监督部门的工作监督。

四、项目建设监督机构

本单位应当建立项目建设控制的监督机制。监督部门的主要职责包括下述几项。

（1）接受同级财政部门和本单位内部控制小组关于本单位项目建设控制工作中的监督工作安排。

（2）监督检查本单位项目建设管理主管部门、财务部门等部门执行项目建设控制法律法规和本单位相关规定的情况。

（3）参与本单位项目建设管理投诉答复的处理。

（4）参与本单位项目建设管理的绩效考核等。

五、本单位资产控制职工反馈渠道

（1）单位必须建立职员项目建设管理与控制内部反馈渠道。任何单位职工都有权对本单位任何部门违反国家法律法规的资产管理业务进行举报；本单位应建立内部职工举报制度，对进行举报的职工进行保护与保密工作。

（2）本单位应该建立单位职员关于本单位项目建设控制的意见和建议的管理制度。负责本单位项目建设管理与控制的主管部门，应该安排相关人员对单位内部职工的建议进行整理并解决相关问题。

第三节 建设项目的主要风险及控制办法

一、建设项目业务管理组织体系

(一)建设项目业务管理组织体系主要风险点

(1) 本单位没有建立相应的建设项目管理机构,或者没有安排建设项目总负责人。

(2) 本单位没有建立项目管理制度,或者制度不完善。

(3) 本单位建设项目业务岗位设置不合理,或者没有明确的岗位职责制度。

(4) 本单位岗位设置时不相容岗位没有分离。

(5) 本单位建设项目管理没有相对应的专业人员。

(6) 本单位建设项目业务的决策不合法律法规的要求。议事决策机制不健全,单位决策者自身的责任意识不够强,决策工作存在盲目性。

(7) 本单位的文档审核岗位设置不合理,负责文档编制的人员同时也负责审核,导致文档审核失效;审核人员能力不足,不具备文档审核的专业能力。

(8) 本单位没有行之有效的建设项目业务的监督管理。

(二)建设项目业务管理组织体系风险的控制

(1) 本单位领导层应高度重视建设项目的管理体系建设。单位内部控制领导小组应指定专人负责本单位的建设项目业务的领导工作。

(2) 本单位应设置专门专业的归口管理部门。负责本单位建设项目的具体指导与实施工作。

(3) 本单位要完善建设项目业务的规章制度。建设项目内部管理制度进一步细分为建设项目的总体管理办法、岗位职责制度、质量控制制度、财务管理制度、成本控制制度、招标投标制度、合同管理制度、施工安全管理制度、工程物资采购制度、档案管理制度、项目考核与评价制度等。

(4) 本单位要积极进行建设项目相关业务的培训,培养专业人才。

(5) 建立健全本单位建设项目业务的岗位职责制度。要确保办理建设工程业务的不相容职务相互分离、相互制约、相互监督。建设项目管理相关的不相容岗位主要包括项目建议和可行性研究与项目决策、概预算编制与审核、项目实施与价款支付、竣工决算与竣工审计等。

(6) 按照国家法律法规标准建立健全项目议事决策机制。

建设项目管理决策机构应当是单位的最高决策机构，建设项目相关决策由单位领导班子集体研究决定，形成集体研究、专家论证和技术咨询相结合的议事决策机制。

单位应当对项目决策程序和相关责任做出明确规定，确保项目决策科学、合理。

(7) 单位对建设项目审核业务人员进行不断培训，优化审核控制。

单位应当着重从以下几方面优化建设项目审核控制。

1）在岗位设置上，文档的编制与审核应当相互分离。

2）参与审核的人员一定要具备相应的能力，由单位内部的规划、技术、财会、法律等相关工作人员承担。

3）单位应按照文档内容不同明确审核要点。

4）单位应落实审核责任，负责审核工作的机构或人员，应当对其出具的审核意见或评审意见承担责任。

5）建立相关的绩效考核制度。

二、项目立项控制

(一) 项目立项主要风险点

1. 项目建议书编审风险

(1) 重大项目直接开展可行性研究，缺少项目建议书，或者项目建议书很不专业。

(2) 项目建议书中存在与国家相关法律法规不符的情况。

(3) 项目立项建议书自身内容的编写不规范，表述不明确、不清楚。

(4) 项目投资估算和建设进度安排不合理、不协调，与客观情况偏差大。

(5) 项目建议书编制和评审职责分工不明，审议决策缺乏集体决策，导致项目建议书编制和评审缺乏规范性和科学性。

2. 可行性研究报告编审风险

（1）单位未对建设项目进行可行性研究，或者可行性研究流于形式。

（2）可行性研究报告编写不规范，内容存在缺失，未根据单位建设项目的特点编写。

（3）可行性研究报告编写人员缺乏专业性，导致可行性研究报告缺乏科学性、准确性和公正性。

3. 项目决策审核风险

评审人员缺乏专业性、经验不足、缺乏责任感，评审未综合考虑各种因素。

（二）项目立项控制

1. 项目建议书的编审控制

（1）单位确定投资分析、编制和评审项目建议书的职责分工，指定牵头或组织机构、人员调配，确定选择专业机构的条件和评审方式等。

（2）在审议决策过程中，单位要对其进行集体审议，必要时可成立专家组或委托专业机构进行评审，为可行性研究报告提供可靠依据。

2. 可行性研究报告编审控制

可行性研究报告的主要内容包括项目概况，市场分析与建设规模，资源、原材料及公用设施，项目设计方案，环境保护及劳动安全，单位组织、劳动定员的优化组合及人员培训，投资估算和资金筹措，实施进度及建设工期的规划，社会及经济效果评价，风险分析，综合评价及结论，附件，必要的附图和附表等。

3. 项目决策审核控制

单位应该对建设项目可行性研究报告进行审核或者评审。委托专业机构进行评审的，该专业机构不得参与建设项目可行性研究。参与评审或评审的人员应当熟悉工程业务，并具有广泛代表性。在进行审核或评审时，不能采用简单的"少数服从多数"的原则，应该充分考虑项目投资、质量、进度等各方面的意见，综合考虑各种因素，确保项目评审的科学性。项目评审应该重点关注项目投资方案、投资规模、资金筹措、生产规模、布局选址、技术、安全、环境保护等情况,核实相关资料的来源和取得途径的真实性和可靠性,特别是要深入分析和全面论证建设项目的经济技术可行性。

(1) 本单位要根据职责分工和审批权限对建设项目进行决策,决策过程必须有完整的书面记录。

(2) 重大建设项目应当报单位集体决策或者上级机关批准,任何个人不得单独决策或者擅自改变集体决策意见。

(3) 建立建设项目决策责任追究机制,明确决策人员的责任。

三、工程设计与概预算审批控制

(一) 工程设计与概预算的主要风险点

1. 勘察、设计单位选择风险

(1) 发包方式不合规合法,有意规避招标发包。

(2) 与勘察、设计单位签订的合同不详尽,勘察、设计单位权利义务不明确。

(3) 选择的勘察、设计单位不具有相关资质等级。

2. 勘察、设计文件审查风险

(1) 勘察、设计文件的编制依据不合规不合理。

(2) 未与勘察、设计单位保持有效沟通,提供的资料不完整,造成设计保守、投资失控。

3. 概预算控制的风险

(1) 概预算编制与工程项目的内容不符,与实际情况相脱离。

(2) 在本单位缺乏概预算审核,或者审核不严格。

(3) 单位随意更改概预算,在确需调整的情况下,未经过恰当的审核和审批程序,未经报批就调整概预算。

4. 工程建设规划审批风险

未与相关审批部门做好及时有效的沟通,或未提供必要的资料,导致审批未通过。

5. 设计变更风险

设计变更频繁,变更审核不严格。

(二)工程设计与概预算控制

1. 严格筛选相关的勘察与设计单位

(1) 本单位要制定相关的选择确定勘查、设计单位的制度,确定选择程序和标准。

(2) 注意审核勘察、设计单位的资质等级和专业技术人员的执业资格证书,保证建设工程勘察、设计单位能够最大限度地满足建设工程设计的要求。

2. 本单位要加强勘察、设计文件的审查

(1) 保证不会出现因资料不完整而造成设计保守、投资失控等问题,确保这些文件依据明确、内容合理。

(2) 通过复核、专家评议等方式来加强对勘察、设计文件的审核。

3. 本单位要加强对建设项目概预算的控制

(1) 本单位应严格控制概预算编制与审核。要做好相关流程的制定,并认真执行落实。

(2) 经批准的投资概算是工程投资的最高限额,未经批准,不得随意突破。

在投资概预算确需调整的情况下,单位应该履行恰当的审核和审批程序。

4. 本单位要严格工程建设规划审批控制

5. 严格控制设计变更

(1) 本单位确需进行工程洽商和设计变更的,建设项目归口管理部门,项目监理机构应当进行严格审核,并且按照有关规定履行相应的审批程序。

(2) 重大项目变更,还应当参照项目决策和概预算控制的有关程序和要求,重新履行审批手续。

四、工程施工、变更与资金结算控制

(一)工程施工、变更与资金结算的主要风险点

1. 项目监理风险

(1) 监理单位工作责任心差,监督不到位;在进行处理施工监督、

工程验收和付款申请等问题时，不进行认真检查，随意审查通过。

（2）监理单位工作不独立，自主性差，依赖业主单位的判断。

（3）监理单位与施工单位有不正当关系，可能相互串通。

2. 施工过程监控风险

（1）监督不到位风险。建设、施工、监理等单位的安全管理责任划分不明确、管理不到位。

（2）项目进度风险。施工单位在施工过程中随意拖延工期，导致资源的限制和浪费，不能正常使用。

（3）施工质量风险。施工现场控制不到位，缺乏质量检查和检验，导致施工操作不达标、施工现场出现安全隐患、施工质量不达标、重复施工、偷工减料等问题。

（4）施工生产安全风险。安全工作只是浮于表面，没有认真贯彻各项安全管理制度和安全规程，未落实各项安全组织措施和技术措施等。

3. 工程变更风险

（1）合同内容风险。合同中的条款内容有歧义，施工方案有缺陷，工程标准不确定等，导致工程施工变更。

（2）政策法规风险。工程施工期间，国家出台新的建筑法规对工程建设造成不利影响。

（3）工程管理风险。单位不重视建设项目全过程的变更管理，没有规范地变更管理流程，变更审核不严格。

4. 项目资金使用风险

（1）项目资金使用不按照规定处理，可能导致工程进度延迟或中断、资金损失等风险。

（2）工程款项不能及时足额按照合同约定支付，甚至挪用工程款，挤占施工方利益。

（二）工程施工、变更与资金结算控制

（1）本单位要做好对监理工作的对接安排，以及提出必要的工作要求。

（2）实施严格的建设项目监理制度，本单位要通过招标的方式选择具有资质的监理单位，并与其签署建设工程监理书。

（3）本单位要完善施工的监督管理制度，加强项目施工过程监控。

1) 项目进度时间监控。

2) 项目施工质量监控。

3) 项目施工安全生产监控。

(4) 加强对建设项目变更控制。

1) 重视和加强合同的签订和后期管理。首先，在合同签订时，要明确甲乙双方的权利和义务，尽量做到资料齐全、表述严密；其次，要控制建设项目合同变更。在合同实施过程中，要建立健全合同履约跟踪检查制度，加强对合同履约的监督力度，提高合同履约率。

2) 提高对建设项目变更的预防和控制能力。本单位要制定出这样一套预防的制度。

3) 建立科学的建设项目变更管理办法。为了加强建设项目的变更管理，建设单位应建立一套建设项目变更管理的办法，健全管理机构，明确责任，严格项目变更的审查和审批程序，推行项目变更评审制，确保变更建设项目、工程量和变更单价的合理性。

(5) 加强对建设项目资金控制。

1) 本单位要制定一套行之有效的项目资金管理制度。

2) 严格执行建设项目监理制度。单位财会部门应当加强与承包单位和监理机构的沟通，根据施工合同约定，按照规定的审批权限和程序，办理工程价款结算。

3) 财会部门应该对相关凭证进行严格审核，按照合同规定的付款方式及时、足额付款，做到既不违规预支，也不无故拖欠。

4) 对工程价款支付的控制。财会部门应当加强与建设项目承建单位的沟通，准确掌握工程进度，加强价款支付审核，根据合同规定及时、足额支付工程价款，办理工程结算。

五、竣工决算控制

(一) 竣工决算的主要风险点

(1) 工程验收组织工作不力，不够重视。

(2) 工程验收风险竣工验收条件不清晰，不明确，资料不完整。

(3) 验收程序不规范，验收方案缺乏专业性和科学性，工程验收团队不专业。

(4) 竣工结算编制可能存在高估、冒算、乱编的风险，建设单位对竣工结算书审查不仔细,不进行市场调研,不现场查验。

(5) 工程决算编制依据的材料真实性不足,导致决算真实性不足。

(6) 项目竣工决算审计风险。项目竣工结算未经审计,就办理资产验收和移交,审计权责不清,工作流程不规范。

(7) 项目会计核算人员对《基本建设财务管理规定》及相关法律法规了解不全面,不能据此进行正确的会计核算等,导致对项目资金的审批支出过程控制不严,对于实际发生的成本费用等归集和分配不合理等。

(8) 档案管理风险。未能及时收集、整理各个环节的文件资料,和建设项目进度脱节,导致资料不完整,缺乏真实性;档案移交手续不全,交接手续不规范,导致文件遗漏、缺失。

(9) 项目后评估风险。缺乏项目后评估与分析,对项目实施的成果失去应有的评价与绩效管理。

(二) 竣工决算控制

(1) 本单位应建立完善项目竣工决算方面的规章制度,并严格执行。

(2) 单位应组织专门的竣工验收工作小组,要求职责明确,岗位设置合理。

(3) 强化建立项目竣工验收控制机制。

(4) 加强项目竣工决算编制、审核和审计控制。

1) 工程竣工验收后,建设项目归口管理部门按照规定的时限及时组织竣工决算工作。

2) 本单位的财会部门要加强对竣工决算报告的审核。

3) 本单位在竣工决算自行审核完成后,应及时组织竣工决算审计,委托具有相应资质的中介机构实施审计。

(5) 建立项目会计核算控制机制。

1) 财会部门应当按照国家统一的会计制度的规定,对建设项目进行会计核算。

2) 按规定设置独立的财务管理机构,或者指定专人负责建设项目财务工作,严格按照批准的概预算建设内容,做好账务设置和账务管理,建立健全内部财务管理制度。

(6) 建立项目档案控制机制。

1) 单位应该建立建设项目档案管理制度,对建设项目档案实行集中统一管理,由建设项目归口管理部门统一管理。

2）建设项目档案的归档应当与建设项目同步，各有关部门、机构和工作人员应当在各自职责范围内做好建设项目文件、材料的收集、整理、归档、保管工作。

（7）建立项目后评估控制机制。

1）建立建设项目后评估制度，遵循公开、客观和公正的原则，通过对比项目的实际运行情况与最初设计和施工方案，来对项目的完工质量做出评估。

2）本单位还应当保证项目后评估工作的独立性，以便确保项目后评估工作结果的客观性和可靠性。

第四节 单位建设项目控制制度范本

建设项目的内部控制制度

第一章 总 则

第一条 为了加强本单位工程项目的内部控制，防范工程项目管理中的差错与舞弊，提高工程项目建设和投资效益，依据《中华人民共和国招投标法》《中华人民共和国政府采购法》等法律法规，并结合本单位实际，制定本制度。

第二条 本制度适用于本单位及所属各部门。

第二章 组织机构及职责

第三条 工程项目领导小组是单位工程项目的领导决策机构，由单位负责人、相关领导班子成员及相关职能科室负责人组成。

（一）工程项目领导小组的职责。

（二）工程项目设计方案授权审批。

1. 总投资_____万元以上（含_____万元）_____万元以下的工程项目设计方案，由单位工程项目领导小组审批；

2. 总投资_____万元以上（含_____万元）的工程项目设计方案，经工程项目领导小组审批同意后，报上级主管单位审批。

（三）工程项目建设施工中，投资增加的授权审批。

1. 超出预算_____%以内的，由工程项目领导小组批准，按照内部管理程序进行调控。

2. 超过_____%的，应上报上级主管部门批准后调整计划并增加投资。

第四条 工程项目招标批准流程

(一) 工程项目总投资在_____万元以上(含_____万元)的工程项目,原则上均采用公开招标的形式。采取其他招标方式,需经单位工程项目管理办公室或上级主管部门审批同意后,方可执行。

(二) 工程相关管理办公室负责对投标申请人进行资格预审,确定投标人名单后,发送出投标邀请函。

(三) 评价小组对招标文件进行评定,确定第一中标人和顺序备选中标人,或提交中标候选人名单,由工程项目领导委员会采取记名投票方式定标,订立书面合同。

第五条 工程项目进度款支付批准流程

(一) 由承包商提出工程项目款支付申请,并提供工程量完成情况说明、工程价款结算表以及其他相关证明材料,报监理单位审核。

(二) 监理单位签署结论性意见和需要说明的事项后,工程项目管理办公室对支付申请进行复核,并在申请上签署复核意见,报工程项目领导小组审批。

(三) 工程项目领导小组审核通过后,由计划财务处相关人员核对发票或收款凭据、收款单位、银行账号等内容后,办理款项支付手续。

第六条 竣工决算批准流程

(一) 单位办公室依据主管对竣工结算相关资料的审查意见,及时调整工程竣工结算,并按规定编制工程竣工财务决算,报当地审计部门进行审计。

(二) 审计部门出具工程竣工决算审计意见后,单位办公室依据竣工决算审计意见最终调整竣工结算和财务账目,重新编制工程竣工决算。

(三) 工程竣工结算由计划财务处负责人审核后,经单位负责人或主管审批后执行。

第三章 工程项目立项与招标

第七条 工程项目的申报与审批

(一) 工程项目立项

1. 总投资_____万元以上(含_____万元)_____万元以下的单项或多项合计的工程项目,必须经单位工程项目领导小组审批。

2. 总投资_____万元以上(含_____万元)的工程项目,应由工程项目管理办公室编制立项申请书,基建项目还应填报基建项目审批申请表,经工程项目管理领导小组审议后,于每年_____月份,报上级主管部门审批。

(二)工程项目方案审批。

1. 总投资_____万元以上(含_____万元)_____万元以下的工程项目立项同意后,由单位内部立项部门根据实际批准经费及工程项目领导小组的意见修改立项计划,编制工程项目设计方案,报工程项目领导小组批准后实施。

2. 总投资_____万元以上(含_____万元)的工程项目立项同意后,由工程项目管理办公室或邀请有资质的设计单位编制工程项目设计方案,经工程项目领导小组审批同意后报上级主管单位审批,审批通过实施。

第八条 工程项目实施的监督管理

(一)工程项目管理办公室为单位工程项目实施过程的主管、监管机构。

(二)工程项目管理办公室应加强实施过程的领导和检查,及时解决工程项目实施中存在的具体问题,保证工程项目顺利完成。

(三)工程项目实施过程中,建设单位应每月向工程管理办公室提交一份项目执行情况报告。工程项目管理办公室也要在工程项目实施过程中,进行不定期检查,发现问题及时解决。

(四)工程项目建设施工过程中,因某种原因中途停止执行,应及时报告工程项目管理办公室;如遇特殊情况需进行调整的,需经工程项目领导小组审议批准,重大工程项目调整应上报上级主管部门批准后,才能进行调整。

第九条 工程项目验收

(一)工程项目完成后,由立项部门写出书面结项报告,报告工程项目执行情况及经费使用情况,以及主要成绩和存在的问题。提交工程项目管理办公室,由工程项目管理办公室提请相关部门进行验收。

(二)验收合格后,按规定需要审计的项目,应尽快将有关资料提交审计处审计,审计通过后,项目方可结项。

第十条 工程项目招标的形式

(一)工程项目招标的形式。

1. 工程项目总投资在_____万元以上(含_____万元)的工程

项目，原则上采用公开招标的形式。

2. 工程项目总投资在_____万元以上（含_____万元）_____万元以下的工程项目，经工程项目领导小组批准后，可采用其他招标的形式。

（二）有下列情形之一的，经主管部门批准，可不进行招标。

1. 由于不可抗力造成紧急情况，从而无法开展有效的招标活动的。
2. 潜在投标人少于三家，不能形成有效竞争的。
3. 工程项目采用专有技术，或对艺术造型有特殊要求的。
4. 法律法规规定的其他不适宜招标的。

第四章 价款支付与工程实施

第十一条 工程进度款支付

（一）进度款支付方式。

1. 按月支付：指单位依据工程进度，按月向承包商支付工程进度款。
2. 分段支付：指单位与承包商约定工程进度，划分不同阶段，并按各阶段工程进展情况，向承包商支付工程进度款。
3. 双方约定的其他支付方式。

（二）工程进度款支付方式，由单位与承包方在预先签订的合同中进行明确约定，一旦约定，严禁在实施过程中采用其他方式进行款项支付。

（三）进度款支付程序。

1. 由承包商报送工程进度款支付申请表，并附工程量完成情况说明、工程价款结算表以及相关证明材料。
2. 工程监理单位按照监理的有关要求和合同约定的内容，审查本次结算已完成工程的形象进度、质量、工程量、单价及价款，核实抵扣预付款、代扣款以及提留质量保证金，并在工程进度款支付申请表上签署结论性意见和需要说明的事项。
3. 工程项目管理办公室对已完成工程量进度是否属实、测算是否准确、工程质量是否达到合格要求、是否存在进度价款超付情况等内容进行复核，并在工程进度款支付申请表上签署复核意见，报工程项目领导小组审批。
4. 工程项目领导小组审批通过后，由承包商提供有效税务发票；出纳人员进一步核对发票或收款凭据、收款单位、银行账号等方面内容，及时办理进度款支付，并进行台账登记。

5.进度款支付手续办理完毕后,应将当期结算资料及时反馈给承包商,建立单位、工程项目管理办公室、工程项目领导小组,并留存作为会计凭证或备查。

(四)工程项目施工中,承包商对工程管理办公室和监理部门发出的工程整改通知不及时整改到位的,将停拨该项目的工程进度款。

第十二条 工程项目变更

(一)前期审批阶段设计变更。

工程项目开工前,工程项目管理办公室应组织设计、监理、施工等单位,再次对设计概算、施工图等内容进行复核,办理一次性设计变更。

(二)项目建设期间工程变更。

1.单位工程项目变更的,应严格按照以下程序进行。

(1)由设计、施工、监理等单位,向本单位工程管理办公室提出工程项目变更申请,详细说明变更理由及预算增加的费用。

(2)设计、施工、监理等单位对工程项目变更进行内部审查核实,必要时邀请有关专家进行论证。取得一致意见后,由设计、施工、监理等单位负责人在变更联系单上签字确认。

(3)由单位主管部门报经财政部门办理审批手续。

2.凡须变更的工程项目,原则上应在办理变更手续后进行施工,施工原则上由原施工单位承担。原施工单位不具备相应资质等级的,由工程项目管理办公室按照规定选择新施工单位后组织实施。

3.工程变更引起的工程建设费、勘察设计费和监理费等费用变化,按照合同有关约定执行;由于工程变更发生的管理费、征地拆迁等费用变化,按照国家及地方有关规定执行;因工程变更所引起的工程费用调整,由上级主管部门在工程结算时审核确定。

4.工程项目管理办公室应建立工程变更管理台账,定期进行汇总,每半年和工程结算前将汇总情况报上级主管部门备案,接受检查和稽查。

第十三条 工程项目进度控制

(一)分析影响工程项目进度的因素。

1.设计图纸不及时或设计图纸存在错误。

2.施工条件发生变化。

3.施工单位采用的技术措施不当。

4.施工经验不足或施工管理不善。

5.其他影响工程项目进度的因素。

(二)编制项目进度计划。

1. 施工单位应依据施工合同、施工图设计文件、工期定额、主要材料和设备的采购合同和供应计划、施工人员技术素质及设备能力等情况,编制工程项目施工计划。

2. 复杂的工程项目还应当编制总进度计划、各分项计划。

3. 监理单位对计划进行审查、修改,工程项目领导小组或上级主管单位对计划进行审批。

(三)建立进度控制的组织系统,并明确各单位在施工过程中承担的进度控制职责,明确各自的进度控制目标。

1. 施工单位、监理单位应根据施工进度情况,定期汇报施工进度。

2. 单位工程项目管理办公室负责人会同上级主管单位、监理单位等相关人员共同进行工程项目进度的检查,并评估实际项目进度与计划项目进度是否一致,如出现偏差,应分析偏差的原因,并制定纠正偏差的措施,责成施工单位予以落实。

第五章 工程竣工决算与验收

第十四条 工程竣工决算管理

(一)工程竣工决算工作程序。

1. 工程完工后,施工单位应根据国家规定和相关材料,编制竣工结算;经项目监理单位审核并加盖公章后,报单位办公室审核。

2. 单位办公室组织相关部门或人员对竣工结算进行初审;如重大工程项目单位不具备自行审查能力的,可委托有资质的工程造价咨询单位进行工程竣工结算审核工作,并编制竣工结算造价审核报告。

3. 单位办公室对竣工结算审查工作完成后,应及时向主管部门、财政部门申请进行工程结算复审工作。

4. 工程竣工结算经主管部门、财政部门复查并出具审查意见后,单位办公室依据审查意见及时调整工程竣工结算,并按规定编制工程竣工财务决算(初稿),报当地审计部门进行审计。

5. 审计部门出具工程竣工决算审计意见后,单位办公室依据竣工决算审计意见最终调整竣工结算和财务账目,重新编制工程竣工决算。

(二)根据工作情况,单位办公室进行的初审工作,项目主管负责人及相关专业管理人员应积极配合。初审工作原则上在收到竣工结算材料_____日内开始进行,或移交工程造价咨询单位进行审核。

第十五条 工程竣工决算审计

(一)工程项目财务竣工决算报表审计的主要内容。

1. 财务竣工决算编制的真实性、准确性、完整性。

2. 财务竣工决算报表所列各项资产的真实性、完整性以及资产计划的合规性。

3. 完工项目的债权债务清收清理的及时性,暂时无法清收清理的债权债务是否取得对方书面签认,有无坏账,有无虚列债权债务的情况,有无未经审批自行核销坏账的情况。

4. 项目损益的核算是否符合会计相关规定。

5. 有无未列入财务竣工决算的遗留事项等。

(二)工程项目施工合同完成情况审计的主要内容。

1. 合同的履行情况、变更情况以及主要工程量的完成情况。

2. 合同内及合同外项目工程价款的结算情况。

3. 工程项目的索赔、补偿、变更合规情况等。

(三)工程项目对分包单位结算情况审计的主要内容。

1. 分包单位的资质。

2. 分包合同和保廉合同的签订情况。

3. 分包工程量及分包价格情况。

4. 工程项目价款支付情况等。

(四)成本预算执行情况及主要生产要素投入使用情况审计的主要内容。

1. 工程项目成本管理制度的建立及执行情况。

2. 工程项目人力资源的配置及人工费的支出情况。

3. 工程项目所需材料的管理和使用情况。

4. 工程项目所需设备的投入使用情况。

5. 工程项目管理费用的支出情况等。

第十六条 工程竣工验收管理

(一)竣工验收依据。

1. 国家相关法律、法规、文件。

2. 项目实施过程中的有关合同和招投标文件。

3. 经上级主管部门批准的设计方案、施工图纸及其说明书、设备技术说明书、图纸会审记录、设计修改签证和技术核定单。

4. 现行的施工技术验收规范。

5. 有关施工记录和构件、材料合格证明文件。

6. 引进技术或进口成套设备的项目,还应按照签订的合同和国外提供的设计文件等资料进行验收。

(二) 竣工验收实施

1. 工程项目的竣工验收应具备以下条件。

(1) 完成工程设计和合同约定的各项内容。

(2) 有完整的技术档案和施工管理资料。

(3) 有工程使用的主要建筑材料、建筑构配件、设备的质检证明和进场试验报告。

(4) 有勘察、设计、施工和工程监理等单位分别签署的质量合格文件。

(5) 有施工单位签署的工程保修书。

(三) 工程项目竣工验收程序。

1. 施工单位对照验收基本要求进行自查自验,合格后向主管部门或同级政府部门提出竣工验收申请。

2. 主管部门或同级政府部门组织监理单位、组织施工单位、监理单位、勘察单位、设计单位等共同参与,完成工程项目竣工验收检查。

3. 形成竣工验收意见,提交竣工验收报告;若验收过程中发现严重问题,达不到验收标准,应责令施工单位即刻进行整改,并宣布本次验收无效,待重新确定时间组织竣工验收。

4. 根据工程规模不同,将工程验收情况报告分别报送主管部门进行审批。

(四) 验收标准。

1. 未实施竣工决算审计的工程项目,原则上不得办理竣工验收手续。

2. 工程项目竣工验收评定分为"合格""不合格"两个等级。其中"合格"指达到工程项目内容要求,"不合格"指工程项目没能未达到设计要求。具体评定标准依据合同规定执行。

第十七条 本制度由本单位内部控制工作小组负责解释和修订。

第十八条 本制度经本单位内部控制工作小组批准后实施。

第十章 合同控制

第一节 合同控制概述

一、合同的概念

行政事业单位合同是指行政事业单位为实现一定经济目的,与平等民事主体的法人、自然人,以及其他经济单位之间订立的明确相互权利义务关系的协议。

二、合同分类

(1) 根据合同订立的形式,合同可分为书面合同、口头合同和其他形式合同。

行政事业单位经济合同一般以书面合同为主。

(2) 合同按照其内容,可划分为买卖合同,供用电、水、气、热力合同,赠予合同,借款合同,租赁合同,融资租赁合同,承揽合同,建设工程合同,运输合同,技术合同,保管合同,仓储合同,委托合同,经纪合同,居间合同等。

三、合同控制的法律法规依据

行政事业单位合同控制,主要依据《中华人民共和国合同法》《中华人民共和国招投标法》和《中华人民共和国政府采购法》中,关于合同管理的相关规定。

第二节 合同的主要风险及控制办法

一、合同业务组织管理体系

(一) 合同业务组织管理体系主要风险点

(1) 本单位对合同管理的岗位建设不重视。

(2) 本单位没有设置合同管理的部门和岗位。

(3) 本单位的合同岗位职责分工不明确,没有实现不相容岗位相互分离。

(4) 对合同的审核和审批,不按规定的流程和方案去办理。

(5) 各个职能部门的合同管理混乱,出现多头管理现象。

(6) 在本单位没有建立合同业务的监督机制。

(二) 合同业务组织管理体系控制办法

(1) 建立本单位的合同管理部门,或者指定某部门为合同主管部门。要建立健全财会部门与合同归口管理部门的沟通协调机制,将合同管理与预算管理、收支管理相结合,增强单位资源配置的科学性、合理性。

(2) 在本单位中设置合理的合同业务办理岗位。

(3) 合同的业务办理要求职责分明,要求不相容的岗位相分离。合同业务涉及的不相容岗位包括合同拟定与审核、合同审核与审批、合同审批与执行、合同执行与监督评估等。

(4) 在本单位建立合同内部管理制度,并且要认真执行相关的规定。

(5) 明确合同的授权审批和签署权限。按照重要性,单位合同可划分为重大合同、重要合同和一般合同。单位应根据单位的实际情况合理设置合同级别,并在此基础上明确各个合同管理岗位的审批权限,确保单位各岗位人员在其授权和审批权限内开展合同业务。

(6) 建立本单位合同业务的监督机制。监督部门要认真监督评价合同的执行情况、执行过程、执行成果,做出合同的评价工作,以促使合同执行部门加强合同的签订与执行的绩效成果。

二、合同前期准备控制

(一) 合同前期准备主要风险点

(1) 前期没有做好合同的策划工作,包括未明确合同订立的范围和条件,没有考虑单位的投资计划、成本预算等。

(2) 没有进行合同签订前的调查工作。

1) 忽视被调查对象的主体资格审查,相关证明的审查不严格。

2) 对被调查对象的履约能力和商业信誉给出不恰当的评价。

3) 对被调查对象的资信状况给予了正确判断。但是,在经济合同履行过程中,没有持续关注对方的资信变化。

(3) 合同谈判出现对本单位很不利的情况。

1) 谈判人员经验不足,对技术性强或法律关系复杂的经济事项,未组织熟悉技术、法律和财会知识的人员参与谈判等相关工作。

2) 合同条款、格式等审核不严格。

3) 未搜集、分析和研究可能与合同相关的法律法规,导致合同谈判内容可能不符合国家产业政策和法律法规要求事项。

4) 谈判前没有对谈判对手情况进行充分调查和了解,没有制定有利的谈判策略。

(二) 合同前期准备控制

(1) 本单位要加强合同签订前的策划工作,包括审核合同策划目标是否与单位经营目标和战略规划相一致、在合同订立前协调好合同在内容、单位、技术、时间上的可行性,确保订立的合同能顺利履行等。

(2) 做好合同签订前的调查控制。包括对被调查对象进行现场调查,实地了解和全面评估技术水平、产品类别和质量等生产经营情况,分析其合同履约能力等。

(3) 做好合同谈判控制。

1) 组建成员具有良好素质、具备丰富谈判经验的谈判团队。

2) 在谈判前,收集谈判对手资料,充分熟悉谈判对手情况,做到知己知彼,正确制定本单位的谈判策略。

3) 对谈判过程中的重要事项和参与谈判人员的主要意见,应予以记录并妥善保存,建立严格的责任追究制度。

三、合同签订

（一）合同订立主要风险点

(1) 选择了不恰当的合同形式。

(2) 合同内容违反国家法律法规或国家行业、产业政策等，与单位总体战略目标或特定业务经营目标发生冲突。

(3) 合同内容存在重大疏漏和欺诈，导致单位合法利益受损。

(4) 本单位缺乏专业的合同审核人才，未能及时发现合同文本中的不当内容和条款，给单位带来损失。

(5) 单位合同起草人员和合同审核人员责任划分不清晰，缺乏有效沟通和协调。

(6) 不同级别的合同签署权限不明确，出现未经授权或者越权签署。

(7) 签署后的合同被单方面更改、篡改，可能给单位带来损失。

（二）合同订立控制

(1) 明确要订立的合同的订立方式，合同文本须报经国家有关主管部门审查或备案的，应当履行相应程序。

(2) 进行严格的合同审核控制。

1) 审核人员对合同文本的合法性、经济性、可行性和严密性进行重点审核。

2) 明确合同起草人员和审核人员的责任。

3) 单位应建立合同会审制度。对影响重大或法律关系复杂的合同文本，单位对业务部门、内审部门、法律部门及与业务关联的相关部门进行审核。

(3) 合同签署控制。

1) 严格划分不同级别合同的签署权限，严禁超越权限签署合同。

2) 严格合同专用章保管制度。

3) 采取恰当措施，防止已签署的合同被篡改。

4) 合同必须由双方当事人当面签订，在合同上签字或者盖章。

四、合同执行

（一）合同执行主要风险点

(1) 本单位相关人员对合同理解不透，执行有偏差。

（2）对合同履行缺乏有效的审查监督，未能及时发现已经或可能导致单位经济利益受到损失的情况。

（3）没有持续关注合同对方的资信变化，致使单位遭受损失；或由于疏于管理，未能及时催收到期的合同款项等。

（4）本单位没有建立有效的合同纠纷处理机制。

（5）违反合同进行合同结算。

（6）合同及相关资料的登记、归档和保管不善。

（7）未建立合同信息安全保密机制，致使合同订立与履行过程中涉及的国家秘密、工作秘密或商业秘密泄露，导致单位或国家利益遭受损失。

（8）缺乏对合同执行与管理情况的检查评估，对合同管理的总体情况和重大合同履行的具体情况缺乏有效的分析评估。

（二）合同执行控制

1. 合同履行控制

（1）合同生效后，如果出现履行异常，要根据需要及时补充、变更甚至解除合同。

（2）强化对合同履行情况及效果的检查、分析和验收，全面适当执行本单位义务，敦促对方积极执行合同，确保合同全面有效履行。

（3）建立合同履行监督审查制度。

2. 合同结算控制

（1）合同归口管理部门可以建立合同管理信息系统，跟踪合同履行情况，按规定的结算期限的合理时间内向财会部门发出资金结算提示。

（2）未按合同条款履约或应签订书面合同而未签订的，财会部门有权拒绝付款，并及时向单位有关负责人报告。

（3）付款必须有承办部门负责人、项目负责人、业务主管领导、总会计师和总经理在申请付款审批单上的签字，同时，要加盖合同审核专用章。否则，坚决不予付款，防止欺诈行为发生。

（4）财会部门应定期与合同归口管理部门所管理的合同管理信息系统核对，确保按合同约定及时结算相关价款。

3. 合同纠纷处理控制

（1）在履行合同过程中发生纠纷的，按国家相关法律法规，在规定时效内，与对方当事人协商并按规定权限和程序及时报告。

（2）单位应明确合同纠纷的审批权限和处理责任。

（3）在合同中明确规定违约责任。要求对方为履行合同提供相应的担保措施；对合同履行过程进行监督，一旦发现对方有违约的可能或违约行为，则采取相应措施，将合同损失降到最低程度。

4. 合同后续管理控制

（1）合同归口管理部门应当加强合同登记管理，加强对合同的登记、归档和保管。

（2）合同归档保管控制。控制此类风险的主要方法是明确规定合同控制人员的职责，规定合同借阅的审批程序，实施合同控制的责任追究制度，对合同保管情况实施定期和不定期的检查等。

5. 合同保密控制

（1）单位定密责任人由办公室保密负责人及保密员担任，具体负责本单位合同密级的确定、变更、解除工作。

（2）密级合同文件签订后，由定密责任人确定密级，经单位主管领导批准后，交档案管理员妥善保管。

（3）保存密级合同文件资料，应选择安全保密的场所和部位，并配备安全可靠的保密设备；保密员离开办公场所时，应当将密级合同文件资料保存在保密设备中。

（4）加强合同信息安全保密工作，未经批准，任何人不得以任何形式泄露合同订立与履行过程中涉及的国家或商业秘密。

6. 合同业务评估控制

单位应当建立合同管理情况检查评估制度，定期分析、评估合同管理的总体情况和重大合同履行的具体情况。

第十一章 行政事业单位内部控制监督体系

行政事业单位内部控制监督体系,包括日常监督工作小组、单位内部审计体系、单位党委和纪检监督、单位绩效考核成果辅助监督、外部国家机关监督等。

一、日常监督工作小组

日常监督工作小组的组建。

(1) 单位层面监督小组。单位层面的日常监督工作小组由单位内部控制领导小组领导下的实施工作组负责组建。

其主要工作内容包括负责监督本单位内部控制工作中业务流程的梳理与优化的监督、内部控制培训体系建设的监督、内部控制风险评估工作的监督、内部控制管理制度建设的监督、内部控制各项业务层面具体业务的监督、内部控制评价工作的监督,等等。

(2) 业务层面监督小组。业务层面监督小组可以有多个,即在一些比较大的内部机构或者部门、下属单位内部设立本部门的内部控制工作监督小组。其主要的职责包括接受本单位监督机构的工作安排,制订本部门的监督工作计划和制度,在本部门内部进行日常工作的监督等。

二、内部审计体系

(一) 内部审计监督的实施主体

1. 内部审计部门

内部审计监督的实施主体,一般应为内部审计部门,成立内部监督联合工作小组来履行相应职能。

2. 纪检监察部门

纪检监察部门也作为内部审计监督的实施主体之一。纪检监察部门是负责单位党风廉政建设和行使行政监察权利的职能部门，它能够从"管人"的角度，对参与到经济活动各项业务的内部控制和内部控制的各个环节之中的相关工作人员进行监督。

3. 单位领导层

行政事业单位内部控制的内部审计监督实施主体还应包括单位领导层。

单位领导层是内部审计监督工作的领导部门，负责行政事业单位内部审计监督工作的总体规划和指导工作，对内部审计监督承担最终的责任，而内部审计部门和纪检监察部门是内部审计监督的具体实施部门，负责内部审计监督的具体组织实施工作，该部门对领导层负责。

（二）内部审计监督的实施方式

（1）按实施对象的不同，行政事业单位内部控制的内部监督，可分为例行监督和专项监督。

例行监督是指对本单位内部控制的工作进行常规的监督检查；专项监督是指在单位组织结构、经济活动、业务流程、关键岗位员工发生较大调整或变化的情况下，对单位内部控制的某一方面或某些方面进行的有针对性的监督检查。

（2）按照监督实施时间的不同，内部审计监督可分为事前监督、事中监督和事后监督。

（3）按照监督检查实施期限的不同，内部监督还可以分为定期监督和不定期监督。

（三）内部审计监督的内容

1. 单位层面

（1）单位经济活动的决策、执行和监督是否实现有效分离，权责是否对等，议事决策机制是否建立，重大经济事项的认定标准是否确定并一贯地执行。

（2）内部管理制度是否符合国家有关规定尤其是国家明确的标准、范围和程序；内部管理制度是否符合本单位实际情况。

（3）授权审批的权限范围、审批程序和相关责任是否明确，授权审批手续是否健全,是否存在未经授权审批就办理业务的情形,是否存在越权审批、随意审批的情况。

(4)岗位责任制是否建立并得到落实,关键岗位轮岗制度是否建立或采取了替代措施,是否存在不相容岗位混岗的现象。

(5)内部控制关键岗位工作人员是否具备与其工作岗位相适应的资格和能力。

(6)现代科学技术手段的运用和管理情况等。

2. 业务层面

(1)预算业务方面:预算编制、预算执行、资产管理、基建管理、人事管理等部门之间的沟通、协调机制是否建立并得到有效执行,预算执行分析机制是否建立并得到有效执行;预算与决算相互反映、相互促进的机制是否建立并得到有效执行;全过程的预算绩效管理机制是否建立并得到有效执行。

(2)收支业务方面:收支是否实施归口管理并得到有效执行,印章和票据的使用、保管是否存在漏洞,相关凭证的审核是否符合要求,定期检查的机制是否建立并得到有效执行等。

(3)政府采购业务方面:政府采购活动是否实施归口管理并得到有效执行,政府采购部门与财会、资产管理等部门之间是否建立沟通协调机制并得到有效执行,政府采购申请的审核是否严格,验收制度是否建立并得到有效执行,是否妥善保管政府采购业务相关资料等。

(4)资产管理方面:各类资产是否实施归口管理并得到有效执行,是否按规定建立资产记录、实物保管、定期盘点和账实核对等财产保护控制措施并得到有效执行等。

(5)建设项目管理方面:与建设项目相关的议事决策机制和审核机制是否建立并得到有效执行,是否对项目投资实施有效控制,项目设计变更是否履行相应的审批程序,工程款项的支付是否符合有关要求,是否按规定办理竣工决算、组织竣工决算审计,相关资产是否及时入账等。

(6)合同管理方面:是否对合同实施归口管理并得到有效执行,合同订立的范围和条件是否明确,对合同履行情况是否实施有效监控,合同登记制度是否建立并得到有效执行,合同纠纷协调机制是否建立并得到有效执行等。

(四) 内部审计监督的方法

1. 个别访谈法

检查人员可以向行政事业单位的相关工作人员询问,并对答复进行评价,以便获取与内部控制建立和执行相关的信息。

2. 实地观察法

检查人员查看相关工作人员正在从事的活动或实施的程序,适合检查不留下书面记录的控制措施的有效性。

3. 证据检查法

证据检查法是指检查人员对行政事业单位内部或外部生成的,以纸质、电子或其他介质形式存在的记录和文件进行审查。

4. 重新执行法

检查人员通过独立执行作为行政事业单位内部控制组成部分的控制措施,来判断内部控制建立和执行的有效性。

5. 穿行测试法

检查人员在内部控制流程中,任意选取一笔具体业务事项作为样本,追踪该业务事项从最初起源直到最终在财务报告或内部管理报告中反映出来的过程,来了解内部控制建立和执行的有效性。

三、单位内部党委纪检辅助监督

(1) 行政事业单位的党委纪检的职责包括下述几方面。

1) 经常对党员进行遵守纪律的教育,做出关于维护党纪的决定。

2) 对党员领导干部行使权力进行监督。

3) 检查单位党员、党员领导遵守党的章程和其他党内法规的情况,受理党员的控告和申诉。

4) 协助党委加强党风建设。

5) 协助党委组织协调反腐败工作。

6) 检查党员、党员领导的党风情况,不断纯洁党风,对不良风气及时制止和处理。

(2) 通过行政事业单位党纪检部门的监督和处理,可以对行政事业单位的内部控制工作起到较大的帮助作用。行政事业单位内部控制领导小组及其相关部门,在对本单位进行内部控制的监督时,可以适当运用党纪检的工作成果,更好地开展与实施本单位内部控制监督工作。

四、行政事业单位绩效考核成果辅助监督

行政事业单位绩效考核既能够在一定程度上体现出个人在某些方面的努力,同时,也能在一定程度上体现某个部门或者某个流程方面存在的问题。通过绩效考核,可以在下述几方面对行政事业单位的内部控制监督工作起到帮助作用。

(1)某个部门的绩效考核成果,可以显示该部门中存在的问题,有些问题直接与部门的内部控制工作相关,因此,可以发现该部门中内部控制的漏洞和监督工作中存在不到位的地方。

(2)根据某部门、某班组或者个人的绩效考核成果,可以直接或者间接听取相关人员的意见,因此,可以了解到该部门或者流程中有无存在违法违规的行为,这是本单位内部控制监督工作的另一种方法。

(3)提高绩效考核方案的优化,在一定程度上可以帮助本单位内部控制制度的完善,可以让监督工作做得更加细致。

五、国家审计监督

国家审计监督是行政事业单位内部监督之外重要的一环,单位要加强国家审计监督的工作。

(一)国家审计监督的实施主体

对行政事业单位实施外部审计监督的主体,主要包括财政部门、审计机关、纪检监察部门和主管部门。

1. 财政部门

财政部门包括国务院财政部门及其派出机构和县级以上地方各级人民政府财政部门。

财政部门实施监督的方式,可分为专项监督和日常监督两种方式。

专项监督是由财政部门专职监督机构实施的监督。

日常监督是指由财政部门业务管理机构在履行财政、财务、会计等管理职责过程中实施的监督。

财政部门应当对监督检查中发现的问题提出有针对性的意见和建议,

并督促被检查单位根据检查意见和建议进行整改。

2. 审计机关

审计机关包括国务院审计机关及其派出机构和县级以上地方各级人民政府审计机关。作为法定的审计机构，审计机关应当依法对行政事业单位内部控制实施审计监督。

3. 纪检监察部门

纪检监察部门应该在对行政事业单位开展纪检监察的过程中，对其内部控制的建立和实施情况进行监督检查，并将单位内部控制的建立和实施情况作为对单位领导干部考核的内容之一，通过加强内部控制扎实推进惩治和预防腐败体系建设。

4. 主管单位

（1）《行政单位财务规则》（财政部令第71号）第五十八条规定："行政单位应当依法接受主管预算单位和财政、审计部门的监督。"

（2）《事业单位财政规则》（财政部令第68号）规定："事业单位应当依法接受主管部门和财政、审计部门的监督。"

（二）以审计机关为审计主体的国家审计监督

1. 审计机关组织形式

审计署在国务院总理领导下，主管全国的审计工作，履行审计法和国务院规定的职责。地方各级审计机关在本级人民政府行政首长和上一级审计机关的领导下，负责本行政区域的审计工作，履行法律、法规和本级人民政府规定的职责。省、自治区人民政府设有派出机关的，派出机关的审计机关对派出机关和省、自治区人民政府审计机关负责并报告工作，审计业务以省、自治区人民政府审计机关领导为主。

2. 审计机关权限

审计机关具有以下权限。

（1）有权要求被审计单位按照审计机关的规定，提供预算或者财务收支计划、预算执行情况、决算、财务会计报告、社会审计机构出具的审计报告，以及其他与财政收支或者财务收支有关的资料。

（2）有权检查被审计单位的会计凭证、会计账簿、财务会计报告和运用电子计算机管理财政收支、财务收支电子数据的系统，以及其他与财政收支、财务收支有关的资料和资产。

(3) 有权就审计事项的有关问题,向有关单位和个人进行调查,并取得有关证明材料。

(4) 审计机关对被审计单位违反前款规定的行为,有权予以制止;必要时,经县级以上人民政府审计机关负责人批准,持县级以上人民政府审计机关负责人签发的封存通知书,有权封存有关资料和违反国家规定取得的资产,在依法收集与审计事项相关的证明材料或者采取其他措施后解除封存。

(5) 审计机关认为,被审计单位所执行的上级主管部门有关财政收支、财务收支的规定与法律、行政法规相抵触的,应当建议有关主管部门纠正;有关主管部门不予纠正的,审计机关应当提请有权处理的机关依法处理。

(6) 审计机关履行审计监督职责,可以提请公安、监察、财政、税务、海关、价格、工商行政管理等机关予以协助。

3. 审计监督程序

(1) 编制计划阶段。审计机关编制年度审计项目计划的步骤,包括调查审计需求,初步选择审计项目;对初选审计项目进行可行性研究,确定备选审计项目及其优先顺序;评估审计机关可用审计资源,确定审计项目,编制年度审计项目计划。

(2) 审计实施阶段。

①成立审计小组。②送达审计通知书。③编制审计实施方案,实施审计。

(3) 审计报告阶段。

1) 编制审计报告。审计组应直接向审计机关提出审计报告,包括审计机关进行审计后出具的审计报告,以及专项审计调查后出具的专项审计调查报告。

2) 编制专题报告和综合报告。

3) 审计结果公布阶段。

4) 审计整改检查。审计机关在出具审计报告、做出审计决定后,应当在规定的时间内检查,或者了解被审计单位和其他有关单位的整改情况,然后汇总审计整改情况,向本级政府报送关于审计工作报告中指出问题的整改情况的报告。

第十二章 行政事业单位内部控制评价体系

第一节 行政事业单位内部控制评价的组织机构

一、行政事业单位内部控制评价的概念

行政事业单位内部控制评价是指单位负责人负责实施的对单位整个内部控制系统的有效性进行评价,并出具内部控制评价报告的过程。

二、行政事业单位内部控制评价的组织机构

(一)行政事业单位内部控制评价工作的承担者

根据《行政事业单位内部控制规范(试行)》第六十三条的规定,单位负责人应当指定专门部门或专人负责对单位内部控制的有效性进行评价,并出具内部控制自我评价报告。

单位内部控制评价的工作可以由单位内部审计机构、本单位专门的内部控制评价机构、外部专业评价机构承担。

1. 单位内部审计机构

内部审计机构在行政事业单位内部处于相对独立的地位,其工作内容、业务专长与内部控制评价工作有着密切的关联,单位负责人可以考虑授权内部审计部门负责本单位内部控制自我评价工作的组织和实施。

2. 本单位专门的内部控制评价机构

单位可以单独设置专门的内部控制评价机构并配备能力胜任、素质达标的人员负责单位内部控制评价工作的具体组织实施。

第十二章 行政事业单位内部控制评价体系

3. 外部专业评价机构

单位可以委托外部专业机构实施内部控制的自我评价。为单位提供内部控制审计服务的会计师事务所,不得同时为本单位提供内部控制自我评价服务。

(二) 行政事业单位内部控制评价组织机构及其职责

1. 内部控制领导小组

(1) 指定相关部门负责制定本单位内部控制评价的制度与方案。

(2) 审议并批准本单位内部控制评价制度。

(3) 全面督促本单位各部门及下属单位严格执行内部控制评价操作办法。

(4) 指定本领导小组专门人员负责跟踪本单位内部控制评价工作的过程。

(5) 负责审定本单位自我评价的结果,并根据要求向上级主管部门和财政部门汇报。

2. 本单位负责人

(1) 单位负责人对内部控制的建立健全和有效实施负责,对内部控制自我评价承担着最终的责任。

(2) 对内部控制评价报告的真实性、准确性、完整性承担个别及连带责任。

(3) 听取内部控制自我评价报告,审核内部控制存在的重大缺陷、针对重要缺陷的整改意见。

(4) 对内部控制自我评价机构在评价组织、实施及督促整改过程积极协调、合理部署。

3. 内部审计部门

(1) 根据本单位内部控制领导小组及单位负责人的安排进行内部控制评价工作。

(2) 拟订评价工作方案报单位决策机构批准后,认真组织实施。

(3) 下发内部控制自我评价工作通知,对内部控制的有效性进行评价。

（4）内部审计部门牵头负责成立内部控制评价小组，确定评价人员名单、分工、负责人等。

（5）对于评价过程中发现的重大问题，及时与单位领导进行沟通。

（6）编制内部控制缺陷认定汇总表报单位负责人审核，编写出具内部控制评价报告报单位负责人审核。

（7）督促各相关部门、所属单位进行整改并检查整改结果，根据评价和整改情况拟订单位内部控制考核方案。

4. 内部纪检监察部门

（1）监督本单位内部控制评价工作的过程与结果的合法合理性和公正公平性。

（2）对在内部控制评价工作中存在的违法违规现象，向本单位内部控制领导小组汇报并向有关部门汇报。

5. 本单位其他各职能部门

（1）服从本单位内部控制领导小组关于内部控制评价工作的安排。

（2）积极配合本单位有关部门进行内部控制评价的组织活动。

（3）根据要求选派具有专业胜任能力、部门业务熟练的人员，参与内部控制自我评价工作。

（4）根据工作安排，组织本部门的内部控制自我评价，对发现的内部控制缺陷提出整改方案和具体整改计划，积极整改，并报送内部审计部门复核。

三、行政事业单位内部控制评价对象

根据单位内部控制的体系结构，行政事业单位内部控制自我评价的内容可以确定为两个方面：单位层面内部控制和业务层面内部控制。

（一）单位层面内部控制自我评价指标

根据单位层面内部控制各要素的控制目标、主要风险和关键控制措施，单位层面内部控制自我评价指标示例，见表12-1。

表 12–1　单位层面内部控制自我评价指标示例

一级评价要素	二级评价要素	要素定义	建设情况			执行情况		
			尚未建设	基本建设	完成建设	尚未建设	基本建设	完成建设
组织架构	内部控制机构设置	①已成立单位内部控制领导小组②已建立内部控制牵头部门③明确内控领导小组的分工④明确财会、内部审计、纪检监察、政府采购、基建、资产管理等部门的职责						
	岗位职责权限	①确保岗位权责一致②不相容岗位相互分离						
工作机制	决策、监督、执行分离机制	①设置决策、监督、执行分离机制②制度建设比较完善③符合单位实际情况						
	风险评估机制	①建立风险评估小组②建立风险评估的工作机制③定期对单位经济活动进行评估，明确风险点，采取措施控制风险						
	议事决策机制	①制定议事决策的流程②明确审批权限，规定决策原则						
	议事决策问责机制	建立议事决策结果公开和责任追究机制						
	相关部门沟通协调机制	建立沟通协调和联动机制						
关键岗位	关键岗位轮岗机制	①建立关键岗位轮岗机制②不具备轮岗条件采取了专项审计等控制措施						
	关键岗位问责机制	①合理划分关键岗位②明确各岗位的权限③建立责任追究机制						
	关键岗位人员资格	具备与其工作岗位相适应的资格和能力						
	关键岗位人员培训	定期开展业务培训和职业道德教育						
	关键岗位人员职业道德	建立关键岗位人员奖励机制						
	关键岗位人员惩戒	建立关键岗位人员惩戒机制						
	会计机构设置	①设置会计机构，设置会计工作岗位②明确会计机构和岗位的工作职责和权限						

续表

一级评价要素	二级评价要素	要素定义	建设情况			执行情况		
			尚未建设	基本建设	完成建设	尚未建设	基本建设	完成建设
会计系统	会计人员配备	①配备有业务水平过关及道德素质较高的会计岗位人员②满足不相容岗位分离原则						
	会计政策制定	①建立会计管理制度②符合国家统一的会计制度						
	会计业务管理	按照国家统一会计制度的规定，根据实际发生的经济业务事项及时进行账务处理、编制财务会计报告						
信息系统	会计核算系统建设	①运用电子信息技术，对单位经济活动情况进行会计核算②定期进行数据备份						
	内部控制信息系统	①建立内部控制信息系统，将经济活动及其内部控制流程嵌入单位信息系统中②设置不相容岗位账户并体现其职权						
	信息内部公开机制	通过信息系统建设实现了经济活动信息内部公开管理						
	信息技术安全管理	单位建立信息安全管理机制，通过减少人为操作和加强信息技术安全监控，实现单位的信息安全						

（二）业务层面内部控制自我评价指标

根据业务层面内部控制各要素的控制目标、主要风险和关键控制措施，行政事业单位业务层面内部控制自我评价指标示例，见表12-2。

表12-2 业务层面内部控制自我评价指标示例

控制类别	一级评价要素	二级评价要素	要素定义	建设情况			执行情况		
				尚未建设	基本建设	完成建设	尚未建设	基本建设	完成建设
预算业务	组织控制	建立健全预算业务内部管理制度	确保预算业务有章可循、有据可依						
		管理机构与岗位职责	包括预算业务决策机构、工作机构和执行机构。细化预算编制、审批、执行、评价等不相容岗位职责分工						
		预算归口管理	负责承担单位预算的指导、审核职能						
		组织领导和协调机制	确保预算编制部门及时取得和有效运用与预算编制相关的信息						

续表

控制类别	一级评价要素	二级评价要素	要素定义	建设情况 尚未建设	建设情况 基本建设	建设情况 完成建设	执行情况 尚未建设	执行情况 基本建设	执行情况 完成建设
预算业务	预算编制与批复	预算编制责任	单位预算制度中，明确预算编制人员的职责						
		预算编制合规	单位预算编制符合法律法规和相关政策要求						
		预算编制依据	真实反映本年度全部业务收支计划，确保预算编制依据充分						
		预算编制审核	单位是否严格建立预算逐级审核制度及重大项目评审机制						
		预算方案依据	单位内部预算批复是否将以前年度的业务支出金额和本年度工作计划作为依据						
	预算下达与追调	预算指标分解	按支出事项性质和重要性进行内部指标分解						
		预算调整审批	单位是否对预算指标调整进行审议						
	预算执行	预算执行方式	①选择正确的预算执行方式②财务部门是否给予指导和审核						
		预算执行申请	①在明确的预算指标下提出执行申请②由归口管理部门和财会部门审核						
		预算执行审批	①设置预算执行申请的审批权限②按照规定的审批权限进行审批						
		资金支付控制	建立资金支付的管理制度和办法						
		预算执行分析	①建立预算执行分析机制②研究解决预算执行中存在的问题						
决算业务	决算管理	预算执行监控	建立预算执行的监控机制						
		决算编制报告	建立了规范的决算报告编制程序						
		决算分析运用	①建立了决算分析工作机制②强化决算分析结果运用						
	绩效评价	预算考评指标	建立预算工作绩效考评机制						
		预算绩效管理机制	建立"预算编制有目标、预算执行有监控、预算完成有评价、评价结果有反馈、反馈结果应用"的预算绩效管理机制						

续 表

控制类别	一级评价要素	二级评价要素	要素定义	建设情况			执行情况		
				尚未建设	基本建设	完成建设	尚未建设	基本建设	完成建设
收支业务	收入控制	制定收入管理制度	明确收入预算、执行、监督等阶段的具体工作程序						
		收入归口管理和岗位责任制	确保各项收费项目符合国家有关规定，明确相关部门的职责分工，实施岗位责任制						
		建立健全收费公示收入公开制度	明确收费公示的原则，依法接受社会监督						
	票据控制	落实收支两条线管理	认真落实"收支两条线"管理规定						
		收缴登记和收入分析机制	单位应当健全收入登记制度，向同级财政部门定期报告本单位政府非税收入收缴情况						
		建立票据管理制度	明确各类票据的种类、形式、联次，规范各类票据的申领、启用、核销、销毁等管理程序						
		建立票据申领、管理、核销机制	建立票据管理台账，明确票据保管责任，确保票据核销规范						
		票据稽核与监督管理	单位应当建立收费票据稽核监督管理制度						
	支出控制	制定支出管理制度	①规范设置各类经费支出内容、用途及执行方式②明确各类支出事项的程序及审批权限。						
		支出归口管理和岗位责任制	①对经费支出进行合理与科学分类②实行支出事项分类归口管理，落实各项重点经费支出的统筹管理职责，发挥各归口管理部门的专业管理优势。③明确归口管理部门和业务部门的职责分工④确保支出申请和内部审批、付款审批和付款执行、业务经办和会计核算等不相容岗位相互分离						
		支出事项管理	确保准确、客观反映行政运行与履行职能						
		支出过程控制	①制定支出过程监督制度②经适当权限的审批人批准后开展相应业务③设置合理的支出执行方式						

续表

控制类别	一级评价要素	二级评价要素	要素定义	建设情况			执行情况		
				尚未建设	基本建设	完成建设	尚未建设	基本建设	完成建设
收支业务	支出控制	借款与专项资金支出管理	①从财政部门或者上级预算单位取得的项目资金，按照批准的项目和用途使用专款专用、单独核算②向同级财政部门或者上级预算单位报告资金使用情况③接受财政部门和上级预算单位的检查监督						
		支出分析管理机制	定期编制单位支出业务预算执行情况管理报告						
	债务制度	建立健全债务管理制度	制定债务管理制度，明确债务管理部门或人员的职责权限						
		债务集体论证决策程序	大额债务的举借和偿还属于重大经济事项，进行充分论证，由单位领导班子集体决策						
		债务对账和检查监督控制	定期和不定期检查、评价债务管理的薄弱环节						
采购业务	组织控制	建立健全政府采购制度和流程	制定政府采购内部管理制度，实现以规章制度规范政府采购管理全过程						
		组织机构与职责分工	明确界定采购部门、财务部门、业务部门等在政府采购管理中的职责分工						
		采购归口管理与岗位责任	设立采购归口管理部门，负责对政府采购业务进行审核和批准						
	组织控制	组织领导和协调机制	①加强对采购活动的组织领导②定期就采购运行过程中存在的问题进行讨论沟通③完善单位采购工作协调机制						
		预算的编制与审核	①制定预算编制制度②制定预算审核制度并认真执行						
	采购活动	计划的编制与审核	①分管领导审批定期提交本部门的政府采购计划②政府采购部门审核计划的合理性③财务部门审核计划是否在指标额度范围						
		采购需求申请管理	单位制定采购申请制度与审批权限						
		采购组织形式确定	区分政府采购项目和非政府采购项目，选择合理的政府采购组织形式						

续表

控制类别	一级评价要素	二级评价要素	要素定义	建设情况			执行情况		
				尚未建设	基本建设	完成建设	尚未建设	基本建设	完成建设
采购业务	采购活动	采购方式与采购申请的审核	从公开招标、邀请招标、竞争性谈判、询价、单一来源等方式中,合理确定政府采购方式						
		采购代理机构选择	采购代理机构必须取得财政部门认定资格,依法接受采购人委托,从事政府采购货物、工程和服务采购代理业务						
		供应商选择与确定	建立科学的供应商评估和准入制度						
		招投标控制	按照标前准备、编制招标文件、确定标底、发布招标公告或投标邀请函、资格预审的程序,开展政府采购招投标工作,规范招标、投标、开标、评标、中标流程						
	采购合同	订立与备案	严格按照合同法相关要求与供应商办理合同签订手续						
		履行与变更	单位应依据采购合同确定的主要条款跟踪合同履行情况						
	采购验收	明确验收标准、规范验收程序	制定本单位的采购项目验收工作方案,规范设计各类采购项目验收标准、程序和方法						
		验收执行与验收报告	按照采购文件、采购合同规定的标准和方法,组织对采购项目进行验收						
		验收异常处理	按合同约定追究违约责任,并上报政府采购监督管理部门处理						
		验收监督检查	按规定做好采购项目的验收工作,加强政府采购货物、工程、服务的财务监督						
	采购信息	信息公开管理	除应予保密信息外,信息公开公告政府采购信息						
		信息记录与统计	对政府采购项目每项采购活动的采购文件应当妥善保存,不得伪造、变造、隐匿或者销毁						
	监督控制	质疑与投诉管理	单位应当加强对政府采购业务质疑投诉答复的管理						
		监督检查管理	明确政府采购监督检查的方式和要求						
		建立采购业务后评估机制	定期和不定期评价采购过程中的薄弱环节						

续 表

控制类别	一级评价要素	二级评价要素	要素定义	建设情况			执行情况		
				尚未建设	基本建设	完成建设	尚未建设	基本建设	完成建设
资产	组织控制	建立健全资产内部管理制度	对单位资产实行分类管理，建立健全各类资产的内部管理制度						
		合理设置资产管理岗位	合理设置资产管理岗位，确保不相容岗位实现相互分离						
	货币资金	货币资金岗位责任制	按照不相容岗位分离原则设置货币资金管理岗位，明确岗位职责和权限，建立货币资金管理岗位责任制						
		货币资金支付控制	严格按照用款前先申请注明款项的用途、金额、预算、限额、支付方式等内容，然后审批人根据职责、权限和相应程序，对支付申请进行审批						
		建立库存现金管理控制机制	单位应规定库存现金限额和使用范围，规范库存现金收支管理；建立现金盘点清查制度，定期不定期对库存现金进行清查盘点						
		建立银行账户管理控制机制	单位应当加强对银行账户的管理						
		建立印章管理控制机制	严禁一人保管收付款项所需的全部印章						
		建立票据管理控制机制	单位应加强与货币资金相关的票据的管理，明确各种票据的购买、保管、领用、背书转让、注销等环节的职责权限和程序						
		建立货币资金的核查机制	不定期审查单位货币资金管理的相关账目，确保单位货币资金管理规范有序、会计核算正确合理、财务信息真实完整						
	实物资产	资产管理组织控制	健全实物资产管理组织体系，建立实物资产归口管理、岗位责任、授权审批等控制机制						
		资产取得与配置控制	建立实物资产购置预算、请购审批、取得验收、领用登记及内部调剂等方面的控制机制						
		资产使用与维护控制	建立实物资产日常管理、出租出借、维护保养、清查盘点、统计报告等控制机制						
		资产报废与处置控制	建立包括出售、转让、置换、报损、报废等不同处置方式的控制机制						

续 表

控制类别	一级评价要素	二级评价要素	要素定义	建设情况			执行情况		
				尚未建设	基本建设	完成建设	尚未建设	基本建设	完成建设
资产	无形资产	无形资产取得控制	健全无形资产管理组织体系，建立无形资产归口管理、岗位责任，建立无形资产预算、取得和验收控制机制						
		无形资产使用控制	建立无形资产日常管理、使用、评估、更新等控制机制						
		无形资产处置控制	单位应明确无形资产处置的范围、标准、程序和审批权限						
	对外投资	投资岗位控制	建立对外投资管理岗位责任制，明确对外投资授权审批权限和业务程序						
		投资决策控制	明确投资意向提出、可行性研究、集体论证及投资审批的程序						
		投资实施控制	单位应加强对投资项目的追踪管理，及时、全面、准确地记录投资价值变动和投资收益情况						
		建立责任追究制度	确保单位对外投资得到有效的监控						
建设项目	组织控制	建立健全项目内部管理制度	明确建设项目的归口管理部门，建立健全建设项目内部管理制度						
		设置建设项目管理岗位	明确单位相关部门和岗位的职责权限，明确岗位责任制						
		业务流程控制	①全面梳理建设项目各环节业务流程②对各风险领域查找、界定关键控制点						
	立项控制	建设项目审核机制	建立与建设项目相关的审核机制						
		概预算控制	单位应当立与建设项目相关的集体研究、专家论证、技术咨询相结合的议事决策机制						
		建设项目决策责任追究机制	明确决策人员的责任，定期或不定期地对建设项目进行检查						
	勘察设计与概预算控制	勘察、设计过程的控制	编制勘察、设计文件，并建立严格的审查和批准制度						
		概预算控制	组织建设单位及工程、技术、财会等部门相关专业人员或委托具有相应资质的中介机构对编制的概算进行审核						

续 表

控制类别	一级评价要素	二级评价要素	要素定义	建设情况			执行情况		
				尚未建设	基本建设	完成建设	尚未建设	基本建设	完成建设
建设项目	建立项目投标控制	投标过程控制机制	明确招标准备、招标公告和投标邀请书、招标文件、标底和招标控制价的编制、审核和发布要求						
		投标过程控制机制	明确现场考察、投标预备及投标文件的递交和保密要求						
		开标、评标和定标控制机制	明确开标的时间、地点和参与人员等；依法组建评标委员会，并按照招标文件中评标标准和方法组织评标；单位应根据评标委员会的评标报告确定中标人						
	施工控制	建立项目监理控制	选择符合资质的监理单位，对项目施工过程中的质量、进度、安全、物资采购、资金使用及工程变更进行监督						
		建立项目施工进度控制机制	监控施工单位按合同规定的进度计划开展工作						
		建立项目施工质量控制机制	单位在施工前明确施工单位、监理单位对建设项目的质量责任和义务，保证建设工程质量						
		安全生产控制机制	单位应规范建设工程安全生产管理过程，明确建设单位、施工单位、监理单位的安全生产责任						
		建立项目施工成本控制机制	根据建设项目进度编制资金使用计划						
		工程物资采购控制机制	单位应明确工程物资，如设备及材料购置的方式、方法						
	施工控制	建立项目变更控制机制	单建立严格的工程变更审批制度，严格控制工程变更						
	竣工控制	竣工验收控制机制	制定竣工验收的各项管理制度						
		竣工决算控制机制	单位应在项目完工后及时开展竣工决算，编制竣工决算报告						
		竣工结算控制机制	对施工单位编制的竣工结算报告进行审查并办理价款结算						
		项目资产交付控制机制	及时编制财产清单，办理资产移交手续						

续表

控制类别	一级评价要素	二级评价要素	要素定义	建设情况			执行情况		
				尚未建设	基本建设	完成建设	尚未建设	基本建设	完成建设
建设项目	竣工控制	会计核算控制机制	制定建设项目财务管理制度						
		项目资料归档控制机制	及时收集、整理工程建设各环节的文件资料,建立工程项目档案						
		建设项目后评估控制机制	单位应当建立完工项目后评估制度,对完工工程项目预期目标的实现情况和项目投资效益等进行综合分析与评价						
合同	合同管理组织控制	建立合同管理制度	单位应实行合同管理分级授权制度						
		设置合同业务岗位控制	在岗位授权范围内进行合同洽谈、拟定合同文本并落实合同的履行						
		建立合同归口管理机制	对合同实施统一归口管理,管理合同印章;管理与合同有关的法人授权委托书;定期检查和评价合同管理中的薄弱环节						
	合同前期准备控制	合同策划与调查环节控制	单位应明确合同签订的业务和事项范围,严格审核合同策划目标是否与单位职责使命和战略目标一致						
		合同谈判控制机制	单位应根据市场实际情况选择适宜的洽谈方式,并通过组建素质结构合理的谈判团队开展谈判						
	合同订立控制	合同文本拟定和审核控制	合同文本一般由业务承办部门起草、归口管理部门审核、法律专业人士参与,保证合同内容和条款的完整准确						
		合同文本签署和登记控制	①单位应合理划分各类合同的签署权限和程序,按照规定的权限和程序与对方当事人签署合同。②按照统一编号对合同订立情况进行登记 ③建立合同管理台账						
	合同执行控制	建立合同履行监控机制	对合同履行情况实施有效监控,强化合同履行过程及效果的检查、分析和验收						
		合同变更控制机制	结合自身实际情况对合同履行中签订补充合同或变更、解除合同等						

续表

控制类别	一级评价要素	二级评价要素	要素定义	建设情况			执行情况		
				尚未建设	基本建设	完成建设	尚未建设	基本建设	完成建设
合同	合同执行控制	建立合同纠纷控制机制	明确合同纠纷的处理办法及相关的审批权限和处理责任						
		建立合同结算控制机制	财务部门应当在审核合同条款后办理价款结算和账务处理业务,按照合同规定付款,及时结算催收到期欠款						
	合同后续管理控制	合同保管与归档控制	①按照类别和编号妥善保管合同文本,建立合同台账②加强合同信息安全保密工作,实施合同管理责任追究制度						
		合同管理检查评估	①建立合同管理情况检查评估制度②至少于每年年末对合同管理的总体情况和重大合同履行的具体情况进行分析评估						

第二节　行政事业单位内部控制评价流程与方法

一、行政事业单位内部控制的评价流程

单位内部控制自我评价流程包括评价准备、评价实施、评价及整改三个阶段。

(一) 评价准备阶段

1. 成立本单位内部控制评价机构

(1) 单位内部控制领导小组。单位内部控制领导小组,是本单位内部控制实施进行评价的总负责者。主要职责有组建成立内部控制评价小组并指定负责人员,安排相关部门制定内部控制评价制度,批准本单位内部控制评价制度,批准内部控制评价工作方案,审查内部控制评价工作报告,对本单位内部控制评价工作进行监督,针对评价报告中存在的问题进行整改和落实等。

(2) 单位内部控制评价小组。主要的职责有执行本单位内部控制领导小组关于内部评价的工作安排，制定本单位内部控制评价的工作方案，按方案进行本单位内部控制工作的认真的评价，指导其他部门按单位内部控制评价的方案进行工作，完成内部控制评价报告等。

(3) 其他各职能部门。主要的职责包括执行本单位内部控制领导小组和评价小组的工作安排；制定本部门各小组及各岗位的评价指标并向上报告，由上级进行批复；执行本部门内部控制评价工作方案；对本部门先进行自我评价，并力争解决能够解决的问题；对内部评价工作小组中发现的本部门的问题进行积极整改等。

(4) 外部专业机构。如有必要，本单位可聘请外部专业机构参与评价。要确保这些人员掌握单位内部控制评价相关的规章制度、工作流程、评价方法、工作底稿的填制要求、缺陷认定标准、评价人员权利和义务、评价工作的纪律要求、评价中的重点领域等。

2. 制定内部控制评价工作方案

内部控制评价工作小组，应根据外部监管要求和本单位内部控制领导小组的要求，分析单位开展经济活动过程中的高风险和重要业务事项，编制内部控制自我评价工作方案，单位负责人和内部控制领导小组审核，单位领导班子集体审议批准。

内部控制评价工作方案应当包括下述内容。

(1) 内部控制评价的目的。

(2) 内部控制评价工作小组的组成。

(3) 内部控制评价范围和工作任务。

(4) 内部控制评价的工作计划。

(5) 内部控制评价工作的费用预算等。

评价工作方案可以以全面评价为主，也可以根据需要采用重点评价的方式。

(二) 评价实施阶段

(1) 本单位内部控制领导小组布置本次内部控制评价的工作任务。包括评价目的、评价方案、评价工作小组的组成、评价方法、评价的侧重点等。

(2) 本次内部控制评价的工作小组负责布置具体的内部控制工作方案和工作流程。

(3) 各职能部门自评。各职能部门对本部门涉及的控制活动进行自评,出具《内部控制自评报告》,各职能部门负责人审核后,提交内部控制评价小组。各职能部门进行自评时,内部控制评价工作小组需要进行相关指导。

(4) 现场测试。

1) 提前布置测试内容和测试方法。

2) 根据各部门的自评报告进行沟通,了解单位内部控制设计和执行的基本情况、主要业务风险点和关键控制措施。

3) 综合运用定性和定量的评价方法,对内部控制设计和执行的有效性进行现场测试,按要求填写工作底稿、记录相关测试结果、研究分析内部控制缺陷。

4) 评价工作组将评价结果及现场评价报告提交被评价单位,由被评价单位相关负责人签字确认后,提交单位内部控制评价工作小组。

(5) 内部控制缺陷认定。评价工作小组根据现场测试结果,编制内部控制缺陷认定汇总表,说明内部缺陷及其成因、表现形式、影响程度等,由评价工作小组组长审核,对于汇总表中的重大缺陷,需要提交单位内部控制领导小组集体审议认定。

(三) 评价及整改阶段

1. 内部控制评价报告的编制与审批

内控评价小组根据评价结果和认定的内部控制缺陷,编制内部控制自我评价报告,单位负责人审核、单位内部控制领导小组和决策机构集体审议通过后对外报送。

行政事业单位内部控制自我评价报告一般至少包括下述内容。

(1) 明确内部控制评价的目标和主体。单位内部控制评价的目标,是合理保证单位经济活动合法合规,资产安全和使用有效,财务信息真实完整,有效防范舞弊和预防腐败,提高公共服务的效率和效果。内部控制评价的主体是行政事业单位。

(2) 管理层声明。声明单位领导对报告内容的真实性、准确性、完整性承担个别及连带责任,保证报告内容不存在任何虚假记载、误导性陈述或重大遗漏。

(3) 控制评价工作的总体情况。包括单位内部控制评价工作的组织、领导体制、工作总体方案和进度安排、组织协调和汇报途径及评价工作小组的独立性情况等。

(4) 内部控制评价的依据。说明单位开展内部控制评价工作所依据的法律、法规和规章制度。如《单位内控规范》和单位相关内部管理制度。

（5）内部控制评价的范围。内部控制评价，主要对被评价的单位、重点关注的高风险领域和纳入评价范围的业务事项进行评价。主要分为全面检查评价和就某特定业务内部控制的检查和评价。

（6）内部控制评价的程序和方法。内部控制评价工作遵循的基本流程及评价过程中采用的主要方法。

（7）以前期间检查中发现的内部控制缺陷及其整改情况。如果单位以前期间内部控制评价中发现了内部控制存在缺陷，要把缺陷的具体情况、认定标准和现在的整改情况予以说明。

（8）本次检查中发现的内部控制缺陷及其认定。说明本次检查中单位内部控制缺陷的具体认定标准和认定程序，并对与以前标准一样或做出的适当调整及其原因做出声明；根据内部控制缺陷的认定标准，判断本次检查中内部控制存在的重大缺陷、重要缺陷和一般缺陷。

（9）内部控制缺陷的整改情况及拟采取的整改措施。对于评价期间发现的重大缺陷，但是在评价期末已完成整改的，说明单位与该重大缺陷相关的内部控制还是有效的。

（10）内部控制建立和执行有效性的评价、结论及改进意见和建议。对单位内控不存在重大缺陷的情形，可以出具评价期末内部控制有效性结论。对于存在重大缺陷的情形，不能做出内部控制有效的结论，并应该对该重大缺陷的性质，以及其对实现相关控制目标的影响程度，可能给单位经济活动带来的相关风险进行描述。

2. 落实整改

内控评价小组将审批后的内部控制评价报告正式下达单位各职能部门及附属单位。各职能部门及附属单位，根据内部控制评价及整改意见进行整改，并于收到内部检制评价报告之日起，在限定期限内，将整改情况书面反馈至内控评价小组。

二、内部控制评价常用方法

（一）定性评价方法

1. 抽样法

（1）通过抽取一定有代表性的样本进行调查和测试，根据样本来推断总体状况的一种评价方法。

(2) 用于行政事业单位业务流程内部控制有效性的评价。比如，收支业务、采购业务、实物资产、合同管理等流程。

2. 问卷调查法

问卷调查法指评价者利用问卷工具，使得受访者只需做出简单的"是/否"或"有/无"的简单回答，通过问卷调查结果来评价内部控制系统的方法。

3. 个别访谈法

（1）对被评价单位员工进行单独访谈，以获取有关信息。

（2）主要用于了解行政事业单位内部控制的基本情况。

4. 实地查验法

（1）实地查验法主要针对业务层面内部控制，它通过使用统一的测试工作表，与实际的业务、财务单证进行核对的方法进行控制测试。

（2）实地查验法的结果有多种体现方式，可以通过评估现有记录的充分性来评价控制程度。描绘出常规业务的处理流程图，直观发现流程图中可能出现的错误。通过文字描述反映相关控制情况。

5. 穿行测试法

（1）通过抽取一份全过程的文件，按照被评价单位规定的业务处理程序。

（2）按上述程序从头到尾地重新执行一遍，以检查这些经济业务在办理过程中是否执行了规定的控制措施。

（3）通过其处理结果是否相符，来了解整个业务流程执行情况。

6. 比较分析法

通过数据分析针对同一内部控制内容和指标，在不同的时间和空间进行对比，来说明实际情况与参照标准的差异。

7. 流程图法

流程图法是指利用符号和图形来表示被评价机构组织结构、职责分工、权限、经营业务的性质及种类，各种业务处理规程、各种会计记录等内部控制状况的方法。

8. 自我评估法

自我评估法是指单位根据内部控制目标由领导和员工共同定期或不定期地对内部控制体系的有效性实施自我评估的方法。

（二）定量评价方法

定量评价法是通过引入数学计量方法和系统工程学方法来设计模型对指标进行量化，目前学术界并没有定论，还处于探索阶段。

附　录

附录一　行政事业单位会计决算报告制度

第一章　总　则

第一条　为进一步加强行政事业单位各项资金和会计信息管理工作，规范行政事业单位会计决算行为，保证会计决算信息质量，根据《中华人民共和国会计法》《中华人民共和国预算法》《行政单位会计制度》《事业单位会计制度》《行政单位财务规则》和《事业单位财务规则》等法律规章，制定本制度。

第二条　行政事业单位会计决算报告制度的主要内容包括行政事业单位会计决算报告的编制范围、编制内容、工作组织、填报审核、汇总上报、质量核查及数据资料管理等方面的工作规范。

第三条　本制度所称行政事业单位会计决算报告指行政事业单位在每个会计年度终了，根据财政部门决算编审要求，在日常会计核算的基础上编制的、综合反映本单位财务收支状况和各项资金管理状况的总结性文件。

第四条　通过建立行政事业单位会计决算报告制度，收集汇总行政事业单位财务收支、经费来源与运用、资产与负债、机构、人员与工资等方面的基本数据，全面、真实反映行政事业单位财务状况和预算执行结果，为财政部门审查批复决算和编制后续年度财政预算提供基本依据，并满足国家财务会计监管、各项资金管理以及宏观经济决策等信息需要。

第五条　本制度适用于所有执行行政事业单位会计制度的行政事业单位；对于不执行行政事业单位会计制度，但纳入财政预算范围，且与各级财政有经常性经费领拨款关系的其他单位也适用于本制度。

第二章 会计决算报告工作组织

第六条 行政事业单位会计决算报告工作按照"科学、规范、统一、高效"的原则,由财政部实施统一管理,各部门、各地区依据财务管理关系或预算管理关系分别组织实施。

第七条 财政部是行政事业单位会计决算报告工作的主管部门。其职责主要是:

(一)制定行政事业单位会计决算管理的规章制度。

(二)制定下发统一的行政事业单位会计决算报告格式和工作处理软件,并组织全国行政事业单位会计决算报表与软件培训。

(三)组织全国行政事业单位会计决算报表的收集、审核、汇总和分析工作。

(四)负责全国行政事业单位会计决算信息上报和对外提供工作,并对全国行政事业单位会计决算信息披露实施统一管理。

(五)组织全国行政事业单位会计决算报告编制质量的核查工作。

(六)建立全国行政事业单位会计决算数据库和网络管理体系。

第八条 中央各部门(含中共中央有关部门、国务院各部委和直属机构、全国人大常委会办公厅、全国政协办公厅、最高人民法院、最高人民检察院、各人民团体和有关中央直管企业集团,下同)按照全国统一的工作程序、编报规范和时间要求,组织实施本部门所属行政事业单位会计决算报告的编报工作。其职责主要是:

(一)组织本部门行政事业单位会计决算报表的布置与培训工作。

(二)组织本部门行政事业单位会计决算报表的收集、审核、汇总和上报工作。

(三)组织本部门行政事业单位会计决算报告编制质量的核查工作。

(四)负责建立和管理本部门行政事业单位会计决算数据分库。

第九条 各地区(含各省、自治区、直辖市和计划单列市,下同)的财政部门按照统一的工作程序、编报规范和时间要求,负责组织实施本地区行政事业单位会计决算报告的编报工作。其职责主要是:

(一)组织本地区行政事业单位会计决算报表的布置与培训工作。

(二)组织本地区行政事业单位会计决算报表的收集、审核、汇总、分析和上报工作。

（三）组织本地区行政事业单位会计决算报告编制质量的核查工作。

（四）负责建立和管理本地区行政事业单位会计决算数据分库。

第三章 会计决算报告的内容

第十条 行政事业单位会计决算报告的内容主要包括：行政事业单位决算报表、报表附注和财务分析。

第十一条 行政事业单位决算报表包括：

（一）报表封面。

（二）主表。

（三）补充指标表。

第十二条 行政事业单位决算报表封面内容主要包括：行政事业单位名称、单位负责人、财务负责人、填表人、联系方式等文字信息，以及单位统一代码、基本性质、财政预算代码、预算管理级次、隶属关系、报表类型等相关信息。

第十三条 行政事业单位决算报表主表、补充指标表内容主要包括：行政事业单位各类收支与结余情况、资产与负债情况、人员与工资情况及财政部门规定的其他应上报的内容。主表适用于所有行政事业单位，补充指标表仅适用于相关业务的行政事业单位。

第十四条 行政事业单位决算报表附注用于注明需特别说明的有关报表编制事项，主要包括：报表编制基础、编制依据、编制原则和方法，以及特殊事项的说明和有关重要项目的明细资料。

第十五条 行政事业单位财务分析是对本单位收入支出、资产负债、净资产等主要财务指标增减变动情况和原因的分析。

第十六条 行政事业单位会计决算报告应当同时记载在纸介质和磁盘介质（或光盘介质）上。

第四章 会计决算报告的编制

第十七条 行政事业单位会计决算报告的统一编制时间点为每年的12月31日。

第十八条 各部门、各地区应按照财务管理关系或预算管理级次确定行政事业单位会计决算报告的基本报告单位。行政事业单位会计决算报告的基本报告单位应同时具备下列条件：

（一）具有独立法人资格。

（二）独立编制会计报表。

第十九条　行政事业单位会计决算报告的基本报告单位，原则上应实行逐户录入。对于确实不具备基本报告单位逐户录入条件的，可按照财政部每年统一确定的原则适当调整录入级次。

第二十条　各级行政事业单位应在全面清理核实资产、负债、收入、支出，并办理年终结账的基础上，编制会计决算报告。

（一）应按照行政、事业单位财务会计制度规定及各级财政对单位预算的批复文件，及时清理收支账目、往来款项，核对年度预算收支和各项缴拨款项。各项收支应按规定要求进行年终结账。凡属本年的各项收入应及时入账，本年的各项应缴预算款和应缴财政专户的预算外资金，应在年终前全部上缴。属于本年的各项支出，应按规定的支出渠道如实列报。

（二）应根据登记完整、核对无误的账簿记录和其他有关会计核算资料编制会计决算报告，做到数字真实、计算正确、内容完整、账表相符、表表相符。

第二十一条　各级行政事业单位应根据财政部统一下发的报表格式、编制说明及软件操作要求，认真编制会计决算报告。

（一）报表封面应按照国家统一标准和财政部统一规定如实填报。报表编制完毕后，须经单位负责人、财务负责人和报表编制人员审查、签字并盖章。单位公章应加盖单位行政公章，不得以财务专用章代替。

（二）报表各项指标应严格按照财政部统一制定的报表编制说明、指标解释认真编制，做到表内项目之间、表与表之间、本期数据与上期数据之间相互衔接。

第二十二条　各级财政部门、主管会计单位核拨经费给其他不属于会计决算报告编制范围的单位，由拨款单位代编决算，具体应按照财政部代编决算的有关规定执行。

第五章　会计决算报告的审核

第二十三条　会计决算报告的编制单位必须认真做好会计决算报告的审核工作，确保上报数据资料真实、完整、准确。

第二十四条　行政事业单位会计决算报告审核的主要内容包括：

（一）审核编制范围是否全面，是否有漏报和重复编报现象。

（二）审核编制方法是否符合国家统一的财务会计制度，是否符合行政事业单位会计决算报告的编制要求。

（三）审核编制内容是否真实、完整、准确，审核单位账簿与报表是否相符、金额单位是否正确，有无漏报、重报项目以及虚报和瞒报等弄虚作假现象。

（四）审核报表中的相关数据是否衔接一致，包括表间数据之间、分户数据与汇总数据之间、报表数据与计算机录入数据之间是否衔接一致。

（五）对报表与上年数据资料进行核对，审核数据变动是否合理。

第二十五条　会计决算报告审核的方法应采取人工审核与计算机审核相结合。

（一）人工审核：包括政策性审核和规范性审核。政策性审核主要以现行财务制度和有关政策规定为依据，对重点指标进行审核；规范性审核侧重于报告编制的正确性和真实性及钩稽关系等方面的审核。

（二）计算机审核：利用软件提供的数据审核功能，逐户审核报表的表内表间关系，检查数据的逻辑性及数据的完整性。

第二十六条　会计决算报告审核的工作方式，可根据实际情况采取自行审核、集中会审、委托审核等多种形式。

（一）自行审核：各级行政事业单位在上报会计决算报告前，应自行将本单位报表、磁盘以及有关数据资料，按统一规定的审核内容进行逐项复核。

（二）集中会审：各部门、各地区组织专门力量对行政事业单位编制的决算报表、磁盘及相关资料，按照统一的标准及要求进行集中对账或分户复核。

（三）委托审核：委托中介机构对行政事业单位决算报表数据及相关资料进行审核。

第二十七条　各部门、各地区要认真做好行政事业单位会计决算报告的审核工作，凡发现报告编制不符合规定，存在漏报、虚报、瞒报、错报以及相关数据不衔接等错误和问题，应要求有关单位立即纠正，并限期重报。

第六章　会计决算报告的汇总与上报

第二十八条　各级行政事业单位应按照财务管理关系或预算管理级

次，采取自下而上方式，按时层层汇总上报。

第二十九条 各地区的财政部门应对下级财政部门上报的汇总会计决算报表、本级汇总会计决算报表及本级代编经费决算报表进行汇总，并对有关收入支出、内部往来项目等汇总虚增进行调整和剔除后，形成本地区汇总会计决算报表，并作为各级财政总决算相关数据的来源。

第三十条 中央各部门应对所属各级行政事业单位上报的会计决算报表、部门本级会计决算报表和本级代编经费决算报表进行汇总，并对有关收入支出、内部往来项目等汇总虚增进行调整和剔除后，形成本部门汇总会计决算报表。

第三十一条 各部门、各地区汇总会计决算报表要以所属各级行政事业单位上报的数据为准，不得随意调整数据和科目，更不能虚报、瞒报和随意结转。

第三十二条 各部门、各地区编制的行政事业单位汇总会计决算报告，应于次年3月底前上报财政部。

第七章 会计决算报告编制质量核查

第三十三条 会计决算报告编制质量核查是行政事业单位会计决算报告管理部门为加强会计决算管理，促进提高会计决算信息质量，依法组织开展对行政事业单位会计决算报告编制的真实性和完整性进行的抽样核查。

第三十四条 会计决算报告编制质量核查工作采取统一管理、分级实施原则，全国行政事业单位会计决算报告编制质量的核查工作由财政部组织实施，各地区行政事业单位会计决算报告编制质量的核查工作由各地区财政部门按照统一的工作要求分级组织实施。

第三十五条 会计决算报告编制质量核查的样本采集依据"随机抽取、适当调整"的原则，采取随机抽取与定向选择相结合的方式。

（一）随机抽取：通过计算机随机确定核查样本。

（二）定向选择：对会计决算报告存在明显质量问题或以往年份核查不合格单位，列为核查样本。

第三十六条 会计决算报告编制质量核查的内容由财政部每年根据行政事业单位会计决算报告编制情况以及财政检查工作要求统一规定。基本内容包括：报告编制范围是否齐全，会计决算报表与单位账簿是否一致，报表编制口径与汇总方法是否正确，向不同部门提供的报表数据是否一致等。各地区可结合本地区实际情况对核查内容进行补充。

第三十七条　被选定为核查对象的单位必须依照有关法律、法规，接受财政部门依法实施的核查，应按照核查工作的统一要求，如实、及时提供所需会计凭证、会计账簿等有关会计资料，并如实反映有关情况。

第三十八条　财政部门对核查结果实行及时通报制度，对于会计决算报告不符合要求的单位给予通报批评，责令限期改正，并依法追究相应工作责任。

第八章　会计决算数据资料管理

第三十九条　会计决算数据资料包括行政事业单位会计决算报告中以各种介质存放的各类报表、编制说明、分析报告、总结材料。

第四十条　中央各部门和各地区财政部门要对行政事业单位上报的会计决算数据资料进行归类整理、建档建库，并从计算机中传出备份保存。

第四十一条　中央各部门和各地区财政部门要严格按照《会计档案管理办法》妥善保存行政事业单位会计决算数据资料。

第四十二条　各级财政部门应指定专门机构对行政事业单位会计决算数据资料进行管理和维护，配备必要的计算机技术人员，明确管理职责。

第四十三条　对于行政事业单位上报的分户会计决算数据资料，以及涉及国防、安全等国家保密部门的会计决算数据资料，要严格实行密级管理。

第四十四条　对外提供行政事业单位汇总会计决算数据资料，应有公函请求，并报经有关领导批准后方可提供。

第四十五条　各级财政部门不得发布上级财政部门管理范围内的行政事业单位会计决算信息。

第四十六条　各级财政部门应当在做好会计决算数据密级管理的同时，充分利用现代计算机和网络等先进技术，认真做好会计决算资料的"数据共享"，以提高会计决算信息的利用效率。

第四十七条　各级财政部门应加强会计决算信息专题研究分析，做好会计决算信息服务工作，按照规定的程序及时提供有关会计决算信息资料。

第九章 会计决算报告的工作责任

第四十八条 行政事业单位应当按照有关制度规定认真编制会计决算报告,全面、真实反映本单位会计决算信息。各单位负责人对本单位的会计工作和会计资料的真实性和完整性负责。

第四十九条 行政事业单位财务人员应当认真、如实编制会计决算报告,不得漏报、瞒报或因工作不认真错报有关会计决算信息,更不得编造虚假会计信息;行政事业单位负责人不得授意、指使、强令财务人员提供虚假会计决算信息,不得对拒绝、抵制编造虚假会计决算信息的人员进行打击报复。对于违反规定、提供虚假会计决算信息的单位及相关责任人,要按照《中华人民共和国会计法》等有关法律规定予以处理。

第五十条 各部门、各地区应当认真组织落实本部门、本地区行政事业单位会计决算报告工作。各级财政部门要加强对行政事业单位会计决算报告编制工作的考核,对在行政事业单位会计决算报告编制工作中成绩优秀的单位给予表彰;对因工作组织不力或不当,拖延报送会计决算报告或数据差错严重,给全国行政事业单位会计决算报告工作造成不良影响的单位,依据国家有关规定追究相关责任人的工作责任。

第十章 附 则

第五十一条 各部门、各地区可依据本制度,结合工作实际,制定相应实施细则,并报财政部备案。

第五十二条 本制度由财政部负责解释。

第五十三条 本制度自发布之日起施行。

附录二 行政事业单位内部控制规范关于预算控制的规定

第十九条 单位应当建立健全预算编制、审批、执行、决算与评价等预算内部管理制度。

单位应当合理设置岗位,明确相关岗位的职责权限,确保预算编制、审批、执行、评价等不相容岗位相互分离。

第二十条　单位的预算编制应当做到程序规范、方法科学、编制及时、内容完整、项目细化、数据准确。

（一）单位应当正确把握预算编制有关政策，确保预算编制相关人员及时全面掌握相关规定。

（二）单位应当建立内部预算编制、预算执行、资产管理、基建管理、人事管理等部门或岗位的沟通协调机制，按照规定进行项目评审，确保预算编制部门及时取得和有效运用与预算编制相关的信息，根据工作计划细化预算编制，提高预算编制的科学性。

第二十一条　单位应当根据内设部门的职责和分工，对按照法定程序批复的预算在单位内部进行指标分解、审批下达，规范内部预算追加调整程序，发挥预算对经济活动的管控作用。

第二十二条　单位应当根据批复的预算安排各项收支，确保预算严格有效执行。单位应当建立预算执行分析机制。定期通报各部门预算执行情况，召开预算执行分析会议，研究解决预算执行中存在的问题，提出改进措施，提高预算执行的有效性。

第二十三条　单位应当加强决算管理，确保决算真实、完整、准确、及时，加强决算分析工作，强化决算分析结果运用，建立健全单位预算与决算相互反映、相互促进的机制。

第二十四条　单位应当加强预算绩效管理，建立"预算编制有目标、预算执行有监控、预算完成有评价、评价结果有反馈、反馈结果有应用"的全过程预算绩效管理机制。

附录三　某省总工会预算绩效考核评价暂行办法

第一章　总　则

第一条　为进一步加强工会预算管理，强化预算收支管理责任，建立科学、合理的工会预算绩效评价体系，提高工会预算收支效益，根据《中华人民共和国预算法》、中华全国总工会《工会预算管理办法》和本省财政预算绩效评价有关管理办法等法律、规定，结合我省工会实际，制定本办法。

第二条　工会预算绩效评价（以下简称绩效评价）是指各级工会根据设定的绩效目标，运用科学、合理的评价方法、指标体系和评价标准，对工会各项资金、资产的收支效益进行客观、公正的评价。

第三条　绩效评价要涵盖工会收支预算的全过程，包括事前（预算安排阶段）评价、事中（预算执行阶段）评价和事后（预算效果阶段）评价。

第四条　绩效评价的基本原则：

（一）科学规范原则。采用规范的程序和定性与定量相结合的考评方法，准确、合理地评价工会部门预算绩效情况。

（二）客观公正原则。绩效评价应当客观、公正，标准统一、资料可靠，依法接受监督。

（三）分类管理原则。根据各级工会评价对象的特点，分类组织实施绩效评价。

（四）保障促进原则。绩效评价最终目的是为了保障工会职能的履行，促进工运事业的发展。

第五条　绩效评价的主要依据：

（一）国家、省相关法律、法规和规章制度；

（二）中华全国总工会、省财政厅、省总工会制定的绩效评价管理制度及工作规范；

（三）各评价单位职能职责、年度工作计划总结、本级工会预决算和预算调整方案及批复；

（四）经审部门对预算执行情况的年度审计报告；

（五）其他法律法规相关资料。

第二章　评价对象和内容

第六条　绩效评价的对象包括各评价单位管理的工会经费、财政资金、工会资产、财务工作等。

第七条　各评价单位根据不同评价对象和内容分别实施事前、事中、事后评价，有条件的可实施全程整体评价。

第八条 绩效评价指标体系分为三个层次：

（一）一级指标包括预算投入、过程、效果等内容；

（二）二级指标包括预算安排、预算执行与管理、经济效益、社会效益等内容；

（三）三级指标为二级指标的具体考核评价工具，以定量考核为主、定性考核为辅。

第九条 绩效评价的基本内容：

（一）工会预算收支、财务管理和资产管理及其收益等内容；

（二）为完善预算管理而采取推进工会财务、资产管理规范化建设的措施、制度等；

（三）绩效目标的实现程度，包括是否达到预设目标和效果等；

（四）需要评价的其他内容。

第三章 绩 效 目 标

第十条 绩效目标是被评价对象收支预算在一定期限内预期达到的产出和效果。绩效目标是实施绩效评价的主要依据。

第十一条 绩效目标应当包括以下主要内容：

（一）提高预算编制的科学性和准确性，严格预算编制审批，维护预算执行的严肃性等；

（二）工会财务工作运行有序，资产管理安全和保值增值，为社会发展大局、工会重点工作、职工群众服务提供资源保障；

（三）收支的预期效果，包括经济效益、社会效益、环境效益和可持续影响等；

第十二条 绩效目标应当符合以下要求：

（一）指向明确。绩效目标要符合国民经济和社会发展规划、部门职能及事业发展规划，并与相应的工会收支范围、方向、效果紧密相关。

（二）具体细化。绩效目标应当从数量、质量、成本和时效等方面进行细化，尽量进行定量表述，不能以量化形式表述的，可以采用定性的分级分档形式表述。

（三）合理可行。制定绩效目标要经过科学预测和调查研究，目标要符合客观实际。

第四章 评价方法及标准

第十三条 绩效评价指标是指衡量绩效目标实现程度的考核工具。绩效评价指标由省总工会制定。

第十四条 绩效评价指标的确定应当遵循以下原则：

（一）相关性原则。应当与绩效目标有直接的联系，能够恰当反映目标的实现程度。

（二）重要性原则。应当优先使用最具评价对象代表性、最能反映评价要求的核心指标。

（三）可比性原则。对同类评价对象要设定共性的绩效评价指标，以便于评价结果可以相互比较。

（四）系统性原则。应当将定量指标与定性指标相结合，系统反映工会收支所产生的社会效益、经济效益、环境效益和可持续影响等。

（五）经济性原则。应当通俗易懂、简便易行，数据的获得应当考虑现实条件和可操作性，符合成本效益原则。

第十五条 绩效评价方法主要采用成本效益分析法、比较法、因素分析法、公众评判法等。根据评价对象的具体情况，可采用一种或多种方法进行绩效评价。

（一）成本效益分析法，是指将一定时期内的收支与效益进行对比分析，以评价绩效目标实现程度。适用于成本、效益都能准确计量的项目绩效评价。

（二）比较法，是指通过对绩效目标与实施效果、历史与当期情况、不同部门和地区同类收支的比较，综合分析绩效目标实现程度。

（三）因素分析法，是指通过综合分析影响绩效目标实现、实施效果的内外因素，评价绩效目标实现程度。

（四）公众评判法，是指通过专家评估、公众问卷及抽样调查等，对工会收支效果进行评判，评价绩效目标实现程度。

（五）其他评价方法。

第十六条 绩效评价方法的选用应当坚持简便有效的原则。

根据评价对象的具体情况,可采用一种或多种方法进行绩效评价。

第十七条 绩效评价形式分现场评价和非现场评价。

(一)现场评价是指评价人员到现场采取勘察、问询、复核等方式,对评价对象的有关情况进行核实,并对所掌握的有关信息资料进行分类、整理、分析和评价。

(二)非现场评价是指评价人员根据评价单位提交的绩效报告和其他相关资料进行分析,提出评价意见。

第五章 绩效评价组织管理

第十八条 省总工会统一负责管理全省工会系统预算绩效评价工作,分级组织实施。

第十九条 省总工会绩效评价管理职责:

(一)制定工会绩效评价制度;

(二)组织、实施本级绩效评价工作;

(三)组织、指导、监督下级工会及所属单位开展绩效评价工作;

(四)根据需要对下级工会及所属单位实施绩效评价或再评价;

(五)组织、审核、汇总绩效评价报告;

(六)承担其他与绩效评价有关的职责。

第二十条 基层单位绩效评价管理职责:

(一)组织、实施本单位绩效评价工作;

(二)编报本单位绩效报告;

(三)落实绩效评价反馈意见,改进预算收支管理;

(四)承担其他与绩效评价有关的职责。

第六章 绩效评价工作程序

第二十一条 绩效评价工作程序是指有关单位所组织的绩效评价工作的工作流程,一般分为准备、实施、完成三个阶段。

第二十二条 绩效评价工作准备阶段。

(一)确定绩效评价对象。各级工会财务部门或预算部门根据单位工作目标和预算管理要求及项目承担部门的自评工作，确定评价对象。

（二）下达绩效评价通知。

（三）成立评价工作小组。评价工作小组由评价工作机构根据项目实际情况确定，主要负责制订评价方案、实施具体评价等工作。

（四）制订绩效评价工作方案。评价工作机构要根据评价工作目标和评价对象的实际情况，依据评价工作规范，制订评价工作方案。

第二十三条　绩效评价工作实施阶段。

（一）收集绩效评价相关资料。评价工作组根据评价工作方案，全面收集基础信息资料，进行分类整理和分析。

（二）对资料进行审查核实。对预算部门提供的评价相关资料，评价工作组可根据具体情况到现场勘察、询查，核实有关资料信息。

（三）综合分析并形成评价结论。评价工作组根据工作，采用恰当的评价指标体系、评价标准和评价方案，对评价对象绩效目标实现程度等绩效情况进行全面的定量、定性分析和综合评价，形成评价结论。

第二十四条　绩效评价工作完成阶段。

（一）撰写、提交评价报告。评价工作机构根据项目承担单位和绩效自评报告、评价工作组评价结论等相关资料，按照规范的文本格式撰写绩效评价报告。

（二）结果反馈。评价工作机构要对绩效评价报告进行认真分析，将结果及时反馈财务部门、主管部门和项目承担单位。

（三）建立绩效评价档案。完成绩效评价工作后，应妥善保管工作底稿和评价报告等有关资料，建立绩效评价档案。

第七章　绩效自评报告和绩效评价报告

第二十五条　工会经费具体使用单位或部门应按照本办法的规定提交绩效自评报告，绩效自评报告应当包括以下主要内容：

（一）基本概况，包括单位职能概况、事业发展规划、预决算情况、项目立项依据等；

（二）绩效目标及其设立依据和调整情况；

（三）管理措施及组织实施情况；

（四）总结分析绩效目标完成情况；

（五）分析说明未完成项目目标及其原因；

（六）下一步改进工作的意见及建议；

（七）其他。

第二十六条　财务部门或预算部门开展绩效评价并撰写绩效评价报告，绩效评价报告应当包括以下主要内容：

（一）基本概况；

（二）绩效评价的组织实施情况；

（三）绩效评价指标体系、评价标准和评价方法；

（四）绩效目标的实现程度；

（五）存在问题及原因分析；

（六）评价结论及建议；

（七）其他。

第二十七条　绩效自评报告和绩效评价报告（具体格式由省总工会财务部统一制定）应当依据充分、真实完整、数据准确、分析透彻、逻辑清晰、客观公正。

第八章　绩效评价结果应用

第二十八条　绩效评价结果采取评分与评级相结合的形式，具体分值和等级根据不同评价内容设定。

第二十九条　省总工会将及时整理、归纳、分析、反馈绩效评价结果，并将其作为各单位改进预算管理的重要依据。评价结果较好的，可采取适当方式予以表扬，对评价结果未达到规定标准的，可在一定范围内予以通报并责令其限期整改。

第三十条　对于省总工会提出的绩效评价整改意见，各级工会和预算单位应当及时调整和优化本单位以后年度工会预算收支方向和结构，合理配置资源，并将整改情况及时反馈省总工会财务部，不断提高工会预算的收支效益。

第九章 附则

第三十一条 各级工会可据此制定切合本地实际的管理办法和实施细则。

第三十二条 本办法由省总工会财务部负责解释。

第三十三条 本办法自印发之日起施行。

附录四 行政事业单位内部控制评价指标

附件1 行政事业单位内部控制基础性评价指标评分表（见附表4-1）

附表4-1 行政事业单位内部控制基础性评价指标评分表

类别	评价指标	评价要点（分值）	评价得分
单位层面（60分）	1. 内部控制建设启动情况（本指标14分）	1.1 成立内部控制领导小组，制定、启动相关的工作机制（4分）	
		1.2 开展内部控制专题培训（3分）	
		1.3 开展内部控制风险评估（3分）	
		1.4 开展组织及业务流程再造（4分）	
	2. 单位主要负责人承担内部控制建立与实施责任情况（本指标6分）	2.1 单位主要负责人主持召开会议讨论内部控制建立与实施相关的议题（2分）	
		2.2 单位主要负责人主持制定内部控制工作方案，健全工作机制（2分）	
		2.3 单位主要负责人主持开展内部控制工作分工及人员配备等工作（2分）	
	3. 对权力运行的制约情况（本指标8分）	3.1 权力运行机制的构建（4分）	
		3.2 对权力运行的监督（4分）	
	4. 内部控制制度完备情况（本指标16分）	4.1 建立预算管理制度（2分）	
		4.2 建立收入管理制度（2分）	
		4.3 建立支出管理制度（2分）	
		4.4 建立政府采购管理制度（2分）	
		4.5 建立资产管理制度（2分）	

续表

类别	评价指标	评价要点（分值）	评价得分
单位层面	4. 内部控制制度完备情况（本指标16分）	4.6 建立建设项目管理制度（2分）	
		4.7 建立合同管理制度（2分）	
		4.8 建立决策机制制度（2分）	
	5. 不相容岗位与职责分离控制情况（本指标6分）	5.1 对不相容岗位与职责进行了有效设计（3分）	
		5.2 不相容岗位与职责得到有效的分离和实施（3分）	
	6. 内部控制管理信息系统功能覆盖情况（本指标10分）	6.1 建立内部控制管理信息系统，功能覆盖主要业务控制及流程（6分）	
		6.2 系统设置不相容岗位账户并体现其职权（4分）	
业务层面（40分）	7. 预算业务管理控制情况（本指标7分）	7.1 对预算进行内部分解并审批下达（3分）	
		7.2 预算执行差异率（4分）	
	8. 收支业务管理控制情况（本指标6分）	8.1 收入实行归口管理和票据控制，做到应收尽收（2分）	
		8.2 支出事项实行归口管理和分类控制（2分）	
		8.3 举债事项实行集体决策，定期对账（2分）	
	9. 政府采购业务管理控制情况（本指标7分）	9.1. 政府采购合规（4分）	
		9.2 落实政府采购政策（2分）	
		9.3 政府采购方式变更和采购进口产品报批（1分）	
	10. 资产管理控制情况（本指标6分）	10.1 对资产定期核查盘点、跟踪管理（4分）	
		10.2 严格按照法定程序和权限配置、使用和处置资产（2分）	

续表

类　别	评价指标	评价要点（分值）	评价得分
业务层面	11. 建设项目管理控制情况（本指标8分）	11.1 履行建设项目内容变更审批程序（2分）	
		11.2 及时编制竣工决算和交付使用资产（2分）	
		11.3 建设项目超概算率（4分）	
	12. 合同管理控制情况（本指标6分）	12.1 加强合同订立及归口管理（3分）	
		12.2 加强对合同履行的控制（3分）	
合计（100分）	评价总分		

附件2　《行政事业单位内部控制基础性评价指标评分表》填表说明

为指导行政事业单位顺利开展内部控制基础性评价工作，现将《行政事业单位内部控制基础性评价指标评分表》中的各指标和评价要点的操作细则，以及评价计分方法说明如下，供各单位在开展内部控制基础性评价工作中参考使用。

一、评价指标设置及分值分配

行政事业单位内部控制基础性评价采用量化评价的方式，分别设置了单位层面评价指标和业务层面评价指标，分别为60分和40分，合计100分。单位层面评价指标分为6类21项指标，业务层面评价指标分为6类15项指标。

二、评价操作细则

（一）单位层面指标（本指标共60分）

1. 内部控制建设启动情况指标（本指标共14分）

1.1　成立内部控制领导小组，制定、启动相关的工作机制。（分值4分）评价操作细则：本单位应启动内部控制建设，成立内部控制领导小组（1分），由单位主要负责人担任组长（1分），建立内部控制联席工作机制并开展工作（1分），明确内部控制牵头部门（或岗位）（1分）。

通过查看会议纪要或部署文件确认。

1.2 开展内部控制专题培训。（分值3分）

评价操作细则：本单位应针对国家相关政策、单位内部控制制度，以及本单位内部控制拟实现的目标和采取的措施、各部门及其人员在内部控制实施过程中的责任等内容进行专题培训。仅针对国家政策进行培训的，本项只得1分；仅针对国家政策和单位制定制度进行培训的，本项只得2分。

通过查看培训通知、培训材料等确认。

1.3 开展内部控制风险评估。（分值3分）

评价操作细则：应基于本单位的内部控制目标并结合本单位的业务特点开展内部控制风险评估，建立定期进行风险评估的机制。通过查看风险评估报告确认。

1.4 开展组织及业务流程再造。（分值4分）

评价操作细则：应根据本单位"三定"方案，进行组织及业务流程梳理、再造，编制流程图。

通过对职能部门或岗位的增减或调整、相关制度修订的前后比较确认。

2. 单位主要负责人承担内部控制建立与实施责任情况指标（本指标共6分）

2.1 单位主要负责人主持召开会议，讨论内部控制建立与实施相关的议题。（分值2分）

评价操作细则：单位主要负责人应主持召开会议讨论内部控制建立与实施的议题。单位主要负责人主持会议，但仅将内部控制列入会议议题之一进行讨论的，本项只得1分。单位主要负责人主持内部控制工作专题会议对内部控制建立与实施进行讨论的，本项得2分。

通过查看会议纪要或部署文件确认。

2.2 单位主要负责人主持制定内部控制工作方案，健全工作机制。（分值2分）评价操作细则：单位主要负责人应主持本单位内部控制工作方案的制订、修改、审批工作（1分），负责建立健全内部控制工作机制（1分）。

通过查看会议纪要或内部控制工作方案的相关文件确认。

2.3 单位主要负责人主持开展内部控制工作分工及人员配备等工

作。(分值 2 分)

评价操作细则：单位主要负责人应对内部控制建立与实施过程中涉及的相关部门和人员进行统一领导和统一协调，主持开展工作分工及人员配备工作，发挥领导作用、承担领导责任。

通过查看会议纪要或内部控制工作方案的相关文件确认。

3. 对权力运行的制约情况指标（本指标共 8 分）

3.1 权力运行机制的构建。（分值 4 分）

评价操作细则：应完成对本单位权力结构的梳理，并构建决策科学、执行坚决、监督有力的权力运行机制，确保决策权、执行权、监督权既相互制约又相互协调。

通过查看会议纪要或相关文件确认。

3.2 对权力运行的监督。（分值 4 分）

评价操作细则：本单位应建立与审计、纪检监察等职能部门或岗位联动的权力运行监督及考评机制，以定期督查决策权、执行权等权力行使的情况，及时发现权力运行过程中的问题，予以校正和改进。

通过查看会议纪要、权力清单及相关制度确认。

4. 内部控制制度完备情况指标（本指标共 16 分）

4.1 建立预算管理制度。（分值 2 分）

评价操作细则：本单位预算管理制度应涵盖预算编制与内部审批、分解下达、预算执行、年度决算与绩效评价四个方面。每涵盖一个方面得 0.5 分。对于一个方面中包含两点的，如只涵盖其中一点，仍视为这个方面未涵盖，下同。

通过查看本单位已印发并执行的预算管理制度、有关报告及财政部门批复文件确认。

4.2 建立收入管理制度。（分值 2 分）

评价操作细则：本单位收入（包括非税收入）管理制度应涵盖价格确定、票据管理、收入收缴、收入核算四个方面。每涵盖一个方面得 0.5 分。

通过查看本单位已印发并执行的收入管理制度确认。

4.3 建立支出管理制度。（分值 2 分）

评价操作细则：本单位支出管理制度应涵盖预算与计划、支出范围与标准确定、审批权限与审批流程、支出核算四个方面。每涵盖一个方面得 0.5 分。

通过查看本单位已印发并执行的支出管理制度确认。

4.4 建立政府采购管理制度。（分值 2 分）

评价操作细则：本单位政府采购管理制度应涵盖预算与计划、需求申请与审批、过程管理、验收入库四个方面。每涵盖一个方面得 0.5 分。

通过查看本单位已印发并执行的政府采购管理制度确认。

4.5 建立资产管理制度。（分值 2 分）

评价操作细则：本单位资产管理制度应涵盖资产购置、资产保管、资产使用、资产核算与处置四个方面。每涵盖一个方面得 0.5 分。

通过查看本单位已印发并执行的资产管理制度确认。

4.6 建立建设项目管理制度。（分值 2 分）

评价操作细则：本单位建设项目管理制度应涵盖项目立项与审核、概算预算、招标投标、工程变更、资金控制、验收与决算等方面。满分 2 分，每有一个方面未涵盖扣 0.5 分，直至扣完。

通过查看本单位已印发并执行的建设项目管理制度确认。

4.7 建立合同管理制度。（分值 2 分）

评价操作细则：本单位合同管理制度应涵盖合同订立、合同履行、合同归档、合同纠纷处理四个方面。每涵盖一个方面得 0.5 分。

通过查看本单位已印发并执行的合同管理制度确认。

4.8 建立决策机制制度。（分值 2 分）

评价操作细则：本单位决策机制制度至少应涵盖"三重一大"集体决策、分级授权两个方面。每涵盖一个方面得 1 分。

通过查看本单位已印发并执行的决策机制制度确认。

5. 不相容岗位与职责分离控制情况指标（本指标共 6 分）

5.1 对不相容岗位与职责进行了有效设计。（分值 3 分）

评价操作细则：本单位不相容岗位与职责包括但不限于申请与审核审批、审核审批与执行、执行与信息记录、审核审批与监督、执行与监督等。满分 3 分，每有 1 对不相容岗位未进行有效设计扣 1 分，直至扣完。

通过查看本单位已印发的岗位规章制度及岗位职责手册确认。

5.2 不相容岗位与职责得到有效的分离和实施。（分值 3 分）

评价操作细则：针对本单位的各项经济活动，应落实所设计的各类不相容岗位与职责，形成相互制约、相互监督的工作机制。

通过按类别随机抽查相关单据确认。所有抽查的相关单据签字均符合要求的，该项得分，否则不得分。查看单位接受内外部检查反映的问题情况，如果有相关问题，该项不得分。

6. 内部控制管理信息系统功能覆盖情况指标（本指标共 10 分）

6.1 建立内部控制管理信息系统，功能覆盖主要业务控制及流程。（分值 6 分）评价操作细则：内部控制管理信息系统功能（简称系统功能）应完整反映本单位制度规定的各项经济业务控制流程，至少应包括预算管理、收支管理、政府采购管理、资产管理、建设项目管理、合同管理等方面业务事项。六个方面业务中每存在一个方面未覆盖到的，扣 1 分。因本单位本身不存在该项业务而未覆盖到的，该业务不扣分。本单位未建立内部控制管理信息系统的，6.1，6.2 两个要点均直接得 0 分。

通过查看系统功能说明书，实际操作系统，将系统功能与内部控制制度要求对比确认。

6.2 系统设置不相容岗位账户并体现其职权。（分值 4 分）

评价操作细则：应针对所覆盖的业务流程内部控制的不相容岗位与职责在系统中分别设立独立的账户名称和密码、明确的操作权限等级。每存在 1 对不相容岗位未分别设置独立账户或权限的，扣 1 分，直至扣完。

通过查看系统功能说明书，实际操作系统，将系统用户账户设置情况与内部控制制度要求对比确认。

（二）业务层面指标（本指标共 40 分）

7. 预算业务管理控制情况指标（本指标共 7 分）

7.1 对预算进行内部分解并审批下达。（分值 3 分）

评价操作细则：本单位财会部门应根据同级财政部门批复的预算和单位内部各业务部门提出的支出需求，将预算指标按照部门进行分解，并经预算管理委员会审批后下达至各业务部门。

通过查看预算批复文件、部门职责、工作计划和预算批复内部下达文件确认。

7.2 预算执行差异率。(分值4分)

评价操作细则：计算本单位近3年年度预算执行差异率的平均值，如差异率绝对值高于5%，应对产生差异率的原因进行追查。如经查证产生差异率的原因与内部控制有关，则根据差异率结果进行评分：差异率绝对值在5%～10%（含）的，得2分；10%～15%（含）的，得1分；超过15%的，得0分。如差异率绝对值在5%以内（含）或产生差异率的原因与内部控制无关，则得4分。

计算公式为

$$年度预算执行差异率 = \frac{年度决算支出额 - 年初预算支出额}{年初预算支出额} \times 100\%$$

通过查看经同级财政部门批复的单位预算额度及单位决算报表等确认。

8. 收支业务管理控制情况指标（本指标共6分）

8.1 收入实行归口管理和票据控制，做到应收尽收。(分值2分)

评价操作细则：本单位各项收入（包括非税收入）应由财会部门归口管理并进行会计核算；涉及收入的合同，财会部门应定期检查收入金额与合同约定是否相符；按照规定设置票据专管员，建立票据台账；对各类票据的申领、启用、核销、销毁进行序时登记。上述四个方面每存在一个方面没有做到的，扣0.5分。

通过查看本单位相关制度，查看财会部门核对合同的记录、票据台账确认。

8.2 支出事项实行归口管理和分类控制。(分值2分)

评价操作细则：本单位应明确各类支出业务事项的归口管理部门及职责，并对支出业务事项进行归口管理；支出事项应实行分类管理，应制定相应的制度，不同类别事项实行不同的审批程序和审批权限；明确各类支出业务事项需要提交的外部原始票据要求，明确内部审批表单要求及单据审核重点；通过对各类支出业务事项的分析控制，发现支出异常情况及其原因，并采取有效措施予以解决。上述四个方面每存在一个方面没有做到的，扣0.5分。

通过查看支出管理制度、内部审批单、相关支出凭证确认。

8.3 举债事项实行集体决策，定期对账。(分值2分)

评价操作细则：按规定可以举借债务的单位，应建立债务管理制度；

实行事前论证和集体决策；定期与债权人核对债务余额；债务规模应控制在规定范围以内。上述四个方面每存在一个方面没有做到的，扣0.5分。按规定禁止举借债务的单位，如存在举债行为，此项得0分。

通过查看制度文件、会议纪要、对账单、债务合同等确定。

9. 政府采购业务管理控制情况指标（本指标共7分）

9.1 政府采购合规。（分值4分）

评价操作细则、本单位采购货物、服务和工程应当严格按照年度政府集中采购目录及标准的规定执行。每存在一项违反年度政府集中采购目录标准规定的事项，扣1分，直至扣完。

通过查看一定期间的单位政府采购事项确认。

9.2 落实政府采购政策。（分值2分）

评价操作细则：政府采购货物、服务和工程应当严格落实节能环保、促进中小企业发展等政策。每存在一项未按规定执行政府采购政策的事项，扣1分，直至扣完。

通过查看一定期间的单位政府采购事项确认。

9.3 政府采购方式变更和采购进口产品报批。（分值1分）

评价操作细则：采用非公开招标方式采购公开招标数额标准以上的货物或服务，以及政府采购进口产品，应当按照规定报批。每存在一项未按规定报批的事项，扣1分，直至扣完。

通过查看一定期间的单位政府采购事项确认。

10. 资产管理控制情况指标（本指标共6分）

10.1 对资产定期核查盘点、跟踪管理。（分值4分）

评价操作细则：应定期对本单位的货币资金、存货、固定资产、无形资产、债权和对外投资等资产进行定期核查盘点，做到账实相符；对债权和对外投资项目实行跟踪管理。每存在一类资产未定期核查盘点或跟踪管理的扣1分，直至扣完。

通过查看近1年内本单位的各类资产台账、会计账簿、盘点记录、各类投资决策审批文件、会议纪要等确认。

10.2 严格按照法定程序和权限配置、使用和处置资产。（分值2分）

评价操作细则：本单位配置、使用和处置国有资产，应严格按照审批权限履行审批程序，未经批准不得自行配置资产、利用资产对外投资、出租出借，也不得自行处置资产。

通过查看资产的配置批复情况、对外投资、出租出借、无偿调拨划转、对外捐赠、出售、出让、转让、置换、报废报损、货币性资产损失核销等文件确认。

11. 建设项目管理控制情况指标（本指标共8分）

11.1 履行建设项目内容变更审批程序。（分值2分）

评价操作细则：本单位应按照批复的初步设计方案组织实施建设项目，确需进行工程洽商和设计变更的，建设项目归口管理部门、项目监理机构应当进行严格审核，并且按照有关规定及制度要求履行相应的审批程序。重大项目变更还应参照项目决策和概预算控制的有关程序和要求重新履行审批手续。每存在一个建设项目不合规定变更的，扣1分，直至扣完。

通过查看近5年内本单位已完工的建设项目在建设期间发生的各项变更确认。

11.2 及时编制竣工决算和交付使用资产。（分值2分）

评价操作细则：本单位应在建设项目竣工后，及时编制项目竣工财务决算，并在项目竣工验收合格后及时办理资产交付使用手续。每存在一个建设项目未及时编制竣工验收决算的，扣1分；每存在一个建设项目未及时办理资产交付使用手续的，扣1分，直至扣完。

通过查看近5年内本单位已完工建设项目的竣工验收资料和决算编制审计资料确认。

11.3 建设项目超概算率。（分值4分）

评价操作细则：计算近5年内本单位已完工的建设项目超概算率，如超概算率高于5%，应对产生超概算率的原因进行追查。如经查证产生超概算率的原因与内部控制有关，则根据产生超概算率的情况进行评分：每存在一个建设项目超概算率高于5%的，扣2分，直至扣完。如与内部控制无关，则得4分。

计算公式为

建设项目超概算率＝（建设项目决算投资额－批准的概算投资额）／批准的概算投资额×100%

（建设项目决算投资额以经批复的项目竣工财务决算为准；在建设期间，调整初步设计概算的，以最后一次的批准调整概算计算）。

通过查看建设项目投资概算、经批复的竣工决算报告等确认。

12. 合同管理控制情况指标（本指标共6分）

12.1 加强合同订立及归口管理。（分值3分）

评价操作细则：本单位应对合同文本进行严格审核，并由合同归口管理部门进行统一分类和连续编号。对影响重大或法律关系复杂的合同文本，应组织业务部门、法律部门、财会部门等相关部门进行联合审核。每存在一个合同不合规定的，扣1分，直至扣完。

通过查看相关制度、随机抽查合同审批记录、会议纪要等确认。

12.2 加强对合同履行的控制。（分值3分）

评价操作细则：本单位应当对合同履行情况进行有效监控，明确合同执行相关责任人，及时对合同履行情况进行检查、分析和验收，如发现无法按时履约的情况，应及时采取应对措施；对于需要补充、变更或解除合同的情况，应按照国家有关规定进行严格的监督审查。每存在1个合同未对合同履行情况进行有效监控或未对合同补充、变更、解除进行监督审查的，扣1分，直至扣完。

通过查看合同履行情况检查记录、合同验收文件、合同补充、变更或解除的监督审查记录等确认。

三、评价计分方法

（1）所有评价指标均适用的参评单位，汇总各参评指标得分，即为参评单位的评价得分，满分为100分。

（2）因参评单位不涉及某类业务，导致某项指标不适用的，其评价得分需要换算，换算公式为

$$评价得分 = \frac{参评指标得分}{100 - 不适用指标分值} \times 100 分$$

附件3 行政事业单位内部控制基础性评价报告
（参考格式）

内部控制基础性评价报告

为贯彻落实《财政部关于全面推进行政事业单位内部控制建设的指导意见》的有关精神，按照《财政部关于开展行政事业单位内部控制基

础性评价工作的通知》要求,依据《行政事业单位内部控制规范(试行)》的有关规定,我们对本单位(部门)的内部控制基础情况进行了评价。

一、内部控制基础性评价结果

根据《行政事业单位内部控制基础性评价指标评分表》中列明的评价指标和评价要点,本单位(部门)单位层面内部控制基础性评价得分为_____分,业务层面内部控制基础性评价得分为_____分,共计_____分。因存在不适用指标,换算后的得分为_____分。

本部门在部门本级及所属单位各评价指标得分的基础上,计算各评价指标的平均分,加总得出以上综合性评价得分。本部门纳入本次内部控制基础性评价工作范围的单位共计_____家。(本段仅适用于各中央部门)

本单位(部门)各指标具体得分情况见附表4-2。

附表4-2 具体得分情况表

类别	评价指标	评价得分
单位层面 (60分)	1. 内部控制建设启动情况(14分)	
	2. 单位主要负责人承担内部控制建立与实施责任情况(6分)	
	3. 对权力运行的制约情况(8分)	
	4. 内部控制制度完备情况(16分)	
	5. 不相容岗位与职责分离控制情况(6分)	
	6. 内部控制管理信息系统功能覆盖情况(10分)	
业务层面 (40分)	7. 预算业务管理控制情况(7分)	
	8. 收支业务管理控制情况(6分)	
	9. 政府采购业务管理控制情况(7分)	
	10. 资产管理控制情况(6分)	
	11. 建设项目管理控制情况(8分)	
	12. 合同管理控制情况(6分)	
(100分)	评价总分	

在本单位（部门）内部控制基础性评价过程中，存在扣分情况的指标汇总如下：

［逐项列示存在扣分情况的评价指标、评价要点、扣分分值及扣分原因］

二、特别说明项

（一）特别说明情况

本单位（部门/部门所属单位）内部控制出现问题，导致单位在经济活动中（发生重大经济损失/引起社会重大反响/出现经济犯罪），特将相关情况说明如下。

（具体描述发生的相关事件、影响及处理结果）

注：如本单位（部门）未发生相关事件，填写"未发生相关情况"。

（二）补充评价指标及其评价结果

本单位（部门/部门所属单位）根据自身评价需求，自愿将［填写补充评价指标名称］等补充评价指标纳入本次内部控制基础性评价范围。现将补充评价指标及评价结果说明如下：

［具体描述各个补充评价指标的所属类别、名称、评价要点及评价结果等内容］

三、内部控制基础性评价下一步工作

基于以上评价结果，本单位（部门）将［描述与存在扣分情况的评价指标及评价要点相关的管理领域］等管理领域作为 2016 年内部控制建立与实施的重点工作和改进方向，并采取以下措施，进一步提高内部控制水平和效果。

注：逐项描述拟采取的进一步建立健全内部控制体系的工作内容、具体措施、工作责任人、牵头部门和预计完成时间等。

单位主要负责人：（签名）
（单位签章）
××单位
2016 年××月××日

附录五 单位内部控制手册参考文本（W局内部控制手册）

第一章 总则

第一节 编制目的及意义

依据财政部《行政事业单位内部控制规范（试行）》等有关规定，内部控制，是指单位为实现控制目标，通过制定制度、实施措施和执行程序，对经济活动的风险进行防范和管控。完整的内部控制体系和完善的内部控制制度是约束、规范单位管理行为的准则，是减少风险的重大措施。

《内部控制手册》是构建单位内部控制体系并保障其运行的基本制度和实施规范，是作为单位建立、执行、评价及验证内部控制的依据。《内部控制手册》的编制具有以下几个目标与意义。

1. 合理保证单位经济活动合法合规

通过制定制度、实施措施和执行程序，合理保证单位的经济活动在法律法规允许的范围内进行，符合有关预算管理、收支管理、采购管理、资产管理、合同管理等方面的法律法规和相关规定，避免违法违规行为的发生。

2. 合理保证单位资产安全和使用有效

资产是单位正常运转的物质基础和财力保障，资产不安全、使用效率低下，都将对单位各项工作的正常开展产生不利影响。所以，合理保证单位资产安全和使用有效，是内部控制的重要目标。

3. 合理保证单位财务信息真实完整

按照国家规定编制和提供真实完整的财务信息是单位的法定义务，是提升内部管理水平的有效手段。所以，合理保证单位财务信息真实完整，也是内部控制的重要目标。

4. 有效防范舞弊和预防腐败

科学运用内部控制的原理和方法，将制衡机制嵌入单位内部管理制度建设之中，强化内部监督，通过建立和实施严密的内部控制起到"关口前移"的效果，实现有效防范舞弊和预防腐败的目标。

5. 提高公共服务的效率和效果

提高公共服务的效率和效果是单位业务活动的总体目标，同时，也是单位内部控制的最高目标。

第二节 编制依据及原则

本《内部控制手册》依据《中华人民共和国会计法》《中华人民共和国预算法》《行政单位财务规则》（财政部令第 71 号）《事业单位财务规则》（财政部令第 68 号）财政部下发的《行政事业单位内部控制规范（试行）》和××省财政厅《关于印发××省贯彻〈行政事业单位内部控制规范（试行）实施意见〉的通知》（××财会〔2014〕4 号）等法律法规和有关规定的要求制定。

实施内部控制规范，应该遵循以下原则。

（1）全面性原则：内部控制应当贯穿单位经济活动的决策、执行和监督全过程，实现对经济活动的全面控制。

（2）重要性原则：在全面控制的基础上，内部控制应当关注单位重要经济活动和经济活动的重大风险。

（3）制衡性原则：内部控制应当在单位内部的处室管理、职责分工、业务流程等方面，形成相互制约和相互监督。

（4）适用性原则：内部控制应当符合国家有关规定和单位的实际情况，并随着外部环境的变化、单位经济活动的调整和管理要求的提高，不断修订和完善。

第三节 编制思路及适用范围

本《内部控制手册》从风险评估与控制、单位层面控制、业务层面控制、内部控制评价与监督四个方面，阐明风险评估的步骤与重点、单位及业务管理活动的各项控制要点，以及针对内部控制设计及运行情况的评价与监督，明确了建立和运行内部控制与风险管理统一执行的制度、标准和规范。

本《内部控制手册》适用于 W 局及下属行政事业单位。

第四节 使用说明

本《内部控制手册》作为单位构建内部控制体系并保障其运行的基本制度和实施规范，是单位建立健全内部控制体系的核心。

（1）内部控制手册的设计：手册中的各项内容由内部控制主管处室主导，各处室配合，以及在中介机构的专业指导下，共同进行设计、编写，经过单位相关领导充分讨论后，由单位负责人批准签发后生效。未经单位统一批准，任何处室不得擅自发布、修改内控手册内容。

（2）内部控制手册的发放：内部控制主管处室确定发放范围；需向外单位提供本手册时，须经单位法人批准同意。

（3）内部控制手册的执行：各处室须认真组织学习，并在各项业务活动中，严格执行手册中的相关要求，完善各项控制措施。各处室对内部控制的有效性负责，并对控制失效造成的重大损失承担责任。

（4）内部控制手册的监督：单位定期根据手册内容，对内部控制建立与实施情况进行监督检查，评价内部控制的有效性，发现内部控制缺陷，并督促加以改进。

（5）内部控制手册的更新：内部控制手册生效后，内部控制主管处室根据国家内部控制的相关规定和要求、内外部环境变化、组织结构变更、内控管理中出现的新问题以及各处室反馈的意见及建议等组织修订，执行全面的定期复核更新制度，由单位相关领导和相关处室讨论后，按程序批准发布执行。各处室对《内部控制手册》日常使用过程中发现的问题，须书面记录并及时反馈给内部控制主管处室。

第五节 局 限 性

内部控制及风险管理存在其固有的、不可避免的局限性，只能为单位的控制目标实现提供合理而非绝对保证。一般而言，内部控制与风险管理的局限性主要表现为下述几点。

（1）手册中明确的控制措施是基于单位现有的风险评估结果而制定的可用控制措施，然而，由于单位的风险及其评估结果可能发生变化，因此，内部控制手册中的控制措施的重要性及其有效性也可能发生改变。

（2）手册中的控制活动可能因人员简单操作差错、人员串通舞弊、管理当局凌驾于内控体系之上以及控制成本效益限制等情况失效，从而无法为单位内部控制有效性以及风险控制提供合理保证。

（3）手册中的控制措施的实施依赖于单位职工对措施本身的理解，行使内部控制职能的人员素质不适应岗位要求，或对内部控制措施理解出现偏差等情况，也会影响风险管理与内部控制功能的正常发挥。

第六节 内部控制总体架构与相关定义术语

1. 内部控制总体架构

内部控制总体架构可以分为三个层次:单位层面控制、业务层面控制和内部控制自我评价。

在单位层面控制中,本单位成立内部控制实施工作领导小组,在实施小组领导下,明确全局职能和工作机制,制定部门及关键岗位责任制、建立风险管理机制,并设计相应的管控方式。

在业务层面控制中,对常规经济活动采用流程控制,将制衡机制嵌入业务流程,对其预算管理、资产管理、政府采购、收支管理和合同管理等活动中存在的风险进行管控。

对专项资金,本单位建立了业务"处室负责制、归口控制、内部监督"三维控制体系,业务处室负责对处室内专项资金的纵向流程管控,归口部门或岗位负责对专项资金使用的不同环节进行归口控制,内部监督机构通过制定内部审计流程、建立信息反馈机制、抽查考核、绩效考评等方式,对专项资金使用的全过程进行监督。建立三维管控体系,确保高质高效地使用专项资金。

在内控自我评价层面中,对内部控制设计有效性和内部控制执行有效性进行评价,不断完善我局内部控制体系。

内部控制总体架构图见附图 5-1。

2. 相关定义与术语

(1) 内部控制:指单位为实现控制目标,通过制定制度、实施措施和执行程序,对经济活动的风险进行防范和管控。

(2) 风险:指未来的不确定性对单位实现其运营目标的影响。

1) 影响是指与预期结果的偏离(积极或消极)。

2) 目标可以有不同的方面。例如,财务、健康和安全,以及环境目标。目标同时可以适用于不同的层面。例如,战略、组织和过程。

3) 风险经常被标注为潜在的事件、后果或者两者的结合,以及他们对期望达成目标的影响。

4) 风险经常被解释为一个事件及其后果的结合,或一个状态的变化,以及相关的发生可能性。

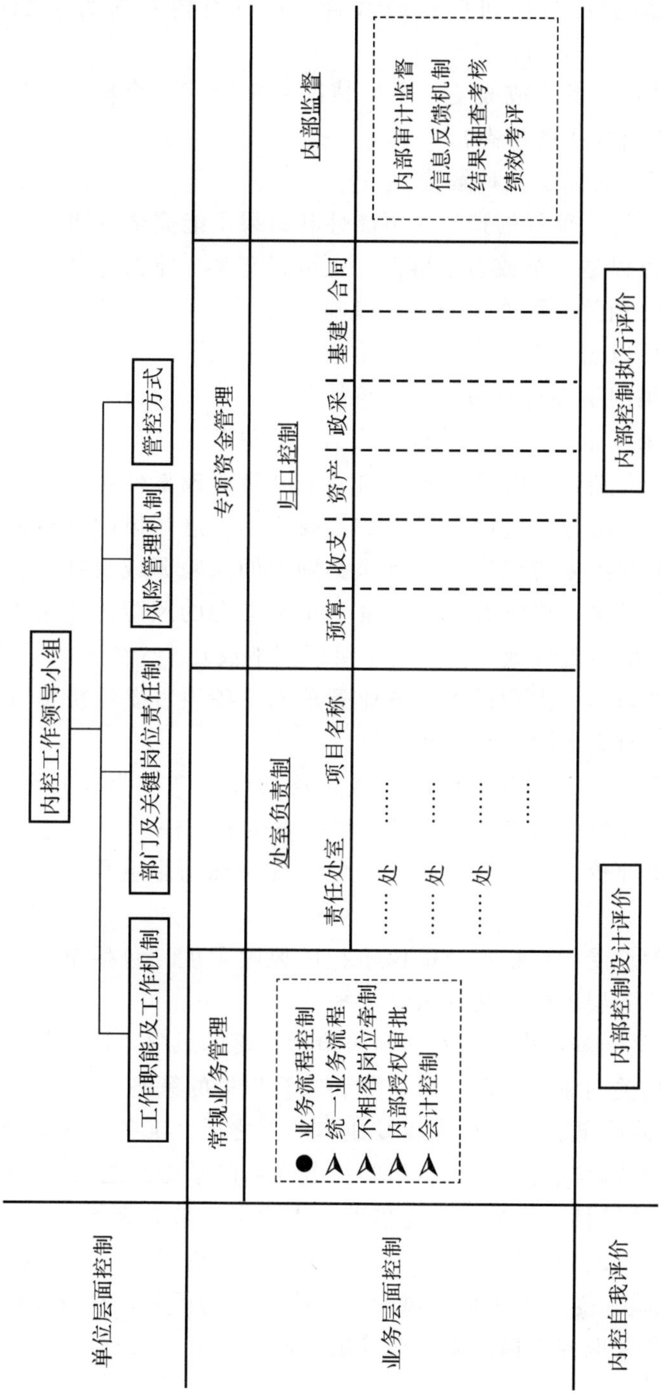

附录

```
单位层面控制
  内控工作领导小组
    工作职能及工作机制
    部门及关键岗位责任制
    风险管理机制
    管控方式

业务层面控制
  常规业务管理
    ● 业务流程控制
    ▲ 统一业务流程
    ▲ 不相容岗位牵制
    ▲ 内部授权审批
    ▲ 会计控制
  
  专项资金管理
    处室负责制        归口控制
    责任处室 项目名称  预算 收支 资产 政采 基建 合同
    …处    ……
    …处    ……
    …处    ……

  内部监督
    内部审计监督机制
    信息反馈机制
    结果抽查考核
    绩效考评

内控自我评价
  内部控制设计评价
  内部控制执行评价
```

附图5-1 内部控制总体架构图

(3) 风险源：指任何单独或联合的、具有内在潜力引起风险的事件。

(4) 事件：指发生或改变一系列情况的事物（一个特定时期内，在一个特定地点所发生的事态）。

通常，事件有以下几种解读。

1）一般来说，事件的特性、可能性和后果不能完全可知。

2）事件可以是一个或多个事件，也可以有多个原因造成。

3）与事件相关的可能影响是可以确定的。

4）事件可以由一个或多个未发生的情况组成。

5）有后果的事件有时被称为"事故"。

6）一个未发生损失的事件也可称为"隐患"。

(5) 风险类别：是由属性相同的多个风险源或事件组成。风险类别反映了在进行风险分析时应该考虑的主要方向。进行风险分析时，通常以风险类别为起点来辨识每一个风险类别内的风险源或事件。随着时间和内外环境的变动，单位通常面临着上千个动态的风险源或事件。但是这上千个动态的风险源或事件，通常可以归纳成几十个常态的风险类别。

(6) 风险识别：指查找单位各业务单元、各项重要经济活动及其重要业务流程中有无风险，有哪些风险。

(7) 风险分析：指对辨识出的风险及其特征进行明确的定义描述，分析和描述风险发生可能性的高低、风险发生的条件。

(8) 风险评价：指评估风险对单位实现目标的影响程度、风险的价值等。

(9) 风险承受度：指单位能够承担的风险限度，包括单位层面风险承受能力和业务层面的可接受风险水平。

(10) 风险规避：指单位对超出风险承受度的风险，通过放弃或者停止与该风险相关的业务活动，以避免和减轻损失的策略。

(11) 风险降低：指单位在权衡成本效益之后，准备采取适当的控制措施降低风险或者减轻损失，将风险控制在风险承受度之内的策略。

(12) 风险转移：指单位准备借助他人力量，采取业务分包、购买保险等方式和适当的控制措施，将风险控制在风险承受度之内的策略。

(13) 风险承受：指单位对风险承受度之内的风险，在权衡成本效益之后，不准备采取控制措施降低风险或者减轻损失的策略。

（14）控制措施：包括不相容岗位分离控制、内部授权审批控制、归口管理、预算控制、财产保护控制、会计控制、单据控制、信息内部公开等。

（15）控制痕迹：控制痕迹即为"相关文档"，是指采取控制措施所留下的证据，可以是纸质书面文件、业务流转表单、会议纪要、电子文档记录等。

第七节 内部控制流程图说明

（1）流程图纵向表示该流程的执行步骤。自上而下表示流程发展的时间或逻辑顺序。

（2）流程图横向代表单位或职能部门。单位顺序从左至右按级别排序职能带中的部门顺序。

（3）图例说明（见附表5-1）。

附表5-1 图例说明

序号	图例	名称	图例说明
1		职能带	表示职能部门
2		分隔符	表示流程中的主要环节
3		连接线	用来连接两个工作步骤；表示层层步骤在顺序中的进展；连接的箭头表示一个过程的流程方向
4		准备	流程的开始
5		进程	记录此控制点的工作内容简述
6		文档	表示以文本形式存在的文件、制度、表单等，内容为文件、表单的全称
7		判定	判断/决策的标志。用来表示过程中的一项判定或一个分岔点
8		预先定义的进程	预流程。即套取的其他流程
9		终结符	流程的结束
10	通过或不通过	逻辑符号	描述流程的逻辑

第二章 风险评估与控制

第一节 风险评估

风险评估是单位及时识别、系统分析经营活动中与实现管理目标相关的风险,合理确定风险应对策略的过程,是风险管理的基础与核心。

在风险评估中,既要识别和分析对实现目标具有阻碍作用的风险,也要发现对实现目标具有积极影响的机遇。风险评估的基本流程包括风险初始信息收集、风险的识别、分析与评价、风险管理策略与选择等。单位在日常经营中充分、连续搜集风险管理信息,根据自身业务特点,选用具备可兼容性的风险分析技术,对风险管理信息进行辨识、计量、评估、分析,采用适当的风险控制技术方法,并形成相关记录,为应对风险提供相应控制策略依据。

一、评估部门

风险评估由内部控制主管处室负责计划、组织和安排具体工作;组织财会、资产管理、采购、基本建设、内部审计、纪检监察等处室或岗位工作人员成立风险评估小组,进行风险评估工作。评估人员在梳理各类经济活动的业务流程、明确业务环节的基础上,系统分析经济活动风险,确定风险点,并据此选择控制方法和应对措施。

二、评估周期及方法

(1)评估周期:单位对内部经济活动的风险评估至少每年进行一次,在全面、系统、准确分析单位各经济业务活动风险的基础上,绘制各业务事项的流程图,确定经济活动的风险点,剖析风险存在的原因,以及导致风险发生的可能性,以确保新的风险得到及时有效的控制。同时,对预算、收支等高风险经济活动业务,开展不定期评估,建立风险预警系统,有效地防范和管控风险。

(2)评估方法:单位内部控制的风险分析,采用以定性、定量相结合的方式,从风险可能性、风险影响度等方面进行评估(见附表5-2)。

1)可能性定性的测度。

很可能:在多数情况下预期可能发生。

可能:在某些时候可能发生。

不太可能：在多数情况下都不太可能发生。

附表 5-2 风险评估的五级评分（示例）

评分 可能性	1	2	3	4	5
可能性 定量分析	10%以下	10%~30%	30%~70%	70%~90%	90%~100%
风险可能 性测度	不太可能		可能		很可能
风险可能性 测度的描述	极低	较低	中等	较高	极高
	一般情况下不会发生	在极少情况下才会发生	会在某些情况下发生	会在较多情况下发生	经常会发生
	在之后十年发生的可能少于一次	在之后五至十年内可能发生一次	在之后两至五年内可能发生一次	在之后一年内可能发生一次	在之后一年内至少发生一次

2) 影响程度分析的测度。

重大：对目标实现有重大影响，如发生，将造成极大的损失。

次重要：对目标实现有中等程度的影响，如发生，将造成一定的损失。

不重要：目标实现不受影响，如发生，将造成较低的损失。

单位应当基于自身的定位和特色，利用专业的评估工具、对内外部风险进行量化的分析，对风险可能发生的频率和后果赋值，计量风险的严重程度，同时设定本单位对风险的容忍限度，对诊断出的所有风险进行排序，随后建立相应的风险数据库和风险分析排序表，制定正确的风险应对策略（见附表 5-3）。

附表 5-3 风险评估的影响程度（示例）

评分 影响程度	1	2	3	4	5
风险影响 程度定量 分析	损失低于 100 元	造成损失 100 元~2 000 元	造成损失 2 000 元~10 000 元	造成损失 10 000 元~1 000 000 元	造成损失 1 000 000 元以上

续 表

评分 影响程度	1	2	3	4	5
风险影响程度测度	极低	较低	中等	较高	极高
财务影响	极低的财务损失	较低的财务损失	中等的财务损失	重大的财务损失	极大的财务损失
声誉影响	负面消息未使单位声誉受损	负面消息造成单位声誉轻微受损	负面消息造成单位声誉中等受损	负面消息造成单位声誉重大受损	负面消息造成单位声誉灾难性受损
风险影响程度测度描述	不会影响单位的日常活动	对单位日常活动有轻度影响	对单位日常活动有中度影响	对单位日常活动造成重大影响	对单位日常活动造成灾难性性影响

3）风险识别矩阵。

单位风险评估小组（或部门）根据风险分析的结果，结合风险承受程度，对各层面的分析进行排序分析，形成风险识别排序表和风险识别矩阵。风险识别排序表根据风险评分自高到低排序。风险识别矩阵对各类风险进行区分（见附表 5-4），其中风险影响度列为重大、可能性为很可能的风险列为一级风险，风险影响度列为重大或次重要、可能性为可能或很可能的风险列为二级风险，风险影响度列为不重要或次重要、可能性为可能或不太可能的风险列为三级风险。单位根据上述风险分析方法，分别确定各管理业务层面的风险点，并确定相应的后续应对策略。

附表 5-4 风险分析的识别矩阵（示例）

影响程度			低		中	高	
		可能性	极低	较低	中等	较高	极高
			0~1	1~2	2~3	3~4	4~5
高	极高	4~5	二级	二级	一级	一级	一级
	较高	3~4	三级	二级	二级	一级	一级
中	中等	2~3	三级	三级	二级	二级	一级
低	较低	1~2	三级	三级	三级	二级	二级
	极低	0~1	三级	三级	三级	三级	二级

三、评估步骤

1. 风险初始信息收集

（1）内部控制主管处室负责对单位内、外部环境的相关信息进行系统收集、更新及维护。外部环境包括社会、政治、法律、经济环境，以及对组织目标有影响的关键驱动因素和发展趋势等；内部环境包括组织架构、角色和责任、组织文化、管理特色、财务因素、信息系统、信息流和决策过程等。

（2）各有关职能处室负责收集与其职能相关的风险管理初始信息，并对收集到的风险管理初始信息进行更新和维护，由内部控制主管处室进行指导和监督。

（3）单位通过内部讨论、数据收集、外部沟通等方式，对信息进行收集。由于信息的多样性与广泛性，单位通过建立相应的规范流程与标准模板，对信息进行系统筛选、提炼、对比、分类和组合。同时，单位通过风险信息收集的汇报与监督机制，确保风险初始信息的收集充分、有效。

2. 风险的识别、分析与评价

（1）风险评估小组针对风险分类、风险评估标准、风险模板、应对策略制定原则等内容，对各相关处室开展培训，并组织各处室的风险评估人员进行风险信息的收集以及风险事项的识别，分析风险的原因和后果，评价风险的重要性水平。由风险评估工作小组负责汇总、整理、排序各处室提交的风险评估结果，根据评估分值确定风险等级，汇总、整理出风险评估初步结果。

（2）单位采用定性与定量相结合的方法，对风险进行识别、分析、评价。

定性方法包括问卷调查、集体讨论、管理层访谈、专家咨询、情景分析、政策分析、调查研究等。

定量方法包括采用统计推论（如集中趋势法）、计算机模拟（如蒙特卡罗分析法）、失效模式与影响分析、事件树分析等。

3. 风险管理策略与选择

（1）单位根据自身情况确定风险偏好和风险容忍度，通过正确认识和把握风险与收益的平衡,明确各项风险的管理策略,包括风险规避、风险承受、风险转移、风险降低。

(2)单位在确定优选顺序时,遵循风险与收益相平衡的原则。在风险评估结果的基础上,全面考虑风险与收益,首先解决"颠覆性的"风险问题,保证单位的持续发展。根据风险与收益平衡的原则,单位通过以下因素确定风险管理的优选顺序:风险事件发生的可能性和影响,风险管理的难度,风险的价值,或管理可能带来的收益,合法合规的需要,对单位人力、资金等的需求以及利益相关者的要求。

(3)单位基本风险管理策略的制定遵循合规性、全面性、审慎性、适时性原则,以制度为基础,以流程为依托,将风险管理覆盖到单位经营管理的各个环节和岗位中,并形成"事前防范、事中控制、事后评价"的风险管理机制。

(4)风险评估小组负责风险应对的总体指导和协调,各处室完成应对策略及应对方案后,汇总报风险评估工作小组。

(5)单位对已制定的风险管理策略的有效性和合理性进行定期总结和分析,随着单位经营状况的变化,经营战略、规划的变化,外部环境风险的变化,定期对风险管理策略进行调整,不断修订和完善。

第二节 风险控制

一、风险类别

风险类别反映了单位在进行风险分析时考虑的主要方向,根据单位的实际情况,本单位应对的常见风险分为以下几类。

(1)规划风险:因单位在规划决策的制定和实施上出现错误,或因未能随环境的改变而做出适当的调整,从而导致单位损失。

(2)监管风险:指因管理和制度上的原因,造成对单位各项活动的监督不到位,可能存在营私舞弊和腐败等方面的风险。

(3)业务管理风险:单位在业务管理过程中,由于外部环境的复杂性和变动性以及主体对环境的认知能力和适应能力的有限性,而导致的业务管理失败或使业务管理活动达不到预期的目标的可能性及其损失。

(4)财务风险:因单位财务结构不合理、资金使用不当,导致单位可能丧失偿债能力(丧失资金支付能力)而导致陷入财务困境的风险。

(5)法律风险:单位在经营过程中违反法律法规,签订合同的内容在法律上有缺陷或不完善而发生法律纠纷甚至无法履约,以及法律的不完善或修订产生的不确定性等面临的风险。

二、控制环节

(一)组织控制

确立本单位内部控制的职能部门和牵头管理部门,明确此项工作的分管领导。明确本事业单位各职能处室在内部控制工作中的职能、定位。明确与业务活动有关的各业务归口部门职责。

(二)工作机制控制

1. 决策

建立健全本单位内部重大经济活动议事决策机制,经济活动的决策、执行、监督相分离的工作机制。明确划分职责范围、审批程序和相关职责。

单位经济活动的决策过程为授权审批过程。在办理经济活动的业务和事项之前,应当经过适当的授权审批,重大事项还需要经过集体决策和会签(会审)制度。任何个人不得单独进行决策或擅自改变决策的意见。

2. 执行

重大经济活动事项的决议经审定后,由分管局领导负责实施,由会议确定的责任部门具体执行。各责任部门按照"谁主管、谁负责"的原则,对决策执行实施责任分解,将责任落实到人。

3. 监督

涉及单位经济活动事项应按规定接受内外监督。内部监督包括分管局领导定期检查、办公室督办、监督处开展执行质量检查、监察室效能检查、内部审计等方面;外部监督包括接受审计监督、省监察部门监察监督、信息公开与社会监督等。

三、控制方法

单位根据风险评估情况,形成风险数据库,并整理重大风险应对方案或应急计划。同时,单位针对各项风险制定了全面系统、科学合理的控制措施。单位对风险的控制方法归纳为以下几大类:不相容岗位相互分离、内部授权审批控制、归口管理、预算控制、财产保护控制、会计控制、单据控制和信息内部公开等。

（1）不相容岗位相互分离：对内部控制关键岗位进行合理设置，明确划分职责权限，实施相应的分离措施，形成相互制约、相互监督的工作机制。

（2）内部授权审批控制：明确各岗位办理业务和事项的权限范围、审批程序和相关责任，建立重大事项集体决策和会签制度。相关工作人员在授权范围内行使职权、办理业务。

（3）归口管理：根据本单位实际情况，按照权责对等的原则，采取成立联合工作小组并确定牵头处室或牵头人员等方式，对有关经济活动实行统一管理。

（4）预算控制：明确各责任单位在预算管理中的职责权限，强化对经济活动的预算约束，使预算管理贯穿于单位经济活动的全过程。

（5）财产保护控制：建立资产日常管理制度和定期清查机制，采取资产记录、实物保管、定期盘点、账实核对等措施，确保财产安全。严格限制未经授权的人员接触和处置财产。

（6）会计控制：严格执行国家统一的行政事业单位会计制度，建立健全本单位财会管理制度，加强会计机构建设，提高会计人员业务水平，强化会计人员岗位责任制，规范会计基础工作，加强会计档案管理，明确会计凭证、会计账簿和财务会计报告处理程序。

（7）单据控制：根据国家有关规定和单位的经济活动业务流程，在内部管理制度中明确界定各项经济活动所涉及的表单和票据，要求相关工作人员按照规定填制、审核、归档、保管单据。

（8）信息内部公开：建立健全经济活动相关信息内部公开制度，根据国家有关规定和单位的实际情况，确定信息内部公开的内容、范围、方式和程序。

第三章　单位层面内部控制

第一节　组织架构和归口管理

组织架构作为单位内部控制的有机组成部分，在单位内部控制体系中处于基础地位，是单位开展风险评估、实施控制活动、促进信息沟通、强化内部监督的基础设施和平台载体。

本手册旨在明确单位内部各层级的机构设置、职责权限、人员编制、工作程序和相关要求的制度安排,确保单位建立科学高效、分工制衡的组织架构,明确各项业务的归口管理处室,促使单位自上而下地对风险进行识别和分析,进而采取控制措施予以应对;促进信息在单位内部各层级之间、单位与外部环境之间及时、准确、顺畅地传递;提升日常监督和专项监督的力度和效能。

一、组织架构

本单位根据国家有关法律法规和规章制度,结合内外部环境,对单位组织架构和各业务岗位进行设置,明确单位各处室职责权限及相关岗位职责,形成符合单位战略、规划要求的科学有效的职责分工和制衡机制(见附图 5-2)。

本单位的组织架构按照决策权、执行权和监督权相分离的原则,分为决策机构、执行机构和监督机构。决策机构主要是单位的党政领导及决策层的议事机构,执行机构主要是单位的职能处室,监督机构主要是单位的纪检、监察和审计等内部监督部门。决策机构要负责制定本单位的重大经济事项;执行机构是执行决策机构制定的各项决策,在本部门的职责范围内开展工作;监督机构行驶监督权。

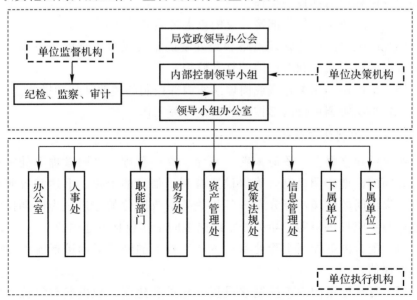

附图 5-2 W 局组织架构示例

二、归口管理

1. 内部控制领导机构

内部控制领导小组作为内部控制的决策机构,统筹安排内部控制建设和执行的全面工作,将内部控制贯穿单位经济活动的决策、执行和监督全过程,涵盖单位的相关业务和事项,实现对经济活动的全面控制。

领导小组组长:W局厅长、党组书记。

领导小组副组长:W局党组副书记、其他党组成员、副局长。

领导小组成员:W局各职能处室负责人。

领导小组办公室设在财务处,办公室主任由财务处处长兼任。

2. 内部控制牵头机构

本单位明确内部控制牵头处室为财务处,负责内部控制相关工作,确保为内部控制的建立与实施工作提供强有力的组织保障。内部控制主管处室的工作包括下述内容。

(1) 组织协调内部控制日常工作。

(2) 研究提出单位内部控制体系建设方案或规划。

(3) 研究提出单位内部跨处室的重大决策、重大风险、重大事件和重要业务流程的内部控制工作。

(4) 组织协调单位内部跨处室的重大风险评估工作。

(5) 研究提出风险管理策略和跨处室的重大风险管理解决方案,并负责方案的组织实施和对风险的日常监控。

(6) 组织协调相关处室或岗位落实内部控制的整改计划和措施。

(7) 组织协调单位内部控制的其他有关工作。

3. 内部控制执行机构

本单位建立财会、政府采购、基建、资产管理、合同管理等处室或岗位之间的沟通协调机制,确保设置有利于信息的上传、下达和各职能处室、岗位间的传递,充分发挥各相关处室或岗位的作用,为内部控制的建立与实施提供协助。相关处室或岗位的工作包括下述内容。

(1) 配合内部控制主管处室对本处室相关的经济活动进行流程梳理和风险评估。

(2) 对本处室的内部控制建设提出意见和建议,积极参与单位经济活动内部管理制度体系的建设。

（3）认真执行单位内部控制管理制度，落实内部控制的相关要求。

（4）加强对本处室实施内部控制的日常监控。

（5）做好内部控制执行的其他相关工作。

4. 内部控制监督机构

本单位建立健全内部监督机制，及时发现内部控制建立和实施中的问题和薄弱环节，并及时加以改进，确保内部控制体系得以有效运行。

其中，单位的审计处和纪检监察处作为内部监督的主要力量，主要做好以下工作。

（1）组织对本单位的经济活动内部审计工作，开展绩效评价。

（2）督促各部门和相关人员，对内部审计和绩效评价过程中发现的问题进行整改。

（3）研究制定监督内部管理制度。

（4）组织实施对内部控制的建立和执行情况及有效性的监督检查和自我评价，提出改进意见或建议。

（5）督促相关处室落实内部控制的整改计划和措施。

（6）做好内部控制监督检查和自我评价的其他有关工作。

第二节　授权体系与三重一大

制衡机制的设置是建立单位内部控制体系的核心内容。在进行权力分配时确保将单位决策权、执行权和监督权进行"三权分离"，能够有效防范舞弊和预防腐败，是实现科学决策、有序执行和有效监督的基本保障。

本手册旨在明确单位授权体系设置的相关要求，确保单位建立有效的制衡机制，保证单位建立良好的针对重大决策、重大事项、重要人事任免以及大额资金支付业务等事项的议事决策机制、高效的执行机制和有效的监督机制。

一、授权体系

本单位在设置授权体系、制衡机制时，确保将单位决策权、执行权和监督权进行"三权分离"。其中，决策机构能够客观评估经济活动的风险，根据资源配置最优化要求做出科学决策，从起点上控制和约束执行机构。执行机构能够根据已有的决策，进一步细化执行过程中的职责和权限，协调有序地执行决策，并通过反馈以使决策机构实现决策的优化调整。监督机构以独立于决策和执行的身份，对决策机构是否做出科学合理的资源配置决策，决策执行机构是否严格执行已有决策进行监督，以及时发现单位内部控制中存在的问题，促进单位完善内部控制体系。

本单位在办理经济活动的业务和事项之前，必须经过适当的授权审批，特别是重大事项如大型采购、基本建设以及与之相关的大额资金支付业务等，还必须经过集体决策和会签制度，任何个人不得单独进行决策或者擅自改变集体决策的意见。

本单位通过对决策过程、执行过程的合规性以及执行的效果进行检查评价，确保经济活动的各业务和事项都经过适当的授权审批，确保经办人员按照授权的要求和审批的结果办理业务。

二、重大事项的议事机制

本单位建立健全集体研究、专家论证和技术咨询相结合的决策辅助机制。

（一）集体讨论

单位重大经济事项一般包括大额资金使用、大宗资产采购、基本建设项目、重大外包业务、重要资产处置、信息化建设以及预算编制调整等。重大经济事项均应由领导班子集体研究决定。讨论过程中可以征求相关职能处室负责人、经办人的意见。

（二）民主集中

在局党组会议、局长办公会议决议前，相关经济活动事项应实现内部信息公开，相关工作方案（或决策建议）应在规定的范围内事先讨论、充分酝酿，让单位的党政领导都能够充分行使职权，发表意见；如有不同意见，应将不同意见记录在会议纪要，同时应按照少数服从多数的原则进行决策。

（三）专业咨询

单位对经济活动事项进行决策，采取专家论证、技术咨询和群众意见相结合的方式。在做出重大经济活动事项部署时，对于一些专业性强的事项，可以适当听取专家的意见，必要时可以组织专业技术咨询。对于关系到群众切身利益的，要通过征求意见等方式，充分听取群众的意见和建议。

第三节 制度建设和流程控制

一、制度建设

内部控制是一个集控制制度、控制程序、控制环境为一体的动态过程。单位领导层高度重视本单位的制度建设，建立了一套科学有效的内部控制制度体系，为促进部门间的协作、规范管理、预防风险提供基准，指导和监督本单位各项制度的贯彻、执行情况。同时，单位建立了相关制度持续检查和改进程序，以适应内外部环境的变化、新的法律法规和监管要求，以保证内部控制体系的有效性（见附表5-5）。

附表5-5 W局主要制度（示例）

分类	部分主要制度
单位层面制度	• W局落实"三重一大"制度的实施办法 • W局国有资产管理办法 • W局内部控制管理办法 • W局各级负责人经济责任制和授权控制管理办法
业务层面制度	• W局财务会计管理办法 • W局二级单位财务管理办法 • W局预算管理办法 • W局基本建设管理办法 • W局固定资产管理办法 • W局票据管理办法 • W局专项基金管理办法 • W局物资和服务采购办法 • W局合同管理办法 • W局内部审计管理办法 • W局二级单位责任人经济责任审计管理办法

二、流程和表单控制

在内部控制建设过程中，每一个岗位的责任人只有理解和掌握操作规范，才能将内部控制落到实处。单位应编制内部管理手册，使全体职工掌握内部机构设置、岗位职责、业务流程等情况，明确权责分配，正确行使职权。本手册涵盖单位主要业务活动,包括业务流程综述及控制目标、明确控制要求的流程图、流程主要职责及对应岗位、不相容职责相分离要求、关键控制活动分析及说明、控制的制度依据、主要表单等。

同时,内部管理手册中还应包括一套规范的、与业务流程相匹配的书面表单,反映相关责任人的职责履行情况(见附表 5-6)。

附表 5-6　W 局部分主要业务流程及表单(示例)

分　类	主要业务循环及流程	部分表单
单位层流程	·W 局制度起草、审议及发布流程	·制度编制及发布审批单
	·W 局部门及岗位设置流程	·部门及岗位设置审批单
业务层流程	·W 局预算业务控制流程	·预算审批表、决算审批单
	·W 局资产管理业务控制流程	·资产入库单、维修审批单、资产处置审批单
	·W 局政府采购业务控制流程	·采购申请单
	·W 局收支业务控制流程	·票据申领单、报销单
	·W 局基本支出(人员支出)管理业务控制流程	
	·W 局基本支出(公用支出)管理业务控制流程	
	·W 局项目经费管理业务控制流程	
	·W 局公务接待业务控制流程	
	·W 局基本建设业务控制流程	·基建项目审批单
	·W 局合同业务控制流程	·合同签订流转单
	·W 局信息公开控制流程	·信息公开审批单
	·内部审计业务控制流程	·审计项目审批单
	·监督检查业务控制流程	·监督检查审批单

第四节　单位内部责任体系

单位的权责结构是形成单位纵向层级和横向处室体系的基础,是组织分工、组织法规和组织纪律的实际体现。单位通过明确内部各处室、人员的权利和所承担的责任,将权力与责任落实到各责任主体,为内部控制的有效实施创造良好条件。

本手册旨在规范单位权责结构的设置，保证单位内的职责分工科学、合理，单位内职能机构及岗位各司其职，且满足"不相容岗位相互分离"的控制要求。

一、部门职责

单位各职能处室为各类经济业务活动实施内部控制的工作主体，要配合内部控制归口管理部门对行政单位相关的经济活动进行流程梳理和风险评估，提出具体的内部控制措施和手段。认真执行内部控制管理制度，落实相关工作要求。对于未设立相应职能部门的行政单位，也应根据内部控制的需要设立相应的岗位。

W局各职能部门的分工和责任如下：

1. 财务处

承担内部控制的归口管理工作，负责组织协调内部控制日常工作；研究提出行政单位内部控制体系建设方案；组织单位内部跨部门的重大决策、重大风险、重大事件和重要业务流程的内部控制工作；组织协调单位内部跨部门的重大风险评估工作；研究提出风险管理策略和跨部门的重点风险管理解决方案，并组织实施；组织协调相关部门或岗位落实内部控制的整改计划和措施。

财务处还负责组织本单位的财务会计制度的制定；负责组织本单位的预算编制，指导和监督各部门的预算执行；负责组织本单位的决算工作和财务报告的编制；负责财务报销和会计核算等。没有财务处的行政单位，则相应职能由办公室行使。

2. 资产管理处

负责对本单位的资产进行全面管理；根据国家规定制定本单位资产管理制度；制定本单位的资产配置标准；负责非现金资产的日常管理；负责组织本单位的资产的政府采购，维修和维护，资产的处置；负责与财务部门一起开展资产盘点和清查等。

3. 审计处

负责组织对本单位的经济活动的内部审计工作，开展绩效评价等；督促各部门和相关人员，对内部审计和绩效评价过程中发现的问题进行整改。

4. 政策法规处

负责对本单位的各项制度的起草、制定、审核和发布，并督促各部门遵照执行；负责对本单位的各项合同进行审核，评估经济活动的面临的法律风险；协调和解决本单位面临的法律纠纷；其他与政策和法律相关的事项。

5. 纪检监察处

负责研究制定内部监督管理制度；组织实施对内部控制的建立和执行情况及有效性的监督检查，并提出改进意见或建议。

6. 信息管理处

将行政单位内部控制业务纳入信息系统管理，做好系统开发、部署实施；建立覆盖部门、岗位职级的信息安全保障机制；加强日常维护和管理，确保信息系统运行的安全、有效。

二、不相容岗位设置

单位在各岗位职责定位和分工过程中，要充分体现"不相容岗位相互分离"的控制要求，确保不相容岗位相互分离、相互制约和相互监督，降低舞弊风险。常见的不相容岗位示例如下。

（一）预算业务各环节的不相容职务岗位

（1）预算编制（含预算调整）与预算审批职务分离。预算编制岗位负责预算的编制工作。本单位以局党组会议的方式，审批单位年度预算方案，并在规定的时间内报送财政部门。经财政部门批复部门预算后，按规定执行。

（2）预算批复和预算执行职务分离。单位内部各职能处室具体负责本处室预算的编制、执行、控制、分析等工作，并对本处室和预算执行结果承担责任。

（3）预算执行与分析评价职务分离。预算执行人员不能同时担任预算考核人员。财务处（或办公室）负责按预算指标考核各部门，建立完善配套的奖惩措施和相应的激励机制，贯彻奖惩制度。

(二) 收入和支出业务各环节的不相容职务岗位

1. 收入业务各环节的不相容职务岗位

(1) 收入预算的编制和批准岗位分离。

(2) 票据的使用与保管岗位分离。

(3) 收入征收与减免审批岗位分离。

2. 支出业务各环节的不相容职务岗位

(1) 支出标准、预算的编制与审批岗位分离。

(2) 支出的执行与审批岗位分离。

(3) 支出的执行与相关会计记录岗位分离。

(三) 政府采购业务各环节的不相容职务岗位

(1) 政府采购预算的编制和审定岗位分离。

(2) 政府采购需求制定与内部审批岗位分离。

(3) 招标文件准备与复核岗位分离。

(4) 采购合同的订立与审核岗位分离。

(5) 合同签订与验收岗位分离。

(6) 验收与保管岗位分离。

(7) 审批与付款执行岗位分离。

(8) 采购执行与监督检查岗位分离。

(9) 采购、验收与相关记录岗位分离。

(四) 资产业务的不相容职务岗位

1. 货币资金

(1) 货币支付的审批和执行岗位分离。

(2) 货币资金的保管和收支账目的会计核算岗位分离。

(3) 货币资金的保管和盘点清查岗位分离。

(4) 货币资金的会计记录和审计监督岗位分离。

2. 非货币资产

(1) 非货币资产购置预算的编制、请购与审批岗位，审批与执行岗位分离。

(2) 非货币资产采购、验收与款项支付岗位分离。

(3) 非货币资产处置的申请与审批岗位、审批与执行岗位分离。

(4) 非货币资产的取得、保管及处置业务的执行与相关会计记录岗位分离。

(五) 合同管理业务的不相容职务岗位

(1) 合同的拟订与审核岗位分离。

(2) 合同的审核与审批岗位分离。

(3) 合同的审批与订立岗位分离。

(4) 合同的执行与监督岗位分离。

(六) 内部监督与日常管理的不相容职务岗位

单位内部监督工作与日常经济活动业务保持相对独立性，根据监督事项设立纪检监察、内部审计部门。单位内部审计工作与财务管理工作应归属于不同的部门，无法设立职能部门的行政单位，而设立内部审计岗位与财务管理岗位，应由不同人员担任，且归属于不同的部门或领导。

第五节 信息系统建设与维护

内部控制的信息化系统是指将内控理念、控制活动、控制手段等要素，通过信息化手段固化到信息系统，实现内部控制体系的系统化、常态化。通过信息化，可以提高信息的时效性和准确性，有效固化业务流程以减少人为因素的影响，提高不相容职务分离控制的执行力，提高授权审批控制效力及为单位提供更加有利的沟通环境。

本手册旨在明确单位信息系统建设与维护的相关要求，确保合理开展信息系统建设、保证系统安全运行，促进单位内部控制效率和效果的提高。

(1) 单位对信息系统建设实施归口管理，规范系统开发、运行和维护流程，建立用户管理制度、系统数据定期备份、信息系统安全保密和泄密责任追究制度等，保护信息安全。

(2) 单位根据自身情况，制定信息系统建设的相关规划。在进行规划时，充分调动和发挥信息系统归口管理处室与其他相关处室的积极性，使各处室广泛参与，充分沟通，提高规划的科学性、前瞻性和适应性。

(3) 单位根据自身情况明确信息化建设的方式，方式包括自行开发、外购调试、业务外包等。在建设过程中，单位必须明确建设需求，同时确保相关技术可行。

(4) 单位各经济活动业务流程通过信息化手段进行固化，自动记录和跟踪业务流程的运行状态,并将不相容职务相互分离和内部授权审批控制嵌入信息系统中,减少人为操纵因素。

(5)单位制定信息系统使用操作程序、信息管理制度以及相关操作规范,及时跟踪、发现和解决系统运行中存在的问题,确保信息系统按照规定的程序、制度和操作规范持续稳定运行。

(6)信息系统归口管理处室切实做好系统运行记录,尤其是对于系统运行不正常或无法运行的情况,应对异常现象发生时间和可能的原因做出详细记录。

(7)单位关注因利用信息化产生的新的风险,根据风险评估情况制定相应的控制措施。

第四章 业务层面内部控制(略)

第五章 内部控制评价与监督

内部控制评价与监督是单位内部控制得以有效实施的保障机制,是保证内部控制建设得以开展并有效实施的重要环节。本章根据财政部《行政事业单位内部控制规范(试行)》确立的内部控制评价与监督的约束机制,规范了单位实施内部控制评价与监督的内容、流程及实施步骤。

内部控制评价与监督主要可以分为内部控制自我评价工作与内部审计工作。

第一节 内部控制自我评价

一、内部控制自我评价综述

内部控制自我评价是指由单位负责人负责实施的,对单位内部控制的有效性进行评价,形成评价结论,出具评价报告的过程。单位通过内部控制自我评价发现内部控制的高风险点和薄弱环节,有针对性的修补管控过程的漏洞,从而实现内部控制的不断完善。

本手册旨在确保单位内部控制自我评价的有效实施,建立内部控制自我评价制度,明确各有关处室及岗位在内部控制自我评价中的职责权限,并规范相关程序、方法和要求。

本章适用范围:适用于W局及下属行政事业单位。

单位财务处是内部控制自我评价的归口管理部门,负责组织本单位的各职能处室开展内部控制自我评价工作。各职能处室按照内部控制自我评价要求,配合财务处完成各项工作。

二、内部控制自我评价关注重点

1. 单位层面内部控制自我评价的重点

(1) 内部控制工作的组织情况:重点关注内部控制主管处室是否已经确定,是否建立单位各处室在内部控制中的沟通协调和联动机制,确保风险防范及内部控制体系在组织及人员方面有充分的保障,各相关处室有效地进行协作。

(2) 内部控制机制的建设情况:关注单位的经济活动的决策、执行、监督是否实现有效分离,权责是否对等、是否建立健全,关注单位的议事决策机制、岗位责任制、内部监督等机制。

(3) 内部管理制度的完善情况:关注单位内部管理制度是否健全、执行是否有效,单位是否建立完善内部管理制度,明确经济活动流程、岗位职责和审批权限,使单位经济活动有据可依、有章可循。

(4) 内部控制关键岗位工作人员的管理情况:关注单位对内部控制关键岗位工作人员的管理情况,包括是否建立工作人员的培训、评价、轮岗等机制,以及工作人员是否具备相应的资格和能力等。

(5) 财务信息的编报情况:关注重点财务信息的编报情况,包括是否按照国家统一的会计制度对经济业务事项进行账务处理;是否按照国家统一的会计制度编制财务会计报告;是否能够全面、客观、总括反映单位的所有经济活动。

(6) 其他情况:关注单位其他与经济活动风险有关的制度安排和机制设计。

2. 业务层面内部控制自我评价的重点

(1) 预算管理情况:包括但不限于在预算编制过程中单位内部各职能处室间沟通协调是否充分,预算编制与资产配置是否相结合,与具体工作是否相对应;是否按照批复的额度和开支范围执行预算,进度是否合理,是否存在无预算、超预算支出等问题;决算编报是否真实、完整、准确、及时。

(2) 收支管理情况:包括但不限于收入是否实现归口管理,是否按照规定及时向计财处提供收入的有关凭据，是否按照规定保管和使用印章和票据，是否有隐瞒收入的情况等；发生支出事项时是否按照规定审核各类凭据的真实性、合法性，是否存在使用虚假票据套取资金的情形。

（3）政府采购管理情况：包括但不限于是否按照预算和计划组织政府采购业务，是否按照规定组织政府采购活动和执行验收程序，是否按照规定保存政府采购业务相关档案。

（4）资产管理情况：包括但不限于是否实现资产归口管理并明确使用责任；是否定期对资产进行清查盘点，对账实不符的情况及时进行处理；是否按照规定处置资产。

（5）合同管理情况：包括但不限于是否实现合同归口管理；是否明确应签订合同的经济活动范围和条件；是否有效监控合同履行情况，是否建立合同纠纷协调机制。

（6）其他情况：包括单位在业务层面还存在的与经济活动风险有关的其他制度安排、内控措施设计及执行情况。

三、内部控制自我评价工作组织与分工

为了内部控制自我评价工作的有序、高效开展，单位明确了内部控制自我评价的组织机构。单位各处室在内部控制自我评价中的职责划分以分工制衡、协调工作、提高效率为宗旨。为了保证内控评价的客观性和公正性，保证单位决策权、执行权、监督权的相互制约、相互协调，内控自我评价机构与内控建设机构相对独立。一般而言，参与单位内部控制自我评价的岗位和处室主要包括单位负责人、审计处和纪检监察处。根据实际情况，单位也可以成立跨处室的内控自我评价工作小组开展内控自我评价工作。各方的职责如下：

（1）单位负责人对内部控制自我评价承担最终责任，对内部控制自我评价报告的真实性负责。单位负责人须审议内部控制自我评价报告的内容，审定内部控制重大缺陷、重要缺陷整改意见，协调内部控制自我评价工作实施过程中的困难与问题。

（2）审计处作为内部控制自我评价的牵头机构，在单位负责人的授权范围内组织、领导、监督单位的自我评价工作。参与审议内部控制自我评价报告的内容，审定内部控制重大缺陷、重要缺陷整改意见，协调解决权限与能力范围的困难与问题，及时向单位负责人汇报自评工作进度与情况。

（3）纪检监察处侧重管理内部党员职工工作中违反党风廉政建设、贪污腐败的监督监察工作，从"管人"角度对参与单位各业务流程的内部控制环节之中的相关岗位人员进行监督。纪检监察处需审核内部控制自我评价报告，监督领导班子在建立与实施内部控制过程中的责任履行，监督重要及特殊事务的处理程序的规范。

（4）在单位管理成熟且条件允许的情况下，通过单位负责人的授权，可以组建内部控制自我评价工作小组来独立开展内控自我评价工作。内部控制自我评价工作小组可以由跨处室的人员组建，对单位内部控制设计及运行的有效性进行评价，出具内部控制自我评价报告，向单位负责人汇报内控评价的结果，督促内控缺陷的落实整改。

（5）单位内部控制自我评价工作必须得到单位领导班子的高度重视和大力支持，使单位内控自我评价机构有充分的权威性。同时，内控评价人员必须具备相关的专业胜任能力和职业道德素质。

（6）在实践中，如果单位内部考虑到人手缺乏、力量单薄、专业胜任能力不足等因素，可以委托具有专业能力的中介机构，实施内部控制评价。此时，审计处须加强对内部控制评价工作的监督与指导。从业务性质上讲，中介机构受托为单位实施内部控制评价是一种非保证服务，内部控制评价报告的责任仍然应由单位负责人承担。

四、自我评价方法与程序

内部控制自我评价工作组通过对被评价单位进行现场测试，综合运用个别访谈、调查问卷、专题讨论、穿行测试、实地查验、抽样和比较分析等方法，充分收集被评价单位内部控制设计和运行是否有效的证据，按照评价的具体内容，如实填写评价工作底稿，研究分析内部控制缺陷。

内部控制自我评价程序一般包括：制定评价工作方案、组成评价工作组、实施现场测试、汇总评价结果、编报评价报告等。概括而言，主要分为以下几个阶段。

1. 准备阶段

（1）制定评价工作方案：内部控制自我评价机构须根据单位日常监督与专项监督情况和管理要求，分析单位经济活动管理过程中的高风险领域和重要业务事项，确定检查评价方法，制定科学合理的评价工作方案，经单位领导班子批准后实施。评价工作方案须明确评价主体范围、工作任务、人员组织、进度安排和费用预算等相关内容。评价工作方案既可以以全面评价为主，也可以根据需要采用重点评价的方式。

（2）组成评价工作组：评价工作组是在内部控制自我评价机构领导下，具体承担内部控制检查评价任务。内部控制自我评价机构根据经批准的评价方案，挑选具备独立性、业务胜任能力和职业道德素养的评价人员实施评价。评价工作组成员须吸收单位内部相关处室熟悉情况、参与日常监控的负责人或业务骨干参加。单位根据自身条件，建立长效内部控制评价培训机制。

2. 实施阶段

（1）了解被评价单位基本情况：充分与单位沟通组织文化和发展战略、组织机构设置及职责分工、领导班子成员构成及分工等基本情况。

（2）确定检查评价范围和重点：评价工作组根据掌握的情况进一步确定评价范围、检查重点和抽样数量，并结合评价人员的专业背景进行合理分工。检查重点和分工情况可以根据需要进行适时调整。

（3）开展现场检查测试：评价工作组根据评价人员分工，综合运用各种评价方法对内部控制设计与运行的有效性进行现场检查测试，按要求填写工作底稿、记录相关测试结果，并对发现的内部控制缺陷进行初步认定。

3. 汇总评价结果、编制评价报告阶段

（1）评价工作组汇总评价人员的工作底稿，初步认定内部控制缺陷，形成现场评价报告。评价工作底稿须进行交叉复核签字，并由评价工作组负责人审核后签字确认。评价工作组将评价结果及现场评价报告向被评价单位进行通报，由被评价单位相关责任人签字确认后，提交内部控制自我评价机构。

（2）内部控制自我评价机构汇总各评价工作组的评价结果，对工作组现场初步认定的内部控制缺陷进行全面复核、分类汇总；对缺陷的成因、表现形式及风险程度进行定量或定性的综合分析，按照对控制目标的影响程度判定缺陷等级。

（3）内部控制自我评价机构以汇总的评价结果和认定的内部控制缺陷为基础，综合内部控制工作整体情况，客观、公正、完整地编制内部控制评价报告,并报送单位领导班子。

4. 报告反馈和跟踪阶段

对于认定的内部控制缺陷,内部控制自我评价机构结合单位领导班子要求,提出整改建议,要求责任单位及时整改,并跟踪其整改落实情况;已经造成损失或负面影响的,追究相关人员的责任。

五、自我评价报告内容要点

单位每年至少进行一次全面性自我评价,以每年年末作为年度内部控制自我评价报告的基准日,于基准日后一定时间内,与审计报告一同报出内部控制自我评价报告。

单位的内部控制评价报告是内部控制评价的最终体现,内部控制评价对外报告一般包括以下内容。

(1) 单位领导班子声明:单位领导班子对报告内容的真实性、准确性、完整性承担个别及连带责任,保证报告内容不存在任何虚假记载、误导性陈述或重大遗漏。

(2) 内部控制自我评价工作的总体情况:明确单位内部控制自我评价工作的组织、领导体制、进度安排。

(3) 内部控制自我评价的依据:说明单位开展内部控制自我评价工作所依据的法律法规和规章制度。

(4) 内部控制自我评价的范围:描述内部控制自我评价所涵盖的被评价单位,以及纳入评价范围的业务事项,及重点关注的高风险领域。内部控制自我评价的范围如有所遗漏的,须说明原因,及其对内部控制自我评价报告真实完整性产生的重大影响等。

(5) 内部控制自我评价的程序和方法:描述内部控制自我评价工作遵循的基本流程,以及评价过程中采用的主要方法。

(6) 内部控制效果分析:分析内部控制实施后,对单位各项业务与内部管理提升的促进作用。

(7) 内部控制缺陷及其认定:描述适用本单位的内部控制缺陷具体认定标准,并声明与以前年度保持一致或做出的调整及相应原因;根据内部控制缺陷认定标准,确定评价期末存在的重大缺陷、重要缺陷和一般缺陷,并对缺陷进行分析,阐述发生原因与源头,提出详细的整改方式与计划。

（8）内部控制缺陷的整改情况：对于评价期间发现、期末已完成整改的重大缺陷，须阐述单位的整改结果。对于评价期末存在的内部控制缺陷，须阐述单位拟采取的整改措施及预期效果。

（9）内部控制有效性的结论与完善对策：对不存在重大缺陷的情形，出具评价期末内部控制有效结论；对存在重大缺陷的情形，不得做出内部控制有效的结论，并须描述该重大缺陷的性质及其对实现相关控制目标的影响程度，以及可能给单位未来运行带来的相关风险。自内部控制评价报告基准日至内部控制评价报告发出日之间发生重大缺陷的，单位须责成内部控制评价机构予以核实，并根据核查结果对评价结论进行相应调整，说明单位拟采取的措施。无论单位内部控制是否有效，都需针对本单位在内控建设中遇到的障碍与问题提出建议。

六、自我评价缺陷整改

单位对于认定的内部控制缺陷，及时采取整改措施，切实将风险控制在可承受度之内，并落实有关机构或相关人员的整改责任。

单位内部控制自我评价机构就发现的内部控制缺陷与各职能处室共同商议，提出整改建议，并报单位领导班子批准。获批后，各职能处室须制定切实可行的整改措施，包括整改目标、内容、步骤、措施、方法、期限和责任人等。整改期限超过一年的，整改目标须明确近期和远期目标以及相应的整改工作内容。

单位内部控制自我评价机构须跟进内控缺陷的整改情况，对整改效果进行评价，督促各职能处室不断完善自身的内控流程。

第二节 内部审计

一、内部审计业务综述

内部审计是单位内部开展的、独立的、客观的监督和评价活动，是内部控制的重要手段。内部审计通过应用系统的、规范的方法，评价并改善风险管理、控制及治理过程的效果，帮助单位实现其目标。

本手册旨在确保单位建立完善的内部审计工作机制，促进单位形成有效的经济活动监督机制；建立内部审计制度、审计标准，为内部审计工作的科学性、规范性提供支持；建立精干、高效的内部审计队伍，促进内部审计工作的有序开展。

本章适用范围：适用于 W 局及下属行政事业单位。

单位的审计处是单位内部审计的归口管理部门，负责根据本单位的业务特点开展内部审计工作，及时发现管理的薄弱环节和管理中存在的问题，进行不断改进和提升。各职能处室根据内部审计的要求，配合审计处开展工作。

二、内部审计关注重点

（1）在内部审计工作准备阶段，应避免无内部审计计划、未能有序组织的内部审计工作，造成内部审计人力、物力的浪费，影响内部审计工作目标的实现。

（2）在内部审计项目组建时，应当注意内部审计人员的甄选，避免未具备审计专业能力、素质水平要求的人员负责内部审计工作，影响内部审计工作质量。

（3）在内部审计实施过程中，应当注意避免内部审计实施方案制定不完整，审计实施程序不明确，影响内部审计工作的实施。

（4）在内部审计现场工作完成后，避免未能与被内部审计进行充分沟通，或没有针对内部审计问题进行反馈和改进，达不到促进相关部门和责任人进一步完善工作的目的。

三、制订内部审计计划

审计处每年初根据单位具体情况及相关负责人要求，确定审计重点，编制年度审计工作计划。内容包括：纳入内部审计范围的单位、责任人、经费类别等；时间安排；内部审计项目的组织形式，即自行评价、委托中介机构评价、其他方式的评价；拟聘内部审计项目的负责人。年度审计工作计划根据单位授权情况，经相关负责人审批后执行。

四、组建内部审计项目组

审计处根据经批准的年度审计工作计划，结合具体情况，确定审计对象，组织审计小组，并制定项目负责人。当审计处人员能力不足以完成工作任务时，可提出申请，由外聘专家或者其他专业人士协助完成审计工作，或经批准后委托中介机构独立完成。

五、实施内部审计工作

（1）审计项目负责人在初步了解被审计单位的情况的基础上，编制项目审计方案，确定具体审计时间、范围和方式等内容，经相关负责人审批后执行。

（2）审计处根据批准的项目审计方案，在项目审计开始前的规定时间，将审计的时间、范围、内容、方式、要求及审计人员名单等事项通知被审计单位。

（3）审计小组依据工作计划，实施各项审计程序，收集审计证据。审计人员收集审计证据时需根据审计工作的具体要求，科学、严密地收集分析审计证据，认真编写审计工作底稿，记录审计过程，获取有价值的审计证据。审计工作底稿编制应做到内容完整、记录清晰、结论明确、客观公正。

（4）审计处在对审计事项进行审计后，应进行综合分析，写出审计报告初稿，征求被审计单位意见。被审计单位应当自接到审计报告初稿之日起的规定时间内提出书面意见；在规定时间内未提出书面意见的，视同无异议。当被审计单位对审计结论有不同意见时，首先对事实和数据是否确切可以提出补充意见，经审计小组查明后修改或补充，对审计报告的法规依据，处理建议的内容也可提出不同的看法，审计处可以采纳或维持原报告结论。

（5）审计处在征求被审计单位意见后，提出正式审计报告，由单位相关负责人审批后，相关负责人作出审计决定或由审计处做出审计意见书，抄送被审计单位并通知其执行；若需其他有关单位或职能处室协助执行的，应当制发协助执行审计决定通知书。被审计单位对审计结论和决议如有异议，可在规定时间内向相关负责人提出书面的复核申请。

六、监督内部审计问题整改

被审计单位或协助执行的有关单位、职能处室应当自审计意见书和审计决定送达之日起的规定时间内，将审计决定和执行情况书面报告审计处。审计处自审计意见书和审计决定送达之日起的规定时间内，检查审计决定的执行情况。被审计单位未按规定期限和要求执行审计决定的，审计处应当责令执行；仍不执行，提请单位相关负责人裁决。

七、内部审计档案归档

审计处办理的每一审计事项都必须按规定要求在审计结论和决定后的规定时间内建立审计档案,并妥善保管,以备考察。审计档案未经单位相关负责人批准不得销毁,亦不得擅自借其他单位和调阅。

参 考 文 献

[1] 上海财经大学公共政策研究中心. 中国财政发展报告——重建中国公共预算体系研究 [M]. 上海：上海财经大学出版社，2003.

[2] 陈少华. 内部控与会计职业道德教育 [M]. 厦门：厦门大学出版社，2005.

[3] 秦荣生. 内部控制与审计 [M]. 北京：中信出版社，2008.

[4] 张庆龙. 政府部门内部控制：框架构建与有效运行 [M]. 北京：化学工业出版社，2012.

[5] 财政部会计准则委员会. 政府绩效评价与政府会计 [M]. 大连：大连出版社，2005.

[6] 财政部. 内部会计控制规范基本规范（试行）[M]. 北京：中国财政经济出版社，2001.

[7] 财政部. 企业内部控制基本规范 [M]. 北京：中国财政经济出版社，2007.